# 中学化学史话

曹荣星 主编

方晴 邹红爱 副主编

西安出版社

**图书在版编目（CIP）数据**

中学化学史话 / 曹荣星主编. — 西安：西安出版社，2023.11

ISBN 978-7-5541-7220-9

Ⅰ.①中… Ⅱ.①曹… Ⅲ.①中学化学课—教学参考资料 Ⅳ.①G633.83

中国国家版本馆CIP数据核字（2023）第224013号

**中学化学史话**
ZHONGXUE HUAXUE SHIHUA

出版发行：西安出版社

社　　址：西安市曲江新区雁南五路 1868 号影视演艺大厦 11 层

电　　话：（029）85264440

邮政编码：710061

印　　刷：北京政采印刷服务有限公司

开　　本：787mm×1092mm　1 / 16

印　　张：16.25

字　　数：299千字

版　　次：2023 年 11 月第 1 版

印　　次：2024 年 1 月第 1 次印刷

书　　号：ISBN 978-7-5541-7220-9

定　　价：58.00 元

# 编 委 会

前言

　　我国著名化学家付鹰曾说过："化学可以给人以知识，化学史可以给人以智慧。"自从有了人类，化学便与人类结下了不解之缘。从早期的钻木取火、炼金术、炼丹术等到当今的衣食住行，人类生活处处都有化学。化学史是自然科学与历史科学相交叉的一门学科，主要是以历史为本体对化学知识体系进行阐述，也是化学的一个分支学科，能从化学发展的历史角度阐释化学的起源、发展和辉煌的研究成果，以及其中凝聚的人类的智慧。跟着化学前进的脚步可以看到化学与化学家的故事，化学与所处时代的故事。让更多的人通过化学史话了解化学发展的曲折过程，通过化学发展过程感受化学应用带给人类的变化，拓宽人们的认知视野，使人们充分地了解化学学科的全貌，这就是化学史话的价值。

　　编写本书的都是一线教师，大家在日常教学中发现，化学史作为重要内容进入课堂，能够很好地调动学生学习热情，尤其是在2014年教育部提出的核心素养体系中，明确了学生适应终身发展和社会发展需求的必备品质和关键能力，其中化学学科核心素养中的"科学态度与社会责任"素养内涵丰富，而化学史对于发展学生这一核心素养起着举足轻重的作用；《普通高中化学课程标准（2017年版）》在基本理念、课程内容和实施建议中多次提到化学史在化学教学中对培养学生核心素养发展的教育价值；化学史详细地记载了科研成果的产生、演变以及影响，承载着不惧困难、敢于质疑的科学精神，彰显了化学的魅力，将化学史融入具体的化学知识中教学，能够有效践行立德树人的社会责任。但中学化学教学过程中化学史资源一般来自零散的网络资料以及高中化学教材呈现的部分化学史教学资源，学生对化学史了解得也是少之又少，更别谈什么系统的、浅显易懂的读本了。随着社会的发展、科技的进步，涉及化学的领域越来越广，但还是有很多人不了解化学，片面看待化学，甚至有人谈化学色变，认为化学是现代人造就的污染物，是万物的祸根，竟不知化学从古代就有，化学史几乎伴随着整个人类文明史，是文明进步过程中不可缺少的一部分。针对这些普遍存在的现象，工作室全体成员通过阅读大量的文献、书籍，撰写了这本从古老的化学到近现代化学科技发展的史话，目的是让更多的教师和学生以及其他对化学感兴趣的世人知晓化学的发展史。

本书从化学起源开始，介绍了传统的实用化学技术，人类认识化学的几大重要理论演变过程，涵盖了电化学、元素周期表和有机化学的发展，讲述了著名化学家的生平事迹，以及大家耳熟能详却不知所以然的高分子、催化剂、食品添加剂等现代科技与化学的关系。本书覆盖面广，不是按照历史线罗列简单的化学故事，也不是生搬硬套晦涩的化学理论知识，有一定的趣味性，也有一定深度的中学化学知识的拓展，可以帮助大家快速了解到某个世纪前后化学的发展状况，当时有哪些代表性的化学家，他们的贡献又是什么，能够满足不同层次读者的需求。本书可作为中学化学教师教学研究的参考书，选修化学学科的中学生和化学专业的大学生的课外读本，可以作为中学化学校本教材，也可作为对化学感兴趣的社会人士的阅读书籍。

本书由九江市高中化学名师工作室主持人曹荣星老师主编，全体工作室成员分工合作，历时一年多完成。其中方晴老师在前期进行了大量的统稿工作，邹红爱老师在后期进行了细致的校稿工作。

本书编写过程中，作者参考和引用了国内外一些专家、老师的成果，在此谨表感谢。同时，也感谢九江市教育局及九江市第三中学的领导给予了很大的关心与支持。限于自身水平，书中定有不少疏漏，敬请广大读者指正。

编 者

2023年10月

## 第一章　古老的化学

第一节　世界上最早的"化学家" ……………………………………… 2

第二节　炼丹术与炼金术 …………………………………………… 6

第三节　化学作为一门科学而出现 …………………………………10


## 第二章　中国传统实用化学

第一节　蔡伦与造纸 ………………………………………………16

第二节　火炸药的起源与演变 ……………………………………19

第三节　陶瓷中的文化魅力 ………………………………………22

第四节　中国古代的曲法酿酒 ……………………………………29

第五节　中国首创湿法炼铜 ………………………………………32


## 第三章　元素学说的发展

第一节　古代思辨的元素 …………………………………………36

第二节　经验分析的元素 …………………………………………38

第三节 原子理论的元素 ………………………………… 42

第四节 现代科学的元素 ………………………………… 45

# 第四章 原子论的发展

第一节 原子论溯源 ……………………………………… 48

第二节 现代科学原子论 ………………………………… 51

第三节 几位巨匠与他们的原子论 ……………………… 55

第四节 原子结构模型的演进 …………………………… 68

# 第五章 分子学说的发展

第一节 气体反应体积定律——盖·吕萨克 …………… 74

第二节 阿伏加德罗的分子假说 ………………………… 78

第三节 电化二元论 ……………………………………… 82

第四节 "原子-分子学说"的推广者——康尼查罗 …… 84

# 第六章 化学键理论的发展

第一节 化学键产生的背景 ……………………………… 88

第二节 经典理论 ………………………………………… 91

第三节 电子理论 ………………………………………… 94

第四节 量子化学理论 …………………………………… 96

## 第七章　品味电化学发展史

第一节　莱顿瓶 …………………………………………………………… 100

第二节　历史上第一个化学电源——伏打电堆 ………………………… 103

第三节　化学与电的结缘 ………………………………………………… 105

第四节　电化学在化学电源中的应用 …………………………………… 107

## 第八章　元素周期表的发展

第一节　拉瓦锡的《化学概要》 ………………………………………… 114

第二节　德贝莱纳的三素组 ……………………………………………… 115

第三节　螺旋图 …………………………………………………………… 116

第四节　元素周期表的形成和发展 ……………………………………… 118

## 第九章　有机化学发展简史

第一节　"有机化学"一词的提出 ……………………………………… 124

第二节　有机物分子结构的确立 ………………………………………… 126

第三节　有机分子中的电子效应 ………………………………………… 138

第四节　有机反应机理简介 ……………………………………………… 141

## 第十章　我国近现代化学家简介

第一节　中国近代化学的启蒙者——徐寿 ……………………………… 150

第二节　制碱工业先驱——侯德榜 ……………………………………… 152

第三节　无机化学泰斗——张青莲 …………………………………… 155

第四节　中国有机化学先驱——黄鸣龙 ……………………………… 157

第五节　稀土元素之父——徐光宪 …………………………………… 159

# 第十一章　化学与人类文明

第一节　阿司匹林的由来与合成 ……………………………………… 164

第二节　含氯消毒剂次氯酸钠发展史 ………………………………… 167

第三节　从诺贝尔奖看高分子百年 …………………………………… 171

第四节　催化剂改变我们的生活 ……………………………………… 180

# 第十二章　有趣的化学发现

第一节　看不见的精灵——气体的发现趣闻 ………………………… 188

第二节　偶然发现的几种元素 ………………………………………… 198

第三节　几种金属单质的发现趣话 …………………………………… 206

第四节　材料的故事 …………………………………………………… 223

附　　录 …………………………………………………………………… 232

参考文献 …………………………………………………………………… 242

# 第一章

# 古老的化学

化学史大致可以划分为三个时期，即古代化学时期、近代化学时期、现代化学时期。化学的萌芽至17世纪中期，是古代化学时期。这个时期的特点是实用为主，中心是四大文明古国的中国与埃及，代表性的成就是陶瓷、玻璃、造纸、火药、医药、酿造和金属冶炼等。17世纪中期到19世纪90年代中期，化学进入近代化学时期。这个时期的主要特点是，化学成为一门独立的科学，并建立起无机化学、有机化学、分析化学、物理化学四大分支，化学工业兴起了。欧洲资产阶级革命的兴起，使欧洲成为世界化学的中心。当时，在欧洲成立了各种化学学术团体。19世纪末至今，化学的特点是从宏观发展到微观，从描述发展到推理，从定性发展到定量，从静态发展到动态，标志着化学进入了现代化学时期。

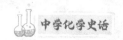

# 第一节　世界上最早的"化学家"

　　人类与化学的亲密接触，可以追溯到远古时代我们的祖先学会钻木取火的那一刻。我国的古籍里有一个"燧人氏取火"的动人传说：原始人由于吃生冷食物，结果疾病丛生。这时出现了一个"圣人"，用钻木取火的方法让大家吃上了熟食，于是被拥戴为王，号称"燧人氏"。这自然只是一个神话传说，但考古学家已经发现我国云南的元谋人遗址中有大量的炭屑和烧过的哺乳动物骨骼，这些都是170万年以前原始人用火的证明。原始人利用火燃烧时发出的光和热来烤食物、寒夜取暖、驱赶猛兽等。他们还用火将黏土制成器皿，从矿石中烧出金属。可以说，人类从学会使用火的那一刻就开始了最早的化学实践活动。

　　不过，人类真正对化学物质和化学变化有所认识则始于公元前几百年，因为在那个时候，现代化学的前身——"炼金术"出现了。

　　自古以来，人类就有两个最原始的欲望：生命与财富。无论贫富贵贱，几乎人人都希望自己能够长生不老，能够拥有更多的财富。帝王将相们渴望得到永葆生命的灵丹妙药，平民百姓则梦想得到魔力无边的聚宝盆。正是在这样的背景下，一种古老而神秘的"魔法"——炼金术诞生了。

　　炼金术发源于人类文明的早期，几乎在各个古代文明（如古埃及、古希腊、阿拉伯和中国）中都占有重要位置。中国是世界上最早开始炼丹的国家，炼丹术中所包含的化学知识是对全人类科学事业的贡献。

## 一、中国的炼丹术与葛洪在古代世界化学史上的地位

　　炼丹术是我国近代化学的前驱，是我国古代化学的一个重要部分。早在公元前4世纪或2世纪时，炼丹术就在我国开始萌芽了。东汉朝的魏伯阳所著的《周易参同契》是世界上最早的一部关于炼丹的著作。葛洪继承了魏伯阳的炼丹事业，在长期反复实践的基础上，不仅总结了以前的炼丹成果，而且创造性

地发展了炼丹术。他集炼丹术之大成，写出了关于炼丹术的著作——《抱朴子内篇》，对以后炼丹术的发展起了很大的推动作用。葛洪同时也是道教理论的集大成者。他既博览群书，虚心求教，又不停留在前人的水平上，而在实践中大胆创新。他在化学和医学两个领域中都取得了突出的成果，是当时世界上著名的化学家和医学家。

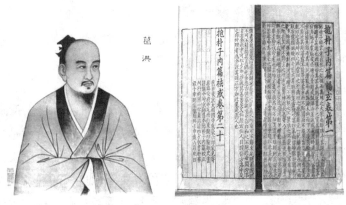

图1-1　葛洪和《抱朴子内篇》

　　古代的欧洲，化学是以炼金术这一原始形式存在的。据可靠史料，这种炼金术起源于中国的炼丹术。约在公元7至9世纪时，中国和阿拉伯是世界文化的两个中心，彼此在经济、文化和科学技术等方面进行了广泛的交流。中国通过"丝绸之路"向阿拉伯输出了大量的科学技术，如造纸术、医学、天文学和包括炼丹术在内的化学等。阿拉伯由此才诞生了自己的炼金术。阿拉伯最著名的炼金家查比尔·伊本·哈彦（Geber，约721—815年）研究炼金术是在8世纪，比葛洪晚400年。中世纪的欧洲，十字军东征加速了欧洲各国与东方各国的交往。许多欧洲人学习、翻译和宣传阿拉伯的科学技术成果，也就把炼金术带到了欧洲，欧洲的炼金术由此发展起来。

　　从中国炼丹术和欧洲的炼金术的出发点、哲学思想和具体方法上来看，二者大体相同。在出发点上，二者都是宗教唯心主义。中国的炼丹术是为了寻求长生不老之药，想使服者"寿如金""寿如玉"；欧洲的炼金术是为了制备"哲人石"，使普通金属转变成黄金。"哲人石"也可以服用，有使人增长聪明、提升道德、转移运气等作用。在哲学思想体系上，二者都是以"性质"为第一性，持性质决定物质的观点。

## 二、葛洪对古代世界化学科学的贡献

在葛洪的众多著作中，《抱朴子内篇》比较集中地记录了他自己以及前人炼丹的种种实践，反映了很多古代化学的研究成果。在此书的"金丹"篇中，着重研究了一般无机物的化学变化；在"黄白"篇中，着重研究了人造黄金和白银的各种方法；在"仙药"篇中，着重研究了一些植物性的药物。

《抱朴子内篇》包含了比较丰富的化学知识，也包含了辩证法的活生生的事例。葛洪的炼丹实验为古代的化学发展做出了宝贵的贡献，也为近代化学做了一些开创性的工作。

### 1. 定性研究，成果卓著

第一，认识了化学反应的可逆性。他在总结魏伯阳对硫化汞研究的基础上，深刻地指出："丹砂烧之成水银，积变又还成丹砂。"这就是将天然硫化汞加热，能分解出汞来，将汞与硫作用，又能还原硫化汞。硫化汞开始是黑色的，然后变成红色。第二，认识一些物质可发生置换反应的现象。他说："以曾青涂铁，铁赤色如铜。"即将蓝铜矿或孔雀石等碱式碳酸铜物质与金属铁发生作用，铁与其中的铜离子相互反应，生成亚铁离子和金属铜。两种类型的化学变化告诉我们，经过这种可逆的反应或置换反应，就能实现以人工方法制得与天然物质相同的新物质，这就标志人类认识自然和变革自然的一个胜利。第三，认识了一些物质可以有升华作用。葛洪说："取雌黄、雄黄烧下其中铜，铸以为器，覆之三岁，淳苦酒上百日，此器皆生赤乳，长数分，或有五色琅玕。"三硫化二砷与四硫化四砷加热都升华，其中所谓"赤乳"，就是升华的晶体。从现代化学的观点来看，以上三项成就都是科学的。第四，在前人认识到汞能与铜、锌、铅、金、银等生成汞齐合金的基础上，葛洪为制得黄金或白银做了许多化学实验。在这些实验中，使用数十种药品，除了上面所提及的几种外，还有硫酸铜（石胆）、硝酸钾（硝酸钠）（硝石）、石膏（寒羽涅）、赤铁矿（赤石脂）、白明矾（矾石）、氧化铅（黄丹或胡粉）、氯化钠（寒盐）、云母（铝云母或铁云母、镁云母）、乙醇（酒、醇）和醋（苦酒）等。从人类对化学的认识来说，这是从不知到知，从知之不多到知之渐多的必经过程，在化学史上有一定的积极作用。

### 2. 定量研究，开启了先导

葛洪在制取仙丹或黄金的过程中，重视配料之间的严格的量的比例，细究操作顺序、反应的温度、反应的时间等，并反复进行实践。他在许多实验中对反应物的量和反应条件的量的规定，都做出了详细的说明，如："作大铁筒成，中一尺二寸，高一尺二寸。作小铁筒成，中六寸，莹磨之。赤石脂一斤，消石一斤，云母一斤，代赭一斤，流黄半斤，空青四两，凝水石一斤，皆合捣细筛，以醯和，涂之小筒中，厚二分。汞一斤，丹砂半斤，良非半斤……"尽管配料的比例、操作过程、反应的温度和时间等条件简单，甚至粗糙，但它是人类从定性研究向定量研究迈出的第一步。

**3. 提供化学研究的原始设备**

葛洪在总结前人成果的基础上，设计一些新的反应仪器，《抱朴子内篇》中记载有"鼎""炉""竹筒""赤土釜""铁筒"和"铁匙"等。从名称上可知，它们的形状各异，性质各异。这些仪器设备虽然简陋，但在化学史上也有它的历史作用，应该加以肯定。

**4. 研究科学的良好作风**

葛洪学习炼丹的知识和技术是比较虚心谨慎的，他说："余少好方术，负步请问，不惮险远。每有异闻，则以为喜。虽见毁笑，不以为戚。"在进行炼丹实验的时候，他提倡要有认真、踏实和仔细的作风，他说："凡事无巨细，皆宜得要……"这些优异的作风，值得后人继承和发扬。

1—5世纪，炼金术在古希腊罗马时代也受到了很多人的重视。那时炼金的基本方法是，把普通金属混合熔炼得到黑色合金，然后加入水银让它变白，再用硫化钙溶液让它变黄，最后将它洗干净。这样炼出的黄金当然并不是真金，只是在表面上与真金有些相似而已，但是，这些炼金活动大大提高了当时的化工工艺水平。炼金术士们发明制造了蒸馏器、熔炉加热锅、烧杯、过滤器等器具，它们至今还是化学实验室里的常用设备。因此，把葛洪和这些炼金术士称为世界上最早的"化学家"并不为过。

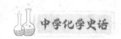 

# 第二节　炼丹术与炼金术

中国是炼丹术的起源地（从中产生了火药和本草学），而炼金术则最早产生于西方（西方的炼丹术、炼金术分别发展为医药化学和冶金化学）。炼丹术与炼金术的主要区别在于：炼丹术希望炼出一种能够让人长生不老的"金丹"，因此它又被叫作"金丹术"，炼金术以追求财富为目的，即"点石成金（点金术）"。

## 一、产生的历史背景

随着人类社会的发展和生产技术的进步，在世界各文明古国以及中世纪的欧洲都相继出现了炼金术和炼丹术。历史事实说明，炼丹术与炼金术的产生绝非统治阶级或个别江湖术士的偶然玄想，而是历史发展到一定阶段，实用工艺化学与自然哲学相结合的必然产物。古代的人类为了生存和生活的需要，在长期生产实践中，一方面观察到自然界发生的各种变化，另一方面逐渐掌握了制陶、冶金、酿造、染色等实用化学工艺，注意到一些物质经过加热、蒸煮、发酵等过程，可以变成性质完全不同的另一种物质。在对物质组成、结构、变化机理一无所知的情况下，人们能从矿石中提炼出金属，从谷物中得到酒、醋、酱油，自然会联想到，能否使普通金属变成贵金属？在与疾病和死亡斗争的过程中，人们也知道了一些无机物和有机物有治病强体的功效，在对药物祛病道理和自然界根本法则还不认识的情况下，人们自然会进一步猜测：既然一些药物可以治病强体、延年益寿，能否制出一种灵丹妙药可以使人长生不老呢？

当人类从原始社会进入阶级社会以后，生产力有了很大发展。人类的认识不再完全停留在感性阶段，开始迈入了理性的门槛，有了一定的哲学概括能力。为了解释物质世界的多种多样性和运动变化的永恒性，古代的哲学家对物质本原问题提出了各种各样的看法。如中国古代的"五行说"，提出了金、木、水、火、土相生相克构成世界万物的思想；古希腊的亚里士多德提出"四元素说"，认为世界万物都是由水、火、土、气四种元素构成的，每种元素都是两种性质（冷、热、干、湿四种原始性质中的两种）体现者。改变四种原始性质的比例，就可以使普通金属变成黄金。自然哲学家力图对自然界中的变化给予根本性说明，这些朴素的见解中不可避免地包含有错误的成分，但正是这种哲学思辨成了古代炼金术的理论基础。

由此看来，炼丹术与炼金术的产生是生产实践的继续，是人类思维能力的进一步发展，是基于认识不足而产生的合乎逻辑的推论，反映了人类追求幸福的美好愿望。炼丹术与炼金术的发展得到了统治阶级的大力支持。中国的炼丹术活动历时一两千年，不少王公贵族食用丹药后不仅没有长生，反而中毒身亡，正所谓"服食求神仙，多为药所误"，真是一个绝妙的讽刺！而炼金术也没有实质的进步，英王亨利六世豢养术士数千人，但始终未炼出真正的黄金。

## 二、实验设备

### 1. 蒸馏设备

欧洲炼金术特别强调蒸馏手段的运用。首先，因为"四元素说"是炼金术的理论基础之一，而水在"四元素说"中是基本元素之一，所以历代炼金术士都特别重视物质的蒸馏。其次，在金属嬗变理论中的"黄化"和"净化"阶段主要是在溶液中进行的，需要大量使用蒸馏操作。同时在炼金术实践过程中有大量的工序需要使用蒸馏手段，如金属的染色等。这样，在多重因素的促进下，蒸馏设备不断被改进。

图1-2 蒸馏设备

### 2. 升华设备

在希腊—埃及炼金术中有一类"气体"物质，常指汞及汞齐、硫及硫化物、白砷之类物质。这些物质都可以用来染色，因此备受炼金家的重视。这类物质用升华的方法比较容易制取。升华被广泛用于提纯硫、白砷之类物质，冶炼汞。

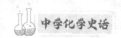

图1-3　古代升华设备

### 3. 天平

我们在炼金术的实验室中有时会看到天平，但此时天平仅仅用于称量。实际上，早在公元780年，阿拉伯造币工人就能用精密天平称量出三分之一毫克的重量。可是对炼金术士来说，重量的变化不是他们关注的对象，因此天平在他们看来没有什么重要价值。通向科学化学的定量概念是几个世纪以后的事情了。

图1-4　古代天平（左图）和古代实验设备的使用（右图）

## 三、在化学发展史中的地位

古代的炼金家在长期炼金和炼丹实践中，亲身做了大量化学实验，积累了许多无机物和有机物的感性认知，发明了许多仪器，完成了不少具有重大意义的化学转变。如中国炼丹术中的黑火药和关于汞化学、铅化学、砷化学、矾化学的光辉成就，阿拉伯炼金家制得了硫酸、硝酸、盐酸和王水。

### 1. 炼丹术与炼金术实践促进了化学基本概念和理论的建立

炼金术理论是人们对客观事物长期观察和实践的经验概括和理性推演，其中包含了不少闪光的思想。普通金属能否变成贵金属？只有通过实践来检验。

长期大量的炼金实践证明，用一般化学方法实现金属的转化是不可能的。炼金术的没落和衰亡正好从反面证明了近代化学元素概念的相对正确性。17、18世纪的化学家正是接受了炼金术的教训，逐渐从虚幻的追求和与实践的矛盾中，变得更加关心具体物质的性质，根据自己分解和离析物质的实践，把炼金术的教训和自己的经验总结在科学概念之中。拉瓦锡（Antoine Lavoisier，1743—1794）最终建立了近代科学元素概念——"用任何方法都不能分解的物质"，并赋予元素不能转化的特征。历史证明，近代元素概念的确立是对炼金术的最后判决，从此化学才彻底割断了与炼金术的联系，迅猛地向前发展；而炼金术的失败是科学元素概念的有力佐证。辩证唯物主义一向认为，一切否定之中必然包含着肯定，真理总是通过实践才逐渐被人们认识的。因此近代元素概念的建立，我们不应忘记炼金术所起的作用。

炼金家在长期实践中，已触及许多化学基本定律，如质量守恒定律、定比定律、置换反应、可逆过程、氧化还原等，只是由于认识上和思维方法上的局限，没能进一步深入研究，但有关这方面经验材料的积累，无疑给后世化学家以很大启迪。

**2. 炼丹术与炼金术是近代实验科学的先驱**

科学实验是以探索客观世界变化规律为特殊使命的独立专门的实践活动。由于实际生产过程的稳定性、复杂性，给科学研究带来许多困难，而科学实验却能在更广泛的领域、更接近理想状态的条件下变成现实，因而更易于揭示现象的本质。所以近代自然科学的兴起是以实验为前提的，而作为实验科学的化学尤其是如此。

尽管炼金家在炼金活动中常常做出随意性颇大，甚至极为荒诞的解释，但它毕竟已从实际生产中分化出来，试图利用实验工具探索物质变化的规律，因而具有探索知识和实验研究的特征。古代炼金家顽强不息力图征服自然、支配自然的探索精神，是十分难能可贵的。他们通过长期实验制造了风箱、坩埚、烧杯、蒸发皿、焙烧炉等多种实验仪器，掌握了加热、蒸馏、升华、熔化、溶解、浸取、焙烧、凝结、还原、发酵、过滤、重结晶、称量等许多实验方法，为以后化学的发展提供了极为必要的条件。

化学变化的隐蔽性和复杂性，决定了化学学科发展的滞后性，也注定化学要走过一条极为曲折的道路。物质的组成和变化是化学中的根本问题，也是人类认识发展到一定阶段，急切想知道而又不可能很快弄明白的问题。要搞清这些问题还必须经过许多世纪的努力。炼金术正是人们认识化学变化的一个重要环节。

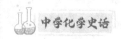

# 第三节 化学作为一门科学而出现

自从有了人类，化学便与人类结下了不解之缘。钻木取火，用火烧煮食物，烧制陶器，冶炼青铜器和铁器，都是化学技术的应用。正是这些应用，极大地促进了当时社会生产力的发展，成为人类进步的标志。今天，化学作为一门基础学科，在科学技术和社会生活的方方面面起着越来越大的作用。而化学作为一门独立的科学发展，又经历了哪些时期？

## 一、化学的前奏

### 1. 人类文明的起点——火的利用

在几百万年以前，人类过着极其简单的原始生活，靠狩猎为生，吃的是生肉和野果。前文已提到，根据考古学家的考证，至少在距今170万年以前，人类就已开始利用火。

有了火，原始人从此告别了茹毛饮血的生活。吃熟食后，人类的健康状况得到了改善，智力也有所发展，提高了生存能力。后来，人们又学会了摩擦生火和钻木取火，这样，火就可以随身携带了。于是，人们不再是火种的看管者，而成了能够驾驭火的造火者。火是人类用来发明工具和创造财富的武器，利用火能够产生各种各样化学反应这个特点，人类开始了制陶、冶金、酿造等工艺，进入了广阔的生产、生活天地。

### 2. 历史悠久的工艺——制陶

陶器是什么时候产生的，已很难考证。对陶器的由来，说法不一，有人推测：原始人类生活中所使用的容器大多是用树枝编成的，为了使它耐火且致密无缝，往往在容器的内外各抹上一层黏土。这些容器在使用过程中，偶尔会被火烧着，其中的树枝都被烧掉了，但黏土不会着火，不但保留了下来，而且变得更坚硬，比火烧前更好用。这一偶然事件给人们很大启发。后来，人们干脆不再用树枝做骨架，开始有意识地将黏土捣碎，用水调和，揉捏到很软的程度，再塑造成各种形状，放在太阳光底下晒干，最后架在篝火上烧制成最初的陶器。

大约1万年以前，中国开始出现烧制陶器的窑，成为最早生产陶器的国家。陶器的发明，在制造技术上是一个重大的突破。制陶过程改变了黏土的性质，使黏土的成分二氧化硅、三氧化二铝、碳酸钙、氧化镁等在烧制过程中发生了一系列的化学变化，从而使陶器具备了防水耐用的优良性质。因此陶器不但有新的技术意义，而且有新的经济意义。它使人们处理食物时增添了蒸煮的办法，陶制的纺轮、陶刀、陶挫等工具也在生产中发挥了重要的作用，同时陶制储存器可以使谷物和水便于存放。因此，陶器很快成为人类生活和生产的必需品，特别是定居下来从事农业生产的人们更是离不开陶器。

### 3. 冶金化学的兴起

在新石器时代后期，人类开始使用金属代替石器制造工具，其中使用得最多的是红铜。但这种天然资源毕竟有限，于是产生了从矿石冶炼金属的冶金学。最先冶炼的金属是铜，约公元前3800年，伊朗就开始将铜矿石（孔雀石）和木炭混合在一起加热，得到了金属铜。纯铜的质地比较软，用它制造的工具和兵器的质量都不够好，在此基础上改进后，便出现了青铜器。

到了公元前3000—前2500年，除了铜以外，人们又炼出了锡和铅两种金属。往纯铜中掺入锡，可使铜的熔点降低到800℃左右，这样一来，铸造起来就比较容易了。铜和锡的合金（有时也含有铅）称为青铜，它的硬度高，适合制造生产工具。青铜做的兵器硬而锋利，青铜做的生产工具也远比红铜的好，还出现了青铜铸造的铜币。中国在铸造青铜器上有过很大的成就，如殷朝前期的"后母戊鼎"，它是一种礼器，是世界上出土最大的青铜器。又如战国时的编钟，称得上是古代在音乐史上的伟大创造。因此，青铜器的出现，推动了当时农业、兵器、金融、艺术等方面的发展，把社会文明向前推进了一步。

世界上最早炼铁和使用铁的国家是中国、埃及和印度，中国在春秋时代晚期（公元前6世纪）已炼出可供浇铸的生铁。最早的时候用木炭炼铁，木炭不完全燃烧产生的一氧化碳把铁矿石中的氧化铁还原为金属铁。铁被广泛用于制造犁铧、铁锸等农具以及铁鼎等器物，当然也用于制造兵器。到了公元前8—前7世纪，欧洲等才相继进入了铁器时代。由于铁比青铜更坚硬，炼铁的原料也远比炼铜的丰富，因此在世界绝大部分地方，铁器代替了青铜器。

### 4. 中国的重大贡献——火药和造纸

黑火药是中国古代四大发明之一。为什么要把它叫作"黑火药"呢？这还要从它所用的原料谈起。火药的三种原料是硫黄、硝石和木炭。木炭是黑色

的，因此，制成的火药也是黑色的，叫黑火药。火药的性质是容易着火，因此可以和火联系起来，但是这个"药"字又怎样理解呢？原来，硫黄和硝石在古代都是治病用的药，因此，黑火药便可理解为"黑色的会着火的药"。

火药的发明与中国西汉时期的炼丹术有关，炼丹的目的是寻求长生不老的药，在炼丹的原料中，就有硫黄和硝石。炼丹的方法是把硫黄和硝石放在炼丹炉中，长时间地用火炼制。在炼丹过程中，曾出现过一次又一次的着火和爆炸现象，经过这样多次试验，人们终于找到了配制火药的方法。

黑火药发明以后就与炼丹脱离了关系，一直被用在军事上。古代人打仗，近距离时用刀枪，远距离时用弓箭。有了黑火药以后，从宋朝开始，便出现了各种新式武器，例如用弓发射的火药包。火药包有"火球"和"火蒺藜"两种，用火将药线点着，把火药包抛出去，利用燃烧和爆炸杀伤对方。

大约在公元8世纪，中国的炼丹术传到了阿拉伯，火药的配制方法也传了过去，后来又传到了欧洲。这样，中国的火药成了现代武器、炸药的"老祖宗"，是中国的伟大发明之一。

纸是人类保存知识和传播文化的工具，是中华民族对人类文明的重大贡献。在使用植物纤维制造的纸以前，中国古代传播文字的方法主要有：在甲骨（乌龟的腹甲和牛骨）上刻字；甲骨数量有限，便改在竹简或木简上刻字。孔子写《论语》所用的竹简之多，分量之重是可想而知的。另外，用丝织成帛，也可以用来写字，但大量生产帛是难以做到的。最后才有了用植物纤维制造的纸，一直流传到今天。

## 二、近代化学科学的确立

随着人们实践活动范围的扩大，人们对物质的认识也在不断地深化。特别是到了17世纪，由于自由资产阶级的兴起，在欧洲，资本主义生产关系逐渐产生，资产阶级民主革命先后在一些国家取得胜利，推动了生产力的迅速发展，造就了工业和科学技术发展的广阔前景。机器生产迅速发展，逐渐代替了手工操作。随着冶金的发展，化工生产和科学实验向更深更广的未知世界进军，积累了大量关于物质转化的新知识，开阔了人们的眼界，造就了人们对物质世界认识的飞跃，迎来了近代化学的孕育和发展时期。英国化学家波义耳（Robert Boyle，1627—1691）坚决批判了炼金术士对物质组成的四元素说，于1661年阐明了化学元素的科学概念，成为这个时期到来的标志。他说："我指的元素应当是某些不由其他任何物质所构成的原始的、简单的物质或者完全纯净的物质，是具有一定确定的、实在的、可觉察的实物，它们应该是用一般化学方法不能再分解为最简单的某些实物。"波义耳的这一朴素的科学的元素定义，为化学发展成为真正的科学打下了基础，为人们研究万物的组成指明了方向，他的科学论断开辟了化学发展的新纪元，恩格斯指出，"波义耳把化学确立为科学"。

1703年，德国化学家施塔尔总结了燃烧中的各种现象及各家的观点，系统地阐述和建立了"燃素说"，即火是由无数细小而活泼的微粒构成的物质实体，这种火的微粒既能同其他元素结合而形成化合物，也能以游离方式存在，大量游离的火微粒聚集在一起就形成明显的火焰，它弥散于大气之中，给人以热的感觉，由这种火微粒构成的火的元素就是"燃素"。随后人们对燃烧和空气组成做了更深入的研究，终于弄清了燃烧现象的本质和空气的组成。1777年拉瓦锡通过反复实验，提出了燃烧作用的"氧化学说"，实现了化学科学的第一次革命。在这一时期，定量化学分析的发展为化学科学不断积累了日益增多的有关物质组成方面的资料。在18世纪末和19世纪初相继确定了当量定律、定组成定律等经验性定律。在这些定律的基础上，1803年道尔顿（John Dalton，1766—1844）提出了原子论，标志着近代化学发展新时期的开始。按照道尔顿的假说，元素是由原子组成的，同一种元素的所有原子都相同，化合物是由一定数目的某一元素的原子与一定数目的另一元素的原子化合而成的。在道尔顿原子论的指导下，原子量测定工作不断深入，新的化学元素不断被发现。到了19世纪中叶已积累了60余种化学元素的资料。1869年门捷列夫在前人工作的基础上，发现了元素周期律，即各种元素的性质有周期性变化的规律存在，这是化学科学中的一次重大综合。在有机化学合成日益发展，有机化合物的提纯和分析也有了很大进步，积累了丰富的有机化学的实验资料的基础上，1561年布特列洛夫在"德国自然科学家和医生代表大会"上，作了题为"论物质的化学结构"的报告，阐明了"化学结构"这个概念，以假说的形式提出了有机化学结构理论。

近代化学科学的发展充分表明，化学真正被确立为一门科学，而实现从经验到理论的重大飞跃，则是在资产阶级产业革命之后。尤其是资本主义工业革命，大大地解放了生产力，使社会开始了前所未有的发展，纺织、冶金、机械等工业部门的大力发展，极大地促进了化学工业的发展，同时又给化学工业提供了日益丰富的研究对象、物质技术条件和实验设备。科学实验已成为近代化学研究的重要方法，从一定意义上说，有了科学实验的方法，人类关于自然界的认识才真正成为科学。

# 第二章

# 中国传统实用化学

中国是世界上文明发展最早的国家之一，各民族的祖先共同创造了灿烂的古代科学文化，其中古代化学工艺长时间处于世界领先地位，发展水平远高于西方，虽然当时没有形成独立的学科，但也产生了不少意义重大的创造发明。众所周知，中国古代四大发明指南针、火药、印刷术和造纸术，对人类发展的历史产生过巨大的影响。从一定意义上来说，印刷术和造纸术影响了整个世界的文化；火药影响了整个世界的战术；指南针影响了整个世界的航海术。在1400年之前，中国的化学技术是超过西方的。

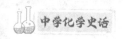

# 第一节　蔡伦与造纸

　　造纸术是我国举世闻名的四大发明之一，它不仅仅是中华民族智慧的结晶，更是中国人民的骄傲。作为传播知识和思想的载体，纸张在推动人类文明发展的进程中发挥着关键性作用。

　　《后汉书·蔡伦传》记载："自古书契多编以竹简，其用缣帛者谓之为纸。缣贵而简重，并不便于人。伦乃造意，用树肤、麻头及敝布、渔网以为纸。元兴元年奏上之，帝善其能，自是莫不从用焉，故天下咸称'蔡侯纸'。"

图2-1　蔡伦

　　蔡伦，字敬仲，东汉桂阳郡（今湖南耒阳）人，约于东汉永平四年（61）生，建光元年（121）卒。据《后汉书·蔡伦传》记载，东汉劳动人民在继承西汉造纸技术后，又有所改进、发展和提高。至和帝时，时任尚方令（职掌管理皇室工场、负责监造各种器械）的蔡伦利用尚方作坊充足的人力、物力，曾"监作秘剑及诸器械，莫不精工坚密，为后世法"，监制出一批比之前的纸更加精致、耐用的良纸，于元兴元年（105）奏上，经推广后，"自是莫不从用焉"。蔡伦对造纸工艺技术最突出的贡献，大致可从以下三个角度来评述。第一，组织并推广了高级麻纸的生产和精工细作，促进了造纸术的发展。第二，促进皮纸生产在东汉创始并发展兴旺。第三，因受命于邓太后监典内廷所藏经传的校订和抄写工作而形成了大规模用纸高潮，使纸本书籍成为传播文化的最有力工具。

　　造纸术的发明有两层含义：一是造纸的工艺流程；二是指其产品，即植物纤维纸。

　　蔡伦发明的造纸工艺流程是：原料—沤、煮—漂洗—锉、切—舂捣—打浆—加入纸药—抄、捞—压榨去水—分纸—烘、晒干燥—整成纸捆。从这个工艺流程看，蔡伦的发明具体有以下七项。

图2-2　古代造纸流程图

一是造纸原料选择。过去的"幡纸"是蚕丝纺织品，当时丝织品的价格确实很贵，据出土的《流沙坠简》记载："任城国亢父缣一匹……直钱六百一十八。"东汉许慎《说文解字》"匹"字下记有"帛价约十匹等于金一斤，钱一万"，而当时奴婢每人值钱五万，可见丝织物价格昂贵，一般人是用不起的。竹简、木牍的制造、使用和保存都很费力且不方便。而蔡伦发明的造纸术使用的原料是随处可得的"树肤、麻头及敝布、渔网"，树肤即树皮（这种材料在西汉前是没有用过的，属于开发的新材料），麻头是加工麻的下脚料，敝布是废旧的破布，这些东西可说是废物利用，取之不尽，用之不竭。从这一点，足见蔡伦的伟大，不仅解决了原料来源问题，还大大降低了成本，让普通百姓也可以使用纸。

二是发明了沤、煮原料的方法。麻（东汉时期的布均是各种麻纤维织成，渔网是用麻线织成）和树皮等植物除含纤维素外，还含有木质素、果胶等物质。木质素及果胶使纤维胶结、硬直，只有通过水沤、发酵水煮的方法，才能使木质素及果胶分解，使植物纤维的化学属性发生变化。再接着漂洗去掉木质素及果胶等物质，从而使纤维变软散开，方便于造纸。

三是锉、切。锉、切使纤维变短，纤维短了，便于帚化加工，更易于舂捣。

四是舂捣。舂捣，现代造纸术语称之为打浆，它使经过沤、煮、锉、切短了的纤维开裂、溃变，也就是现在造纸工艺所说的纤维分丝帚化，使纤维在水中形成有较大表面积的丝絮状，去水后，纤维之间结合得更紧密。

五是打浆。打浆是区别纸和其他类纸物的关键，就是将舂捣后的植物纤维加水稀释的过程。蚕丝絮在平面上结合形成的丝片和经过水沤后再高压而成的麻片，样子像纸，甚至也可以写字，但这些丝片、麻片没有经过打浆这道工序，就不能叫作纸。

六是纸药。纸药，又名"滑水"，它是将新鲜植物捣的叶、藤、根直接加水浸泡或经过火熬煮的稠滑汁液。将纸药加入稀释了的纸浆中，其作用是使纤维悬浮均匀，不沉淀结絮团，并且使捞出的湿纸可以重叠，压榨去水后可以一张张分开。

七是纸帘抄纸。加工后的纸浆稀释后怎样形成纸？纸帘的发明是很重要的，用纸帘捞出纸浆中的纤维，水从帘隙漏去，帘上分布均匀的植物纤维结合紧密，干燥后就成了一张纸。许慎的《说文解字》说："纸，絮——苫也，从系、氏声。""苫，盖也，从艸、占声。""苫"即草帘。蔡伦是耒阳人，在北方造纸用草，在南方用竹帘，这是很自然的。《说文解字》成书于公元100年，许冲（许慎之子）献书于公元121年，其间，许慎肯定是看到过造纸的，自然应该见过纸帘抄书。

蔡伦发明的造纸术已经具有非常完整和系统的工艺流程了。直到现在，全世界都在使用并延续着蔡伦发明的这套造纸工艺流程。

纸的发明，方便了记事、文化传播，促进了科技和教育事业的发展；纸的发明对中华民族的发展做出了巨大的贡献，使中国的文明与科技领先世界1000多年。造纸术传到世界各地后，同样也促进了世界文明与科技进步。这是中华民族对人类的伟大贡献，而从某种意义上来说，这一切归功于蔡伦。

# 第二节　火炸药的起源与演变

黑火药作为中国的四大发明之一，已为世人所知。那么，关于它的起源、传播和作用，以及火药与炸药的关系的问题，则一直是中学化学教育中的热门话题。

## 一、黑火药历史

火药，顾名思义，"发火的药"。明朝李时珍《本草纲目》中，将黑火药作为一种药加以记载。目前公认最早的火药配方，应是唐朝元和三年（808）清虚子撰的丹书《太上圣祖金丹秘诀》中记载的"伏火矾法"。而首次记载火药剧烈燃烧和爆炸事故的，当推晋朝郑思远撰的《真元妙道要略》，该书罗列了30多种道家炼丹术士应避免的一些错误操作方法，其中有一条说道："有以硫黄、雄黄合硝石并蜜烧之，焰起，烧手面及烬屋舍者。"据考证，该书实际写于中唐时期850年前后。

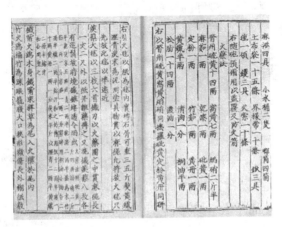

图2-3　11世纪的火药配方

由此看出，火药的发明应不迟于9世纪，它与道家的炼丹有关。道家在炼丹

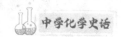 

药追求延年益寿的过程中，意外地出现了火药爆炸事故，其后经过一二百年，火药才逐渐引起人们的注意，并逐渐被用于军事方面。

宋初曾公亮（999—1078）等人编写的军事著作《武经总要》中，第一次使用了"火药"二字，第一次记载了不同作用的三个火药配方，它们分别是火炮用火药、蒺藜火球用火药和毒药烟球用火药，其中蒺藜火球用火药配方中，硝石的含量高达50%。这三个配方是所有文明国家中最古老的火药配方，是近代火药的雏形。直到16世纪以后，黑火药的配方才基本稳定在$KNO_3$含量为75%，C含量为12%～12.5%，达到了理论上的最佳点。

黑火药是何时通过何种途径传播至欧洲的？目前还没有一致的定论，一种观点认为是在13世纪，中国的黑火药技术通过商道，经印度传入阿拉伯国家，进而传入欧洲。有的西方的学者认为，火药是英国僧侣培根在1267年发明的，还有的认为黑火药源于"希腊火"的配方。对此，张子高（1886—1976）和凌永乐两位先生分别以大量事实予以驳斥。他们认为，西方成熟的火药配方时间晚于中国，不成熟的配方如"希腊火"在成分上缺少硝石。可以说，中国的黑火药于1225—1248年传至阿拉伯后，阿拉伯的医药书中才有了硝石的记载，并将硝石称为"中国雪"。黑火药传至欧洲的标志是同时期（约1280年）的希腊人马哥写的《制敌燃烧火攻书》，其中提到了火药的配方。

## 二、黑火药的爆炸原理

黑火药中，硝酸钾为氧化剂，在燃烧时分解出氧，氧化硫黄和木炭，放出热量和生成气体产物。硝酸钾的含量足够，才能使燃烧反应完全并释放出高热量。火药中因含炭而呈黑色故名黑火药，炭是可燃剂，与氧化合生成$CO_2$、CO等气体。硫黄也是可燃剂，还兼有胶黏剂作用，可使药粒密实，成型好。硫黄着火点比炭低，可以让黑火药易于点燃。其中的反应方程式为：$2KNO_3 + 3C + S \xrightarrow{\text{点燃}} 3CO_2\uparrow + K_2S + N_2\uparrow$。如果产物更复杂，则按另一种方式进行：

$$20KNO_3 + 10S + 30C \xrightarrow{\text{点燃}} 6K_2CO_3 + K_2SO_4 + 3K_2S_3 + 14CO_2\uparrow + 10CO\uparrow + 10N_2\uparrow$$

尽管两个反应的系数和产物不同，但从两个反应的系数可看出，它们均表达的是相同的配比关系：$KNO_3$74.8%，C13.4%，S11.8%。由反应方程式

图2-4 黑火药

亦可看出有大量固体物质产生及未反应完的残渣（约占56%），这就是黑火药爆炸后有大量黑烟的原因。

黑火药从一产生，到19世纪末叶（1888年）无烟火药出现之前，独领风骚1000多年。中国人除了将黑火药用于军事外，还用它制作了大量的烟花爆竹。日本人在元朝时就领教过黑火药的厉害，但直到1543年，才从葡萄牙人手里学会了火药枪和火药的制造法。从17世纪开始，黑火药在欧洲已用于采矿、修路和筑坝等工程，它对促进人类文明起到无可比拟的作用。英国哲学家F·培根（Francis Bacon，1561—1626）对此评价道："在火药、印刷术和指南针这三项发明中，火药的发明对人类所起的影响最大。"

### 三、火炸药的类别与应用

目前，火药已经不仅仅指黑火药了，凡是可以引起爆燃的物品都可称为火药，主要指发射药和推进剂。从主要成分上划分，以硝酸盐为基的火药，主要用在猎枪、采矿、烟花爆竹方面，黑火药为其代表；以硝酸酯为基的火药如硝化纤维素、硝化甘油等，用作枪炮的发射药；以高氯酸盐为基的火药有复合推进剂，如高氯酸铵、铝粉与合成树脂或合成橡胶组成的固体推进剂，用于发射火箭、中远程导弹等；以氧化铝、过氧化钡、溴酸盐或铬酸铅为基的火药，与前面的火药有着本质的不同，用于混凝土破碎药，安全可靠，特别适用于大城市建筑物的拆迁。

炸药是指利用其爆炸物提供破坏力的物质，其爆速超过音速，可分为硝酸酯、硝基化合物及它们的混合物三类。硝酸酯中有代表性的是硝化甘油，其发火点为2000℃，爆温为4000℃，爆速可达7500～8000m/s；硝基化合物是由芳香族化合物与硝酸发生硝化反应，生成含有三个以上硝基的化合物，如TNT（三硝基甲苯）、苦味酸（三硝基苯酚）、黑索今（环三亚甲基三硝胺）、奥克托今（环四亚甲基四硝胺）等。

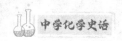

# 第三节　陶瓷中的文化魅力

中国陶瓷源远流长，丰富多彩。白瓷"洁白光润、轻薄透明"；青瓷"晶莹润泽，如玉似冰"。17世纪，有本叫作《葡萄牙王国记述》的书里如此赞美浙江青瓷花瓶："这种花瓶是人们所发明的最美丽的东西，看起来要比所有的金、银或水晶都更为可爱。"唐代诗人陆龟蒙则以"九秋风露越窑开，夺得千峰翠色来"的诗句赞美青瓷的巧夺天工。

## 一、陶瓷——中华文明的优雅载体

陶瓷是产生早、流传久远、体系复杂的一种艺术形态，它既寄托着阳春白雪的艺术之梦，也融汇着柴米油盐的人间烟火气。陶瓷这只浴火腾飞的凤凰，从中国的古老大地上起飞，将技术与艺术的种子播撒到全球，在很长的历史时期里，成为中国的"第五大发明"和"文明的徽章"。瓷器也是中国古代国际贸易中最重要的大宗外销商品之一，由中国的丝绸、茶叶和瓷器带动的古代东西方贸易，对人类各文明地区间的经济文化联系起到了极大的推动作用。

## 二、中国陶瓷的发展历程和化学工艺

我们平时所说的陶瓷，是陶器和瓷器的总称。如果说陶器是世界上许多古老文明共有的历史遗产，瓷器则在很长一段时期里几乎成为中华文明所独有的技艺，世界各地的制瓷工艺，都受到了中国陶瓷的深远影响。

陶器和瓷器有类似之处，同时也在很多方面存在差别，其中最根本的一点是所使用的基本原料有所不同。制造陶器使用的是陶土，而制造瓷器则需要使用瓷土。瓷土，又名高岭土，因江西景德镇高岭村而得名，其汉语发音转变而得的词"kaolin"，早已成为国际性的名词。瓷土由云母和长石风化变质并水合沉积而来，其变化过程中，钠、钾、钙、铁等元素基本流失，纯净的高岭土的化学式为$Al_2O_3 \cdot 2SiO_2 \cdot 2H_2O$，颜色一般为白色或灰白色。而陶土主要由高岭石、水白云母、蒙脱石、石英和长石组成，其化学成分相对复杂，除了二氧化硅和三氧化二铝之外，还含有一定量的三氧化二铁、氧化钙和氧化镁。其中三氧化二铁的存在，使得陶土可能带有黄褐色、红紫色等色调，也正是因为这个原因，陶器最常见的颜色是黄褐色系。

**1. 华夏大地上史前陶艺的灿烂群星**

世界上各种古老文明都不约而同地在某个阶段发展出了陶器。在广袤的华夏大地上，根据所处区域内陶土成分和烧制工艺特点，人们制作出了形态各异风格多样化的白陶（略带浅棕色）、红陶、灰陶、黑陶和彩陶。

白陶相对较少，制作这类陶器需要使用铁含量很低而氧化镁或氧化铝的含量较高的陶土。如果陶土中含铁量较高，在露天烧制或采用敞口式的陶窑烧制时，陶器就会显现出三氧化二铁的颜色，即烧制成红陶。如果在烧制过程中通风不足，或在烧制末期封闭窑顶，就会因为供氧不足产生还原气氛，三氧化二铁被还原为四氧化三铁，陶器就会呈现出深灰色。如果在烧制即将结束时，封闭窑顶和窑门，并在窑顶渗水，使窑室内产生浓烟，烟中的炭会渗入坯体的孔隙中，将陶器熏成黑陶。也可以通过向陶土中加入植物的茎、叶、谷壳等，在烧制过程中植物组织发生炭化，使陶器呈现出黑色，烧制出黑陶。如果在素面的红陶、灰陶的表面用天然颜料锰铁矿、赭石、瓷土矿等进行描绘，烧制后就会得到精美的彩陶。

大汶口文化 白陶鬶　　大汶口文化 红陶兽形器　　磁山文化 灰陶深腹双耳罐　　龙山文化 黑陶高足杯　　仰韶文化 庙底沟型彩陶钵

图2-5 新石器时代的陶器类型

**2. 原始瓷器的诞生与青釉的发展**

考古学家发现中国瓷器的出现至少可以上溯到商代的中期，大约相当于公元前16世纪，距今已经有3500多年了。商代、西周时产生了原始瓷器——青釉器；从商代、西周，经春秋战国到东汉，是中国瓷器从不成熟到成熟的发展过程；在魏晋南北朝时期进入完全的瓷器阶段。目前考古发现的历史最久远的瓷器，是20世纪五六十年代在河南的商代墓葬中发现的两件较为完整的青釉瓷尊。

瓷尊由高岭土制成，里外都涂有一层较薄的透明青色釉，烧成温度在1200℃以上，出土时扣之有金石之声，化学分析表明其完全具备瓷器的特点。那么，原始瓷器，或者说青釉器，与陶器的化学成分有什么不同呢？其中最显著的是氧化铁及氧化钙、氧化镁的含量变化。在陶器中，氧化钙、氧化镁的含量通常大于3%，而氧化铁的含量大于6%；而在原始瓷器中，氧化钙、氧化镁的含量降至1%以下，氧化铁的含量低于3%。从外观上讲，最突出的变化是原始瓷器的表面有一层光滑致密的釉层。当时使用的釉，是一种氧化钙含量16%~20%的碱性长石釉，以2%左右的铁作为着色剂。由于早期窑工在控制火焰方面还不十分稳定，在窑温上升到1000℃以上后，会有时是氧化气氛，有时是还原气氛。在氧化气氛下，主要生成三氧化二铁，釉色发黄；而还原气氛下存在的主要是二价铁，因此釉色偏青绿。

青釉是我国使用最早、沿用时间最久、分布最广的一个釉种，它的发明与我国瓷土矿大都含有一定量的铁矿的现象相一致。青色也符合我国人民的传统审美情趣，青色与碧玉相似，被认为稳重而高雅。自商代以来，青釉瓷器经历了稳步发展，到两晋时期达到完全成熟的阶段。

商代 青釉尊　　战国 原始瓷提梁盉　　西晋 青瓷神兽尊　　东晋 青瓷羊形烛台

图2-6　青釉器与青瓷

### 3. 低温铅釉的发展与唐三彩

中华民族自古以来就有着令人叹服的勤劳和智慧，中国古代的劳动人民在实践中不断有新的发现。我国古代的工匠们在青铜冶炼的过程中意识到把铅加入铜锡合金中会降低青铜的熔点，增强青铜的流动性，进而触类旁通，发展出了可以在相对低的温度下适用于陶器表面的低温铅釉。铅釉始于汉代，并且从一开始就具有相当成熟的形式和技法。汉代铅釉是用石英和铅以大约1:3的比例混合而成，从色彩上讲主要有铜发色的深绿色—绿色—草绿色冷色系，以及用铁发色的土黄—浅棕—深褐色暖色系。

三国魏晋时期，长期战乱导致铅釉陶的生产十分低迷。到南北朝时期，釉色从单一色向多色转变，出现了白地绿彩、黄地绿彩，以及黄、绿、白三色共用等施釉技法，这些都为唐三彩在大唐盛世里大放异彩打下了基础。唐三彩的釉色主要有黄、绿、蓝、褐、白、黑等，其中又以黄、绿、褐这三种最为常见，所谓"三彩"是一种泛称。唐三彩采用低温铅釉，以金属氧化物或金属盐作为发色物质。其中绿色常选用以碱式碳酸铜为主要成分的孔雀石和蓝铜矿，黄色和褐色沿用了三氧化二铁，黑色部分采用铁锰矿，而蓝色一般选用氧化钴。唐三彩作品中所呈现的雍容华贵的仕女，神情各异的胡人，雄伟矫健的骏马，喜气欢腾的乐舞，都是大唐盛世生动真实的写照。

汉　绿釉狗　　汉　褐釉十二生肖博山奁　　唐　骑驼乐舞三彩俑　　唐　仕女俑

图2-7　汉铅釉陶器与唐三彩

### 4. "雨过天青云破处"——宋代陶瓷的创作高峰

发端于商代的青釉器而成熟于两晋时期的青瓷，在唐宋时期继续发展并逐渐臻于完美。唐代除唐三彩之外，其他类型的陶瓷形成了"南青北白"的基本格局，南方以越窑为代表的青瓷，以"千峰翠色"的秘色瓷为天下称道；而北方以邢窑为代表的白瓷，因瓷土中铁含量极低，而具有几近纯白的颜色。二者以"邢瓷类银，越瓷类玉；邢瓷类雪，越瓷类冰"并称。

到了宋代，邢窑白瓷逐渐被定窑白瓷所取代，而在青瓷方面出现了汝、官、哥、钧、定五大名窑各具特色、异彩纷呈的局面，其中以汝窑的天青釉瓷器最为人所魂牵梦萦。汝窑瓷器名贵的原因之一是其传世作品很少，物以稀为贵；另一个重要原因，是汝窑在用釉方面有独到之处。汝窑的天青釉，是一种还原气氛下烧成的高温长石二液相分相釉，以玛瑙入釉，在乳浊釉中存在着相当多的石英玻璃聚合小点，由于这些石英颗粒的存在，导致一种独特的散射作用，使汝窑瓷器表面平滑但毫无浮光；加上釉本身的铁含量不高，在高温还原气氛下烧成，釉色青白，使瓷器展现出一种温润如玉的素雅清逸。

宋代瓷器中还有一类由特殊化学变化带来的传世精品，那就是钧窑的窑变作品。钧窑的釉料中含有铜、锡、钛、磷等多种元素，为复色窑变的形成提供了内在条件。其中0.5%左右的氧化铜在1200℃高温中，还原成胶体铜粒子，这些粒子在釉中会形成红色釉，或青色、红色以及其他颜色的混合釉，打破青釉单一的色调，形成天蓝、月白、玫瑰紫、海棠红、灰青、灰蓝、墨绿、正红、茄皮紫等釉色。因为瓷器在烧制过程中，会发生一系列非常复杂的变化，呈现出无法预知的色彩组合，故而有"钧瓷无对，窑变无双""入窑一色，出窑万彩"之说。

宋　汝窑天青釉洗　　　宋　钧窑玫瑰紫釉葵花式花盆托　　　宋　定窑白瓷婴儿枕

图2-8　色彩纷呈的宋代瓷器

### 5. "天青色等烟雨"——享誉世界的青花瓷

考古研究表明，青花瓷最早出现于唐初，历经唐、五代、两宋，直到宋元之际，大江南北均有试作，元代开始，青花瓷迎来了其全盛时期。不同时期的青花瓷色彩和风格方面有细腻的差异，或浓郁奔放，或淡雅柔和。

青花瓷色彩的差异，主要取决于所用的蓝色发色物质——钴的化合物类型，以及釉料中其他金属氧化物的参与。烧制青花瓷最常用的发色剂是氧化钴，在任何的釉料下，它都呈现稳定的蓝色。0.25%的氧化钴在釉中呈现出艳丽的蓝色，1%的氧化钴在釉中呈现出非常深的蓝色，氧化钴含量稍高于1%时，则会呈现蓝黑或黑色。除钴之外，锰和铁的含量也会直接影响釉料烧成后的颜色，锰在钠釉中显红紫色，在钾釉中则显蓝紫色，而铁显茶褐色。元代及明代永乐、宣德年间，青花色彩浓烈；明成化、嘉靖年间，青花色彩淡雅。

在青花瓷这朵名扬世界的陶瓷之花盛开的同时，还有一枝艺苑奇葩绽放于元代至清代这段时期，那就是珍贵稀少的陶瓷名品——釉里红。釉里红与青花的烧制工艺大体相似，区别主要在于所使用的发色物质不同，青花瓷使用钴元素发色，而釉里红采用铜元素发色。但铜元素价态相当不稳定，尤其是在1250℃以上，很容易游离而烧失。如果烧制过程中所需要的还原气氛压力不够，铜就可能与碳、氧以不同的价位结合，生成氧化亚铜、氧化铜或碳酸铜，而其中只有氧化亚铜是烧制釉里红所期望的红色。由于这些变数的存在，釉里红的烧成率很低，传世作品稀少，使之愈发珍贵。

| 元　萧何月下追韩信梅瓶 | 明　青花海水江崖纹三足炉 | 元　釉里红云龙纹四系扁壶 | 元　青花釉里红镂雕罐 |

图2-9　元明青花和釉里红

### 6. 绚丽的明清五彩瓷

明、清两代是中国彩瓷高度发展繁荣的鼎盛时期。明清彩瓷是景德镇窑在宋、辽低温釉的基础上发展起来的，基本色调以红、黄、绿、蓝、紫五种为主，既有色彩浓郁的单色釉瓷，又有多种色彩交相辉映的五彩瓷，按照花纹的需要在釉上施彩，再在700～900℃的炉中二次焙烧而成。单色釉瓷中最负盛名的有"弘治浇黄""永乐甜白"和"宣德祭红"。其中的"弘治浇黄"采用低温铅釉，以国画颜料赭石为着色剂，由于赭石中的铁是以化合物三氧化二铁的方式带入釉中的，有效地避免了唐宋低温釉以铁粉入釉时造成的咖啡色污斑，使浇黄釉格外清亮透明。"永乐甜白"和"宣德祭红"均使用长石高温釉，"宣德祭红"以铜离子着色，而"永乐甜白"则是一种纯净不含铁质的透明釉。

在单色釉发展的同时，明代彩瓷中还逐渐出现了斗彩瓷和五彩瓷。明代瓷工在唐宋低温铅釉的基础上加入氧化钾，发展出了$PbO-K_2O-SiO_2$的三元系统釉上彩，其中釉下青花和釉上彩绘的品类称为斗彩，而采用白瓷进行釉上彩绘烧制的称为五彩瓷。明清五彩瓷中的红色，主要有矾红和金红两类，其中矾红是以青矾煅烧得到的氧化铁为着色剂，而金红则是以0.5%左右的胶体金为着色剂。黄彩常见铁黄和锑黄两种，其中铁黄的主要成分是硫酸铁，锑黄的主要成分是氧化锑。绿彩由铜绿铅釉发展而来，其着色剂为二价铜离子。蓝彩则沿用了由钴蓝铅釉发展而来的氧化钴着色剂。五彩瓷，与向外借鉴的珐琅瓷，融合变通的粉彩瓷一起，在中国陶瓷的发展中书写出了一段绚丽华美的篇章。

明弘治　浇黄釉描金弦纹牲耳尊　　明嘉靖　五彩鱼藻纹盖罐　　明成化　斗彩鸡缸杯

明宣德　祭红釉僧帽壶　　　　明万历　五彩百鹿尊　　清康熙　粉彩镂空转心瓶　　清康熙　五彩花鸟纹尊

图2-10　绚丽的明清彩瓷

瓷器，作为中国古代国际贸易中最重要的大宗外销商品之一，也作为中华文化的象征之一，很早就传播到世界许多地区，对人类各文明地区间的经济文化联系起到了极大的推动作用。陶瓷，这只从华夏大地飞出的火凤凰，是中国的，也是全世界的技术与艺术瑰宝。

# 第四节　中国古代的曲法酿酒

中国制酒历史源远流长，酒的品种繁多，名酒荟萃，享誉中外。黄酒是世界上最古老的酒类之一，在3000多年前，商周时代，中国人独创酒曲复式发酵法，开始大量酿制黄酒。约1000年前的宋代，中国人发明了蒸馏法，从此，白酒成为中国人的主要饮用酒类。

图2-11　古代酿酒

《礼记·月令》中提到了用曲造酒的六点注意事项："秫稻必齐，曲蘖必时，湛炽必洁，水泉必香，陶器必良，火齐必得。"要求造酒用的谷物必须成熟，投曲必须及时，浸煮时必须保持清洁。造酒用的水质必须好，器皿必须用优良的陶器，火候必须适宜。这其实也是对我国古代酿酒技术的科学总结。汉代由于制曲技术的发展，可以利用不同的谷物制曲，从而增加了酒的品种。

南北朝时，农学家贾思勰撰著的《齐民要术》中有四篇专门介绍酿酒，共记载当时北方的12种造曲法，并按酿造的效能把酒曲分成三等：酿酒用的"神曲"五种，"白醪曲"和"女曲"各一种，"笨曲"三种。它们都是以小麦为原料的黄酒曲。

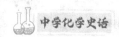

贾思勰

《齐民要术》

图2-12　贾思勰和《齐民要术》

贾思勰对酿酒的原料、原料的预处理、酿造温度的控制、水质和原料与水的比例，以及对酿酒的主要条件也都一一做了总结。

他强调要将原料淘洗干净；酿造时要分批添加原料，逐级发酵，以调控发酵的温度，特别是在发酵热度高时要及时把醅舒展开；酿酒用水以水脉平稳的河水第一，甜井水次之，而忌用碱水；原料与水的比例则必须依酒曲的质量而定，曲好则投水量要大。

贾思勰已了解到发酵温度过高会使酒变酸，可见1400年前我国的造曲法和酿酒工艺已经有了极丰富的经验和很高的水平。

古法酿酒工艺的基本流程如下。

**1. 制作酿酒的酒曲**

使用的原料有嫩玉米浆、野菊花、麦麸、老玉米面、大曲酒、黄酒糟（糯米酒糟）。嫩玉米，需要用手将玉米粒剥下来，每年制作酒曲时，要剥几百斤，很是辛苦。将嫩玉米打成浆，放置一天，就自然发酵了，闻起来很酸，这是酒曲的关键。第一年在野外收割好野菊花，在第二年制作酒曲时，用野菊花熬水放凉备用。

**2. 将大曲酒酒曲发酵**

这个时候使用麦秸对酒曲进行发酵。将晒得火热的麦秸在地上铺上厚厚一层，然后在麦秸上摆放酒曲砖，每一排酒曲砖之间放一层热麦秸，一层层堆起来，上面再蒙一层热麦秸，利用麦秸的温度，让酒曲发酵。大概四天，就能闻到很香的酒味了，再过四天左右，味道就很淡了。这时候大曲酒酒曲就发酵得差不多了，可以打开麦秸垛，将酒曲砖拿出来晒干后粉碎留用。

### 3. 拌糠

将发酵好的酒料取出来，放在地上，掺进米糠搅拌。搅拌过程中，一定要将酒料团拍散开，用米糠拌均匀。刚取出的酒料很湿很黏，假若不掺进米糠，放在灶上蒸制时，热气很难穿透，这样酒精不能完全挥发，严重影响出酒率。掺进米糠，可使酒料干散，因此米糠是必需品。

### 4. 加满酒料后进行蒸馏

酒料加满后，在酒簏的上面放一个用竹子、稻草和塑料膜缠制的草圈，草圈上放一口锅，该锅学名天锅。天锅里面放冷水，当酒簏里面的热酒蒸汽遇到天锅的冷锅底时，就凝结成液状酒流出来了。天锅里的凉水要不停地更换，将温度保持在35℃以下。

需要注意的地方是，土灶中的火越猛，蒸汽出得就越快，一般不要用太猛的火，用中火慢慢出即可，火力太猛，容易让底锅的酒翻腾出来。刚出来的酒是热的，在接酒时，要一边接一边尝。"酒香不怕巷子深"，采用古法酿酒技术所酿造的曲酒，完美地阐释了这样的一个道理。古法酿酒技术为现在现代酿酒的发展提供了十分有利的帮助，即使有一天它成为历史，退出了酿酒的舞台，而它在酿酒师心中的地位也会一直保持下去，屹立不倒。

# 第五节　中国首创湿法炼铜

　　我国是世界上最早采用湿法冶金提取铜的国家。写于纪元前六七世纪的《山海经》就有"石脆之山其阴多铜，灌水出焉，北流注于禹，其中多流赭"的记载。唐朝已有官办的湿法炼铜场。宋代则技术更为成熟，产量更为可观，北宋年间还编写了《浸铜要略》一书。

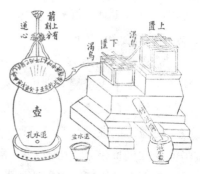

图2-13　湿法炼铜

　　胆铜法就是胆水浸铜法。它是使用胆水（硫酸铜溶液）炼铜，是水法冶金的起源，把铁放在胆矾，即硫酸铜溶液里，以胆矾中的铜离子被金属铁所置换而成为单质铜沉积下来的一种产铜方法，其化学原理为：$Fe + CuSO_4 \Longrightarrow FeSO_4 + Cu$。有关胆水取铜的最早描述见于西汉成书的《淮南万毕术》，"曾青得铁则化为铜"的话，曾青又名空青、白青、石胆和胆矾等，指天然硫酸铜或其他可溶性铜矿物。这说明我国在西汉时期已观察到并记载了"曾青化铁为铜"的现象。到了宋代，我国已把胆铜法应用于生产上，并使之成为大量生产铜的主要方法之一了。

　　最早观察到"铜铁置换化学反应"的现象，可能是一次偶然的发现，也可能是在煮矾的过程中见到了这一现象，可由两本宋书中所做的记载推论而知。周辉《清波杂志》卷十三中说："信州铅山，胆水自山下注，……古传一人至水滨，遗钥匙，翌日得之，已成铜矣。"沈括《梦溪笔谈》卷二十五中记载："信州铅山有苦泉，流以为涧，挹其水熬之，则成胆矾，烹胆矾则成铜，熬胆矾铁釜，久之亦化为铜。水能为铜，物之变化，固不可测。"

　　胆铜的生产过程包括两个方面：一是浸铜，二是收取沉积的铜。具体做法有三种：一种是在胆水产地就近随地形高低挖掘沟槽，用茅席铺底，把生铁击碎，排砌在沟槽里，把胆水引入沟槽浸泡，分节用木板闸断，看上去呈阶梯状。铜和铁颜色不一，浸泡后待颜色改变，说明胆水中的铜离子已被铁置换，把浸泡过的水放走，取出茅席，收取沉积在茅席上的铜，再引入新的胆水，周而复始地进行生产。第二种做法见于《宋史·食货志》的记载："以生铁锻成薄片，排置胆水槽中，浸渍数日，铁片乃为胆水所薄，上生赤煤，取括赤煤入炉，三炼成铜。大率用铁二斤四两，得铜一斤。饶州兴利场、信州铅山场各有岁额，所谓胆铜也。"第三种是煎熬法，把胆水引入用铁做的容器里煎熬。煎熬一定时间，就在铁容器上得到铜。煎熬法的长处在于煎熬过程中胆水由稀变浓，可加速铁和胆水中铜的置换反应，但这种方法需用燃料和专人操作，成本高，工多而利少，因此这种方法的应用不如前两种普遍。在胆铜的生产中，浸铜时间随胆水浓度不同而有长有短。胆水越浓，含铜离子越多，浸铜时间可短些；胆水稀，含铜离子少，浸铜时间就要长一些。在宋代时，已经把水法炼铜的胆铜法发展成为一套比较完善的工艺了。

图2-14　大冶铜绿山古铜矿遗址

　　湿法炼铜源于中国，是中国对世界冶金技术的一项伟大贡献，也是世界湿法冶金技术的始祖；同时，在化学发展史上也占有特殊重要的地位。中国湿法炼铜至少比欧洲领先500年，但在近千年的应用中，我们并未突破传统技术的障碍，在近代也没有进一步发展，甚为可惜。

# 第三章

# 元素学说的发展

形　形色色的物质都是由元素组成的，元素是中学化学的核心概念，被称为"化学理论大厦的基石"，因此，元素概念在化学发展中具有巨大的意义。俄国化学家门捷列夫曾精辟论述："化学理论学说的全部实质就在于抽象的元素概念。"

由于化学变化的隐蔽性和复杂性，长期以来人类无法直接感知微观粒子的存在及运动规律，因此对元素这一基本概念的认识经历了十分曲折和漫长的过程。又由于认识上的局限性和片面性，使人们在相当长的历史时期内不能把元素、原子和单质纳入一个统一自洽的体系。总的来看，元素概念在其发展过程中，主要经历了四个阶段：一、古代思辨阶段；二、经验分析阶段；三、原子理论阶段；四、现代科学阶段。这四个里程碑深刻地反映了人类思维变化的基本规律，缺少任何一个环节都不可能形成现代科学中的元素概念。

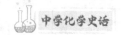

# 第一节　古代思辨的元素

　　早在古代，人们在长期的生活和生产实践中认识了许多物质，并形成了世界万物都是由某种本原组成的观念。那么，万物的本原是什么？古代的自然哲学家们为了合理地解释物质世界的多种多样性和运动的永恒性，对宇宙本原提出了多种不同的看法。

　　中国西周时期《易经》记载，"太极生两仪，两仪生四象，四象生八卦"，认为太极是世界万物的本源。《老子》说："道生一，一生二，二生三，三生万物。"《管子》里有"水者，何也？万物之本原也"的说法。这些都是古代朴素的演化论思想的表现，也是一元论的典型代表。之后出现阴阳五行说，最早出现于《尚书》："一曰水，二曰火，三曰木，四曰金，五曰土。水曰润下，火曰炎上，木曰曲直，金曰从革，土曰稼穑。"提出了金、木、水、火、土这五种物质及其性质是万物之源。印度也提出了类似的说法，"五大"即地、水、火、风与空气是万物本源。

　　西方国家也经历了与东方国家类似的过程，从一元论推进到多元论。古希腊的泰勒斯认为万物起源于水，赫拉克利特则认为是火，阿那克萨格拉认为是种子。之后，几乎同时代的两位古希腊哲学家，一位是恩培多克勒，他明确提出，宇宙由四种元素——土、气、火、水组成，这些元素在爱力与憎力的支配下发生相互作用；另一位是留基伯，他提出了物质微粒说，虽然他本人没有留下著作，但他的学生德谟克利特完成了他的原子论观点。

　　德谟克利特认为宇宙中物质的存在形式不过是原子和虚空。无限的原子在无限的虚空中运动，形成天地万物。原子的基质相同，只是开关与大小不同。物质的

图3-1　恩培多克勒

转变过程是原子的重新组合,原子本身不变,既不能创造也不能毁灭。恩培多克勒坚持元素观,认为万物由可见的几种元素组成。而德谟克利特则秉承原子观,认为世界是由多种多样的粒子组成。他们开创了两种基本的物质组成观。

亚里士多德则把水、火、土、气四种元素看成是冷、热、干、湿四种原性两两组合而成的。这种唯心主义的元素性质学说成了以后炼金术的理论基础。炼金术虽然不是科学形态的化学,甚至在相当长的时期内曾严重阻碍了化学的发展,但长期炼金实践对元素概念的发展起到了不可忽视的作用,至少从反面证明了用一般方法实现元素的转化是不可能的,这就为近代经验分析的元素概念的建立准备了条件。

图3-2　亚里士多德

虽然古代的元素观或原子观不过是哲人智慧的猜测,既没有科学依据的证实,也没有科学实验的证明,但正是人类"对世界到底是由什么物质组成的"这一永恒问题的不懈追问,才为后人开辟了一条由观念到实践的道路。

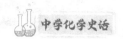

# 第二节　经验分析的元素

　　所谓经验分析的元素概念，是指它并不能真正反映化学元素的客观本质，而是根据人们分解物质的能力来定义元素。化学经历了古代实用化学、炼金术、医药化学和工艺学时期，已经有了很大发展。特别是欧洲文艺复兴以后，自然科学挣脱了宗教神学的束缚，开始了大踏步前进。化学正是在这种新的形势下，逐渐端正了研究方向，并大力提倡科学实验，强调用理性的方法去整理感性材料。所有这些都促进了古代元素观的变革。

　　1661年，英国化学家波义耳以微粒说为基础，提出了与古代有质的区别的元素概念。他指出："元素是具有确定性质的、实在的、可观察到的实物，是不能用一般的化学方法再分解为简单的物体的实物。"他力图用微粒论观点去解释各种化学反应，摒弃一切超自然的形式和质料，力求恢复化学的真正面目，建立了化学研究的一般原理和方法，大大推进了人们对物质组成的认识，为近代经验分析的元素概念的建立铺平了道路。

图3-3　波义耳，英国化学家、物理学家和自然哲学家

　　在化学实验中，波义耳读了不少前人的著作，也了解到当时的一些科研成果。这不仅开阔了他的眼界，丰富了他的思想，同时也为他整个实验的安排提

供了指导。当时德国的工业化学家格劳伯大半生从事化学实验，对金属冶炼、酸碱盐的制取有较多的研究，为振兴德国的工业做出了重大贡献。格劳伯的事迹以及他关于化学实验的著作《新的哲学熔炉》给了波义耳一个重要的启示，使他认识到化学在工业生产中所具有的广泛意义，化学不应只限于制造医药，它是对于整个工业和科学都有着重要作用的科学。为此，他认为有必要重新来认识化学，首先要讨论的是什么是化学。

17世纪以前的化学知识，一部分是炼金术的内容，目的在于变金属为黄金或白银；一部分是医药学的内容，目的在于发展医药，治病救人；一部分是化工生产的内容，目的在于增加产品的种类和提高产品的质量。化学研究没有独立性，主要由于没有明确的、正确的研究目的，而是其他部分的附属物。波义耳根据自己的实践和对众多资料的研究，主张化学研究的目的在于认识物体的本性，因而需要进行专门的实验，收集观察到的事实。这样就必须使化学摆脱从属于炼金术或医药学的地位，发展成为一门专为探索自然界本质的独立科学。这就是波义耳在《怀疑派化学家》中所阐述的第一个观点。为了引起人们的重视，他在书中进一步强调："化学到目前为止，还是认为只在制造医药和工业品方面具有价值。但是，我们所学的化学，绝不是医学或药学的婢女，也不应甘当工艺和冶金的奴仆，化学本身作为自然科学中的一部分，是探索宇宙奥秘的一个方面。化学，必须是为真理而追求真理的化学。"

为了确定科学的化学，波义耳考虑到首先要解决化学中一个最基本的概念：元素。最早提出元素这一概念的是古希腊一位著名的唯心主义哲学家亚里士多德，他用元素来表示当时认为是万物之源的四种基本要素：火、水、气、土。这一学说曾在2000年里被视为真理。后来医药化学家们提出的硫、汞、盐的三要素理论也风靡一时。波义耳通过一系列实验，对这些传统的元素观产生了怀疑。他指出，这些传统的元素，实际未必就是真正的元素，因为许多物质，比如黄金就不含这些"元素"，也不能从黄金中分解出硫、汞、盐中的任何一种元素。恰恰相反，这些元素中的盐却可被分解。那么，什么是元素？波义耳认为：只有那些不能用化学方法再分解的简单物质才是元素。例如黄金，虽然可以同其他金属一起制成合金，或溶解于王水之中而隐蔽起来，但是仍可设法恢复其原形，重新得到黄金，水银也是如此。

至于自然界元素的数目，波义耳认为，作为万物之源的元素，将不会是亚里士多德的四种，也不会是医药化学家所说的三种，而一定会有许多种。波义耳的元素概念实质上与单质的概念差不多，元素的定义应是"具有相同核电荷

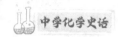
数的同一类原子的总称"。如今的这种科学认识是波义耳之后，又经300多年的发展，直到20世纪初才弄清楚的。波义耳当时能批判"四元素说"和"三要素说"而提出科学的元素概念已经很不简单，是在认识上的一个了不起的突破，使化学第一次明确了自己的研究对象。在《怀疑派化学家》一书中，在明确地阐述上述两个观点的同时，波义耳还强调了实验方法和对自然界的观察是科学思维的基础，提出了化学发展的科学途径。波义耳深刻地领会了培根重视科学实验的思想，他反复强调："化学，为了完成其光荣而又庄严的使命，必须抛弃古代传统的思辨方法，而像物理学那样，立足于严密的实验基础之上。"波义耳也正是这样身体力行的。波义耳把这些新观点、新思想带进化学，解决了当时化学在理论上所面临的一系列问题，为化学的健康发展扫平了道路。如果把伽利略的《关于托勒密和哥白尼两大世界体系的对话》作为经典物理学的开始，那么波义耳的《怀疑派化学家》可以作为近代化学的开始。

　　1783年，法国化学家拉瓦锡在前人实验的基础上证明了水是由两种元素组成的化合物，而不是一种元素。至此，传统的"四元素说"和"五元素说"彻底宣告破灭，近代元素概念应运而生。1789年，拉瓦锡给元素下了一个明确的定义，"凡是简单的不能分离的物质，才可以称为元素"，并且列出了历史上第一张包括33种符合其定义的元素表。

图3-4　现代化学之父
　　　　——拉瓦锡

　　氧气发现后不久，拉瓦锡了解到普里斯特利（Joseph Priestley，1733—1804）制得氧的方法，在此之前，拉瓦锡已做过了煅烧金属的实验，他在工作中非常注重量的研究。1774年，他用锡和铅做了著名的金属煅烧实验，他首先将实验用的铅和锡进行精确称量，将它们放入曲颈瓶中，将瓶封闭后再准确称量铅、锡与瓶的总重量。准备就绪后，进行加热，直到铅、锡变为灰烬，再称量总重，与实验前一样。之后，当他把瓶子打开时发现空气冲了进去，这时再对瓶及煅灰进行称量，发现总重量增加了，另外，他发现金属在煅烧后重量也增加了，所增重量恰恰等于空气冲进瓶子后总增量。因此，拉瓦锡断定，金属所增加的重量，既不是来自水中，也不是来自瓶外任何物质，只能是金属结合了瓶中部分空气的结果。在这种鲜明的事实面前，拉瓦锡对燃素说产生了极大的怀疑。

　　金属的煅灰会不会是金属和空气的化合物？为了验证这一点，拉瓦锡又用煅灰做了许多实验。他发现，把铅煅灰与焦炭一起加热时有大量"固定空气"释放出来，与此同时，煅灰还原成金属铅。这些"固定空气"是从哪里来的呢？他感到这绝不仅仅是从焦炭里吸取一点儿燃素那样简单了。

联系到焦炭在空气中燃烧也生成"固定空气"的事实，拉瓦锡更加确信煅灰是金属和空气相结合的产物，而煅灰在用焦炭还原时所放出来的"固定空气"，一定是从煅灰中释放出来的空气与焦炭相结合的结果。要进一步证实这个结论，最有说服力的当然是设法从金属煅灰中直接分解出来空气，然而实验却未能成功。

恰在这时，普里斯特利会见了拉瓦锡，告诉了拉瓦锡制得氧气的方法。拉瓦锡重复了普里斯特利实验，果然从汞煅灰中分解出了比普通空气更加助燃、助呼吸的气体，拉瓦锡于1777年将这种气体正式命名为"oxygene"（氧），意为"成酸元素"。上述实验有力地证明了拉瓦锡否定燃素说的结论，说明可燃物质的燃烧或金属变为煅灰并不是分解反应，而是与氧化合的反应，即金属加氧等于煅灰，而绝非燃素说的所谓金属减去燃素等于煅灰。

此后，拉瓦锡又对金属的氧化与还原的反应进行了很精确的定量研究，证明了化学反应中质量守恒的定律。同时，他又做了大量的燃烧实验，对种种物质燃烧后的产物一一进行了试验研究。在几年的积累、归纳总结之后，1777年，拉瓦锡正式提出了氧化学说：燃烧的本质是物体与氧的化合。

同过去的传统元素概念相比，拉瓦锡定义具有明确的科学性：首先，元素的性质和数目只有通过实验来确定，因而它建立在科学实验的基础上而不再是笼统的凭空猜想；其次，他通过实验抓住了一般元素在通常情况下不能分解的客观性质，把分解的极限作为判别元素的标准。随着分析手段的不断提高，人们发现元素的数量也会越来越多。所以，近代元素概念的建立，结束了自古以来关于元素概念的混乱状态，完成了人类元素认识史上一次质的飞跃，新元素概念的明确性、可操作性和可感知性，大大激发了化学家探索新元素的热情，对以后整个19世纪化学的发展起到了极大的推动作用。

这时的元素概念带有很大程度的经验分析性质，对元素的确认取决于当时化学分析实验的技术水平。从现代化学的观点来看，波义耳所定义的元素实际上是单质。在此后的很长一段时间内，化学家把元素和单质看成同义词。由于受科学发展水平和认识的局限，不能从原子的角度抽象出元素概念，而作为元素的具体存在形式——单质，用当时的分析方法却是可直接感知的，因此当时把单质理解为元素是完全可以理解的，元素和原子又一次失去交汇的机会也是不足为怪的。

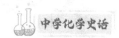

# 第三节　原子理论的元素

　　拉瓦锡的元素定义，给整个化学研究带来了空前的条理性。定量分析方法的广泛采用，组成化合物的元素间的定量关系很快被揭示出来。如当量定律（1797，里希特）、定比定律（1799，普鲁斯）、倍比定律（1803，道尔顿）等化学经验定律为科学原子论的创立打下了牢固的实验基础。

　　1803年，道尔顿继承了古代原子论的思想，创立了科学原子论，开辟了化学发展的新纪元，第一次揭示了元素和原子的内在联系。原子学说认为：①相同元素的原子相同，不同元素的原子不同；②原子是有质量的，相同的原子具有相同的质量，不同的原子质量不同；③每一种元素以其原子的质量为最基本的特征。道尔顿将元素概念和原子联系起来，使元素概念具有宏观和上位的分析思路，并且他还确定原子具有质量特征，为化学的定量分析奠定基础。不可否认的是，在道尔顿的原子论中还有着"不可分割的"的最基本的思想，当盖·吕萨克（Gay Lussac）发现与实验事实不符而提出异议时，道尔顿仍坚持原子不可分的观点，这个问题直到阿伏加德罗的分子学说出现才得以解决。

图3-5　道尔顿

　　阿伏加德罗根据盖·吕萨克提出的气体物质反应时体积成简单整数比的

实验事实，提出："气体物质的体积和组成这些气体的简单分子或化合物分子数目之间也存在比例关系。"既然原子不可分，由原子组成的分子在化学变化时就可分，这样就可以解释实验中出现的问题。但他的观点并没有引起足够的重视，直到在1860年德国卡尔斯鲁厄国际化学会上，意大利化学家康尼查罗（1826—1910）把原子学说和分子学说相结合，发展成为原子分子学说，区分了分子和原子的概念，结束了分子概念和原子概念混淆不清的局面，才使道尔顿的原子概念得以真正确立。从此，以原子学说为基础的元素概念被普遍接受，元素概念实现了由宏观层面向微观层面的发展。

图3-6　康尼查罗（左）和门捷列夫（右）

在原子量和分子量测定的基础上，要想确定物质的化学式，还要知道一种元素的原子与另一种元素的原子结合的数目，这就是原子价。原子量测定的精确度的提高，分子概念的形成，原子价的提出，都为元素周期律的形成做好了准备。

1862年法国巴黎矿业学院教授库图瓦提出元素的性质是原子量的函数论，并用一个圆柱体表示。1866年英国科学家奥德林（William Odling，1829—1921）和纽兰兹发表元素体系表，并按原子量递增的顺序排列。1867年辛里希发表一个类似星形的化学元素体系。1870年在迈尔发表的周期表中已有过渡元素的位置，体现出周期性的曲线。1869年俄国化学家门捷列夫在《俄罗斯化学会杂志》上发表论文《元素性质与原子量关系》，他将当时已发现的63个元素按原子量大小排列起来，发现性质上呈现出明显的周期性变化规律。原子量的大小决定元素的性质，元素的性质可以从其原子量大小预示出来。他在《化学原理》第三版序言中写道："与化学变化数量方面有关的知识远远超过质量方面的研究，按照我的意见，这两方面的联系成为化学家从现代的已经相当多的，然而或多或少片面的资料堆积的迷宫中摆脱出来的必要线索。这种联系是我整个叙述元素周期律的基础。"这里门捷列夫以分类的思想将孤立的元素建立起联系，并且将其系统化地表达为规律或表的形式。《化学原理》给出的元素概念："原子量有规律地、逐渐地变化不仅在质的方面而且在量的方面，都引起元素生成化合物的能力发生有规律地、逐渐地变化。"客观地说，元素周期律的发现冲破了旧的形而上学的元素观，同时为现代元素观的建立扫清了道路。门捷列夫发现并编制元素周期表的成功事例，不仅是他坚持唯物主义哲学信念的表现，也是他顽强不懈地探索的毅力的结果，更是他善于运用科学方法的生动体现。但这些也成为他晚年陷于保守的枷锁，他拒不承认原子结构的新发现的事实，阻止了元素周期表的进一步发展。

从波义耳的元素概念到以原子学说为基础的元素概念是原子理论的元素概念产生和确立的基础。此后，分析手段不断加强，再加上原子分子学说等理论的指导作用，一大批新元素陆续被发现。1869年，俄国化学家门捷列夫等人发现了元素周期律后，人们认识到元素是一个由简单到复杂的完整系列，各种元素之间不是孤立的，而是一个互相联系的整体。

俄国化学家凯德洛夫以辩证唯物主义观点曾系统地分析了此时的元素观念，精辟地指出这一时期的元素概念仍然具有三大特征：不可分性（波义耳和拉瓦锡）；不可转化即独立存在（道尔顿）；不可毁灭性即不变性（门捷列夫）。当然也存在三个缺陷：一是用否定性意思表达肯定观点；二是循环论证；三是术语不明确。在新技术革命的推动和新科技手段的运用下，元素概念获得飞速发展，进入新的发展时期。

# 第四节 现代科学的元素

现代科学的元素概念的建立是与19世纪末20世纪初发生的自然科学革命紧密联系在一起的。从道尔顿到门捷列夫都认为原子是不可再分的，元素是不变的。19世纪末X射线、放射性和电子的发现，揭开了20世纪物理学革命的序幕，也使人们对原子的内部结构有了更深入的认识。从此，原子不可再分的传统观念被打破，以原子学说为基础的元素概念受到了冲击。

1902年，英国物理学家和化学家卢瑟福（E.Rutherford，1871—1937）等人通过天然放射性研究，提出了放射性元素的衰变理论，即放射性是由于原子本身分裂或蜕变成另一种元素的原子而引起的。元素的衰变理论被大量实验所证实，打破了元素不变的观念。

图3-7 卢瑟福（左）、索迪（中）、莫斯莱（右）

1910年，英国物理学家索迪（F.Soddy，1877—1956）基于对大量实验事实的分析，大胆地提出了同位素假说（一种元素可以有几种不同的相对原子质量和放射性，但它们的化学性质完全相同，在元素周期表上处于同一位置），并很快得到了证实，改变了自道尔顿以来的一种元素只有一种原子的错误观点。

这在元素发展史上引起了又一次变革。只有引入核素才能正确表述元素的原子量、元素的同位素和元素与原子的关系等问题。核素表示不同的原子核，具体说即质子数区分元素的种类，中子数则区分原子的种类。

1913年范德布鲁克首先提出原子序数的概念。同年，英国物理学家莫斯莱（J.Moseley，1887—1915）在多种元素的X射线的研究中发现，元素周期系中各元素的原子序数依次增大时，X射线谱中相应的谱线波长有规则地减小。由此，他得出结论：元素周期系中元素的排列序数应以核电荷数为依据，即原子序数而不是原子量。这就解决了长期以来在元素周期表中某些元素的原子量颠倒的难题，揭示了元素周期律的实质，揭开了元素在周期表中的位置特征之谜，使人们对元素的认识产生了一次质的飞跃。

1919年，卢瑟福的重核裂变实验第一次实现人工核反应，即用人工的方法使一种元素变成另一种元素。20世纪30年代，人工放射性和重核裂变的事实再次证明，无论是天然的还是人工的方法都可以实现元素的转化。一系列惊心动魄的发现，终于导致了元素思想史上的革命，用可否分解来定义元素已行不通了，必须从元素的客观结构上去把握元素的固有特征。无可辩驳的事实证明，只能以核电荷数来定义元素，它应该是核电荷数（核内质子数）相同的一类原子的总称。之后的一系列科学发现都反复证明一个观点：不存在绝对不可分解的物质实体，只有相对的不可分解。核素是元素概念的进一步演变，反映了人类从原子系统向核层次的深入认识。核素主要是表示不同的原子核的概念，不同的核素就是不同的原子核。核素侧重于描绘原子核的性质——衰变方式、半衰期、热中子反应截面、射线性质和能量等，而忽略了核外电子的壳层结构。在原子核内，质子和中子在自然转化着，核素的稳定性取决于中子和质子一定的结合方式，质子和中子不仅交换介子，而且交换其他基本粒子，通过这些交换而形成原子核。当原子的现代核模型确定之后，人们又深入到原子核的层次来考察元素，元素概念就进一步演变为更为准确的核素概念（每一种原子核就构成了一种核素）。从此，元素概念开始由化学领域扩展到物理学领域。元素概念从其形成以来，一直都处于不断的发展变化之中。历史证明，用任何方法都不可分解的"元素"神话，随着时间的推移最终被打破了。因此，对于元素概念的学习，要树立发展变化的观点。

# 第四章

# 原子论的发展

**在**恩格斯的《自然辩证法》中的"札记和片段"部分，简要地写着："化学中的新时代是从原子论开始的。"原子是化学学科中最基本的概念，对原子的认识、认知、了解到阐述是一个漫长而有趣的过程，这漫长过程伴随着原子论的产生、发展与完善。恩格尔对近代科学原子论给予高度评价："原子论是能给整个科学创造一个中心并给研究工作打下牢固基础的发现。"当代化学家鲍林认为："在所有化学理论中，最主要的是原子学说。"对此，可以充分地认识到原子论的重要性并毫不夸张地说，原子论是人类探索自然界奥秘中化学发展的主旋律，指导和引领相关化学理论的产生与发展。

原子论的发展经历了从哲学向科学变化的四个阶段，即古代朴素原子论、近代机械原子论、近代科学原子论与现代科学原子论。对原子论的了解离不开对原子论进行溯源，以了解其产生的历史背景和发展脉络；也离不开对原子论贡献者们的了解，以认识到其思维与科学的碰撞。

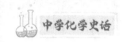

# 第一节　原子论溯源

任何科学理论的产生都不是偶然的，总有一定的时代背景和认识论的根源，是人类科学认识发展到一定阶段的必然产物。人类面对变化万千、五彩缤纷的自然界时，开始了理性的猜测和思考。

## 一、古代朴素原子论

公元前6至4世纪，世界各文明古国的哲学家们，对于哲学本体论和宇宙起源问题，提出了各种看法，展开了激烈的争论。

古代中国与原子论思想相关的论述首推墨家的"端"与名家的"小一"，许多专家、学者在研究中国古代的哲学著作时发现了某些资料，认为我国在先秦时期已经有了朴素的原子学说。清代梁启超在他著的《墨经校释》中曾说过"物理学上之'极微，即端也'"，近代郭沫若在他著的《十批判书》中论述先秦名学大师惠施的时候，曾说过"小一"的观念是惠施的独创。

古代印度，这方面的理论主要表现为极微论，"极微"一词是汉译佛典中使用较多的一个概念。但在印度古代，使用这一概念的还有很多，古印度各派在分析事物最小单位时都使用它。在印度哲学史上以主张极微理论著称的主要是胜论派，在胜论派所说的"九大实体"（地、水、火、风、空、时、方、我、意）中，空、时、方、我、意是恒常的，地、水、火、风这"四大"要区分为两类，一类是恒常的极微，另一类是极微的非恒常的复合物。

古希腊提出了在哲学和科学发展史上影响最为深远的原子论，留基伯和德谟克利特是其主要代表人物。德谟克利特认为，万物的本原或根本元素是"原子"和"虚空"。"原子"在希腊文中是"不可分"的意思。德谟克利特用这一概念来指称构成具体事物的最基本的物质微粒。原子的根本特性是"充满和坚实"，即原子内部没有空隙，是坚固的、不可入的，因而是不可分的。德谟克利特认为，原子是永恒的、不生不灭的；原子在数量上是无限的；原子处在不断的运动状态中，它的唯一的运动形式是"振动"；原子的体积微小，是眼睛看不见的，即不能为感官所知觉，只能通过理性才能认识。虽然德谟克利特的原子观点没有实验基础，但仍具有划时代的意义。

图4-1　留基伯（左）和德谟克利特（右）

对古代原子论的认识并不仅仅是古人关于物质本原问题的具体答案，更为重要的是古人探索自然奥秘的彻底的唯物主义的勇气和理性的思维方式。尽管这些理论过于笼统，无法进行科学论证，却是人类思维发展到一定阶段的必然产物，是哲学的萌芽、科学的前奏。

## 二、近代机械原子论

尽管相较古代中国和印度，古希腊的原子论比较系统和完整。但由于其彻底的唯物主义思想，古代原子论长期以来一直遭受宗教神学的迫害。然而，原子学说的真理性赋予了它顽强的生命力，尽管受到宗教的迫害和其他学说的排斥，却始终没有泯灭。

14至16世纪，波及整个欧洲的文艺复兴运动，终于冲破了封建社会的漫长黑夜，赢得了科学的解放和生产力的大发展。在原子学说的发展史上，17世纪是一个重要的时期，此时的科学家和哲学家们继承了古希腊的原子论思想，借助于物理学的帮助，企图对物质的组成、性质和运动给予纯机械论的描述，使原子论大放异彩。

伽桑迪力图用原子的形状和大小来说明物质的各种性质，如认为热是微小和圆形原子引起的，冷是带有锋利棱角的锥形原子引起的，固体是由带钩的原子相互联结在一起形成的。

到了17世纪的1661年，波义耳以化学实验为基础建立这样的元素论：那些不能用化学方法再分解的简单物质是元素。这种物质观已接近原子论，但还不是科学的原子论。因为，他当时称之为元素的物质，今天看来只是单质，而不是原子。

除此之外，贝歇尔和施塔尔的"燃素说"，牛顿的"微粒说"以及后来的"热质说"，都明显地受到原子论哲学的影响。17世纪的科学家们发展了古代原子学说的光辉思想，不仅起到承上启下的桥梁作用，而且开始以哲学地位让位于科学的方式进行思考。

# 第二节 现代科学原子论

17世纪时，由于科学发展水平的局限，科学家们还难以具体用原子论解释化学反应，没有形成统一的、严谨的理论系统，对原子的描述众说纷纭，尽管带有明显的前科学特征，但仍然披着哲学思辨的外衣，因此仍不能称为科学的理论。18世纪末至19世纪初，化学开始由以搜集材料为特征的经验描述阶段，逐步过渡到以整理材料、寻找事物的内在联系为特征的理论概括阶段，而这些化学经验规律的确立为科学原子论的发展奠定了基础。

## 一、近代科学原子论

18世纪后半叶，质量守恒定律、定比定律、当量定律陆续确立。特别是法国的天才化学家拉瓦锡通过大量实验推翻了虚幻的燃素说，建立了科学的燃烧学说，第一次给元素下了一个简明科学的、可以通过实验检验的定义，说明了简单物质与化合物的区别，使人们有可能对原子的种类获得崭新的认识。

英国化学家道尔顿摆脱了计量化学家狭隘经验论的束缚，从物理方法出发研究气体，根据气体扩散、混合气体分压定律，领悟到原子的客观真实性，并在机械原子论的基础上，在1803年提出了自己的科学假说，终于完成了从哲学思辨的原子论向科学原子论的转变。

道尔顿的原子论是化学发展中的第一次辩证综合，是一种确定的科学理论，它不仅合理地解释了当时几乎所有的化学现象和经验定律，更重要的是提供了一种从微观的物质结构的角度去揭示宏观化学现象的本质的认识模式，促进了近代化学的迅速发展，开创了化学的新时代。

但道尔顿的原子论认识模式仅达到了原子这一物质层次，并没有深入到原子内部去。

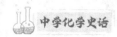

## 二、现代科学原子论

现代科学原子论以近代科学原子论的发展为前提，结合快速发展的科学检测手段，基本上克服了近代原子论的缺点，不仅证明了原子的可分性和原子结构的复杂性，而且对微观粒子的运动提出了动态的模型。化学家利用量子力学原理，揭示了分子中原子间结合力的本质。化学键理论的发展使人们的认识愈来愈逼近分子和原子中质点的动态图像。现代原子学说比近代科学原子论更具有辩证色彩，减少机械性。科学理论的发展是一个不断完善的过程，同样的，现代科学原子论也是由各位科学家逐渐探索、发现与完善而形成的。

最早提出原子有内部结构的科学家是安培，他在1814年提出原子由更细小的亚原子粒子组成，韦伯、毕奥和费西纳等人也相继提出了原子模型，但缺乏实验依据。直到19世纪末，电子的发现使原子模型的建立有了事实的依据。

对此，各位科学家提出了广泛的原子模型猜想，但绝大多数模型只能符合部分实验事实，更多的实验在验证过程中碰壁。尽管如此，第一个有着较大认可度的原子模型被提了出来。1897年，英国物理学家汤姆孙（J. J. Thomson，1856—1940）用如图所示真空管做了一个有关阴极射线的实验。

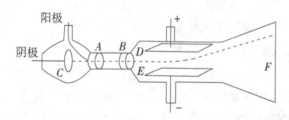

图4-2　发现阴极射线性质的实验

汤姆孙在一个部分真空玻璃管内放入两片金属片，分别与电源的正负极相连。与电源负极相连的金属片称为阴极，与电源正极相连的金属片称为阳极。当接通电源时，阴极就会产生射线至阳极，这个射线被称为阴极射线。阴极射线在外加电场的作用下，会发生偏转，偏向外加电场的正极，由此他提出阴极射线就是由金属电极产生的带有负电荷的粒子构成的。由于金属电极是由原子组成的，所以在原子中应该含有带负电荷的粒子，也就是现在所说的电子。众所周知，原子是显电中性的，因此汤姆孙进一步推断原子还包含有带正电荷的粒子。

约瑟夫·汤姆孙的发现，粉碎了一直以来认为原子不可再分的设想。汤姆孙认为电子是平均地分布在整个原子上的，就如同散布在一个均匀的正电荷的海洋之中，它们的负电荷与那些正电荷相互抵消。由此汤姆孙提出了"葡萄干蛋糕模型"。

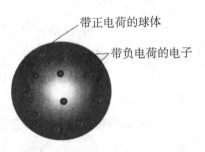

图4-3　汤姆孙的葡萄干蛋糕模型（枣糕模型）

　　尽管该模型很好地解释了当时实验过程的大多数事实，但仍存在着致命的缺点，α粒子散射实验将该模型的缺点完全暴露了出来。进入20世纪，英国物理学家卢瑟福在1911年进行了著名的α粒子散射实验。

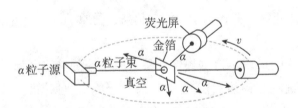

图4-4　卢瑟福的α粒子散射实验

　　在实验中，金箔周围环绕着涂有硫化锌的检测屏，一束α粒子射向金箔，当α粒子击中检测屏时，屏幕上会出现亮点。通过实验，发现虽然大部分α粒子径直穿过金箔，有的α粒子却发生了大角度的偏转，还有一小部分甚至被反射回来。卢瑟福根据这个金箔实验的结果指出：原子中大部分质量和正电荷都集中在位于原子中心的原子核当中，电子则像行星围绕太阳一样围绕着原子核。带正电的氦离子在穿越原子核附近时，就会被大角度地反射。这就是原子核的核式结构。

　　1913年，丹麦科学家尼尔斯·玻尔（Niels Bohr，1885—1962）将当时物理学上的量子理论、光子学说等重大成果应用于原子结构的研究，提出了新的原子结构模型——玻尔模型，其要点为：原子核外的电子只能在某些特定的轨道上运动，这些轨道应该符合量子论推导出来的量子化条件，这些符合量子化条

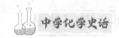

件的轨道称为稳定轨道，它具有固定的能量；电子在稳定轨道上运动时，并不释放也不吸收能量，只有当电子从一个轨道到另外一个轨道时才释放或吸收能量；电子在离核越远的轨道上运动，能量越大。玻尔的理论成功地说明了原子的稳定性和氢原子光谱线规律。

1916年，爱因斯坦（Albert Einstein，1879—1955）从玻尔的原子理论出发，用统计的方法分析了物质的吸收和发射辐射的过程，导出了普朗克辐射定律。爱因斯坦的这一工作综合了量子论第一阶段的成就，把普朗克、爱因斯坦、玻尔三人的工作结合成一个整体。

1920年，卢瑟福提出原子核含有带有正电荷的亚原子粒子——质子。1932年，英国物理学家詹姆斯·查德威克（James Chadwick，1891—1974）提出原子核中还有另一种亚原子粒子——中子，中子的质量与质子的几乎相同，但不带电荷。

1935年现代原子模型产生了，在现代原子模型中，中子和质子构成了居于原子中心的原子核，带有负电荷的电子分布在核外的空间。原子核外部是由电子构成的云状区域，"云"是一个视觉模型，它表示电子可能出现的位置。电子的运动与它的能级有关，电子的能级越高，受原子核的束缚就越小，离原子核越远。

科学原子论的形成由道尔顿近代科学原子论的确定开始，到汤姆孙原子模型的推动，到卢瑟福核式模型的过渡，再到玻尔理论的发展，再到海森堡（Werner Karl Heisenberg，1901—1976）与薛定谔量子力学的引入，从而最终完善。该过程既是思想的发展，也是科学技术的进步，为化学领域各类理论的发展很好地奠定基础。为了对原子论有一个更深刻的认识，我们需对科学原子论的六位科学巨匠及他们的原子论有一个更为深入的了解。

# 第三节　几位巨匠与他们的原子论

在原子论的发展过程中，道尔顿、汤姆孙、卢瑟福、玻尔、海森堡、薛定谔、鲍林等科学巨匠做出了许多艰苦卓绝的研究，提出了许多著名的论断，为原子论的发展做出了卓越的、不可磨灭的贡献，本节对这几位科学巨匠的科学研究及他们的原子论做了简要的介绍。

## 一、"实心球模型"的提出者——道尔顿

道尔顿是近代化学之父，其提出的近代科学原子论为现代科学原子论的发展奠定了基础，且其在当时为各类化学理论的提出激发了灵感。19世纪后半叶以来，分子学说、化学键理论、化学结构理论、元素周期律等学说的形成和发展，以及20世纪以来化学理论上所取得的许多重大突破，几乎都是建立在道尔顿原子论的基础之上的。道尔顿一生宣读和发表过116篇论文，主要著作有《化学哲学的新体系》两册。

图4-5　道尔顿

1766年，道尔顿生于英格兰北部一个贫困的织工家庭，上小学时成绩十分优秀，但由于家贫交不起学费只能辍学在家。到12岁时，他开始办私塾教书，并且受雇干农活。但生活的重担并不能妨碍他对知识的渴求。他在教会认识了一位叫鲁滨孙的学者，这位学者十分喜欢这个勤奋、谦虚的孩子，不仅让道尔

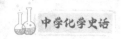
顿在空余时间到他的书房看书，还在晚上教授他物理、数学等知识。

1803年道尔顿结合古希腊朴素原子论和牛顿微粒说，提出世界上第一个原子论，其要点主要有：

（1）化学元素由不可分的微粒——原子构成，他认为原子在一切化学变化中是不可再分的最小单位。

（2）同种元素的原子性质和质量都相同，不同元素原子的性质和质量各不相同，原子质量是元素基本特征之一。

（3）不同元素化合时，原子以简单整数比结合。推导并用实验证明倍比定律。如果一种元素的质量固定时，那么另一元素在各种化合物中的质量一定成简单整数比。

（4）原子是参加化学变化的最小单位，在化学反应中，原子仅仅是重新排列，而不会被创造或者消失。

道尔顿最先从事测定原子量工作，提出用相对比较的办法求取各元素的原子量，发表第一张原子量表，为后来测定元素原子量工作开辟了光辉前景，为以后的化学家建立完整的化学科学体系提供了基本框架，是当之无愧的"近代化学之父"。

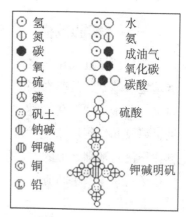

图4-6　道尔顿使用的符号

在科学理论上，道尔顿的原子论是继拉瓦锡的氧化学说之后，理论化学的又一次重大进步。他第一次将原子从哲学带入化学研究中，揭示出一切化学现象的本质都是原子运动，明确了化学的研究对象，使化学真正从古老的炼金术中摆脱出来，对化学真正成为一门学科具有重要意义。此后，化学及其相关学科得到了蓬勃发展。在哲学思想上，原子论揭示了化学反应现象与本质的关系，继天体演化学说诞生以后，又一次冲击了当时僵化的自然观，对科学方法论的发展、辩证自然观的形成及整个哲学认识论的发展具有重要意义。

## 二、"葡萄干蛋糕模型"的提出者——汤姆孙

打开大门的原子结构是怎样的？电子是带负电的微粒，而已知原子是电中性的，所以原子中必然有带正电的部分。带负电的电子和原子中带正电的部分是怎样结合的呢？该问题的解决是随着科学技术的发展不断进行的，而其中一个绕

不开的名字便是汤姆孙，他是电子的发现者，也是第一个较为完备的原子结构模型的提出者。

1884年，28岁的汤姆孙担任卡文迪许实验室物理学教授。1897年，汤姆孙在研究稀薄气体放电的实验中，证明了电子的存在，测定了电子的荷质比，轰动整个物理学界，于1906年荣获诺贝尔物理学奖。

1858年，德国的盖斯勒制成了低压气体放电

图4-7　约瑟夫·约翰·汤姆孙

管。1859年，德国的普吕克尔利用盖斯勒管进行放电实验时看到了正对着阴极的玻璃管壁上产生绿色的辉光。1876年，德国的戈尔兹坦提出，玻璃壁上的辉光是由阴极产生的某种射线所引起的，他把这种射线命名为阴极射线。阴极射线是由什么组成的？19世纪末时，有的科学家说它是电磁波，有的科学家说它是由带电的原子所组成，有的则说是由带负电的微粒组成……众说纷纭，一时得不出公认的结论。英法的科学家和德国的科学家们对于阴极射线本质的争论，竟延续了20多年。

最后到1897年，真相才得以大白。汤姆孙的实验过程是这样的，他将一块涂有硫化锌的小玻璃片，放在阴极射线所经过的路途上，看到硫化锌会发光，这说明硫化锌能显示出阴极射线的"径迹"。他发现在一般情况下，阴极射线是沿直线行进的，但当在射线管的外面加上电场，或用一块蹄形磁铁跨放在射线管的外面时，阴极射线都会发生偏折。根据其偏折的方向，不难判断出其带电的性质。汤姆孙在1897年得出结论：这些"射线"不是以太波，而是带负电的物质粒子。但他反问自己："这些粒子是什么呢？它们是原子还是分子，还是处在更细的平衡状态中的物质？"这需要做更精细的实验。当时还不知道比原子更小的东西，因此汤姆孙假定这是一种被电离的原子，即带负电的"离子"。他要测量出这种"离子"的质量来，为此，他设计了一系列既简单又巧妙的实验。首先，单独的电场或磁场都能使带电体偏转，而磁场对粒子施加的力是与粒子的速度有关的。汤姆孙对粒子同时施加一个电场和磁场，并调节电场和磁场，使所造成的粒子的偏转互相抵消，让粒子仍做直线运动。这样，从电场和磁场的强度比值就能算出粒子运动速度。而速度一旦找到后，单靠磁偏转或者电偏转就可以测出粒子的电荷与质量的比值。汤姆孙用这种方法来测定"微粒"电荷与质量之比值，他发现这个比值和气体的性质无关，并且该值比起电解质中氢离子的比值（这是当时已知的最大量）还要大得多。这说明这种

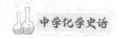

粒子的质量比氢原子的质量要小得多，前者大约是后者的1/2000。

后来，美国的物理学家罗伯特·密立根在1913年到1917年的油滴实验中，精确地测出了新的结果，前者是后者的1/1836。汤姆孙测得的结果肯定地证实了阴极射线是由电子组成的，人类首次用实验证实了一种"基本粒子"——电子的存在。"电子"这一名称是由物理学家斯通尼在1891年采用的，原意是定出的一个电的基本单位的名称，后来这一词被应用来表示汤姆孙发现的"微粒"。自从发现电子以后，汤姆孙就成为国际上知名的物理学者。在这之前，人们一般都认为原子是"不能分割的"的东西，汤姆孙的实验指出，原子是由许多部分组成的，这个实验标志着科学进入一个新时代。人们称汤姆孙是"一位最先打开通向基本粒子物理学大门的伟人"。

汤姆孙在发现电子的基础上提出了原子的"葡萄干蛋糕模型"，汤姆孙认为：

（1）正电荷像流体一样均匀分布在原子中，电子就像葡萄干一样散布在正电荷中，它们的负电荷与那些正电荷相互抵消。

（2）在受到激发时，电子会离开原子，产生阴极射线。

"葡萄干蛋糕模型"又称"枣糕模型"，曾在一段时间内受到学界广泛的认可，并能对原子的电中性、电子在原子里的分布问题等给出合理的解释，在对原子结构的科学研究过程中，有着重要的推动和促进作用。

## 三、"行星模型"的提出者——卢瑟福

科学的发展并非一蹴而就，一个理论的正确与否需要通过大量实验进行验证，而汤姆孙的"葡萄干蛋糕模型"无法很好地解释不断被发现的实验事实，且因其致命缺陷在 α 粒子散射实验中被推翻，对此全新且符合客观事实的模型亟须建立。在此过程中，欧内斯特·卢瑟福——又一位科学巨匠做出了巨大的贡献。

1895年，卢瑟福获英国剑桥大学的奖学金，并进入卡文迪许实验室，他提出了原子结构的行星模型，为原子结构的研究做出很大的贡献。1908年，

图4-8　欧内斯特·卢瑟福

因"对元素蜕变和放射性物质的化学研究"，而获诺贝尔化学奖。在1898至1906年期间，卢瑟福通过研究铀的放射线在磁场中的偏转，发现了两种带有不

同电荷的射线，分别命名为 α 射线和 β 射线。通过这一研究，他确认了放射性是发自原子内部的变化。放射性能使一种原子变成另一种原子，这是一般化学变化所达不到的，这一发现开辟了一个新的科学领域——核物理学。他打破了元素不会变化的传统观念，使人们对物质结构的研究进入到原子内部这一新的层次。

1906年，卢瑟福用 α 射线轰击金箔时，发现穿过金箔的 α 粒子，有一部分改变了原来的直线射程，而发生不同程度的偏转，还有少数粒子好像遇到某种坚实的不能穿透的东西而折回，这就是著名的 α 粒子散射实验。分析实验结果后，卢瑟福认为原子内部主要是空无一物的空间，只在当中有密度很大的核，原子中大部分质量和正电荷都集中在这里，电子则像行星围绕太阳一样围绕着原子核运动。

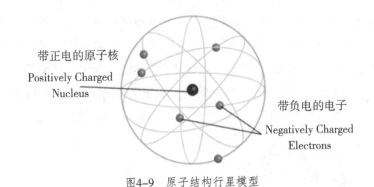

带正电的原子核
Positively Charged
Nucleus

带负电的电子
Negatively Charged
Electrons

图4-9 原子结构行星模型

卢瑟福根据 α 粒子散射实验现象提出原子结构行星模型，该模型以经典电磁学为理论基础，主要内容有：①原子的大部分体积是空的；②在原子的中心有一个体积很小、密度极大的原子核；③原子的全部正电荷在原子核内，且几乎全部质量均集中在原子核内部，带负电的电子在核空间进行高速的绕核运动。

卢瑟福的 α 粒子散射实验被评为"物理最美实验"之一。原子结构"行星模型"的提出推翻了卢瑟福的老师汤姆孙所提出的"葡萄干蛋糕模型"，开拓了研究原子结构的新途径。

## 四、"玻尔量子化"的提出者——玻尔

核式模型在实验上取得了成功，但与当时的基础理论存在严重的冲突。按经典电动力学，由于电子做圆周运动，一定会辐射电磁波，由于损失了能量，

会在1纳秒内落入原子核，同时发射连续光谱，也就是说，理论上根本就不可能存在原子这种东西。但是原子的确存在，而且稳定地发射线状光谱，并有大量的实验事实和整个化学的支持。

1911年，一个26岁的丹麦年轻人来到剑桥，随后转到曼彻斯特的卢瑟福实验室，从而了解到了原子核这一惊人发现。最终，他找到了有核模型的一个根本性的修正方法，既能说明原子的稳定性，又可以计算原子的半径。他就是与爱因斯坦齐名的丹麦物理学家尼尔斯·玻尔。

1900年，德国物理学家普朗克提出了能量量子化的概念，解释了黑体辐射谱。1905年，爱因斯坦提出了光量子概念。这些理论给了玻尔很大的启发。1912年3至7月，玻尔在卢瑟福的实验室进修期间，孕育了他的原子理论。玻尔首先把普朗克的量子假说推广到原子内部的能量，来解决卢瑟福原子模型在稳定性方面的问题，假定原子只能通过分立的能量子来改变它的能量，即原子只能处在分立的定态之中，而且最低的定态就是原子的正常态。玻尔考察了金属中的电子运动，并明确意识到经典理论在阐明微观现象方面的严重缺陷，赞赏普朗克和爱因斯坦在电磁理论方面引入的量子学说。为了解释氢原子线状光谱这一事实，玻尔创造性地把普朗克的量子说和卢瑟福的原子核概念结合了起来，在行星模型的基础上提出了核外电子分层排布的原子结构模型。

图4-10 尼尔斯·亨利克·戴维·玻尔和他的原子模型

玻尔原子结构模型的基本观点是：

（1）原子中的电子在具有确定半径的圆周轨道上绕原子核运动，不辐射能量。

（2）在不同轨道上运动的电子具有不同的能量（$E$），且能量是量子化的，轨道能量值依量子数n（1，2，3，……）的增大而升高。而不同的轨道则分别被命名为K（n＝1）、L（n＝2）、M（n＝3）、N（n＝4）、O（n＝5）、P（n＝6）、Q（n＝7）。

（3）当且仅当电子从一个轨道跃迁到另一个轨道时，才会辐射或吸收能量，如果辐射或吸收的能量以光的形式表现并被记录下来，就形成了光谱。

通过一系列推导，氢光谱之谜的谜底逐渐浮出水面，取得了巨大成功。玻尔因此荣获1922年诺贝尔奖。

玻尔指出：

（1）在原子系统的设想的状态中存在着所谓的"稳定态"。在这些状态中，粒子的运动虽然在很大程度上遵守经典力学规律，但这些状态的稳定性不能用经典力学来解释，原子系统的每个变化只能从一个稳定态完全跃迁到另一个稳定态。

（2）与电磁理论相反，稳定原子不会发生电磁辐射，只有在两个定态之间跃迁时才会产生电磁辐射。辐射的特性相当于以恒定频率作谐振动的带电粒子按经典规律产生的辐射，但频率u与原子的运动并不是单一关系。

1913年初，玻尔任曼彻斯特大学物理教授时，在朋友的建议下，开始研究原子结构，通过对光谱学资料的考察，写出了《论原子构造和分子构造》的长篇论著，提出了量子不连续性，成功地解释了氢原子和类氢原子的结构和性质，提出了原子结构的玻尔模型。按照这一模型电子环绕原子核作轨道运动，外层轨道比内层轨道可以容纳更多的电子；较外层轨道的电子数决定了元素的化学性质。如果外层轨道的电子落入内层轨道，将释放出一个带固定能量的光子。

1921年，玻尔发表了《各元素的原子结构及其物理性质和化学性质》的长篇演讲，阐述了光谱和原子结构理论的新发展，诠释了元素周期表的形成，对周期表中从氢开始的各种元素的原子结构作了说明，同时对周期表上的第72号元素的性质作了预言。

1922年，第72号元素铪的发现证明了玻尔的理论，玻尔由于对于原子结构理论的贡献获得诺贝尔物理学奖。他所在的理论物理研究所也在十九世纪二三十年代成为物理学研究的中心。

20世纪30年代中期，研究发现了许多中子诱发的核反应。玻尔提出了原子核的液滴模型，很好地解释了重核的裂变。

玻尔认识到他的理论并不是一个完整的理论体系，还只是经典理论和量子

理论的混合。他的目标是建立一个能够描述微观尺度的量子过程的基本力学。为此，玻尔提出了著名的"互补原理"，即宏观与微观理论，以及不同领域相似问题之间的对应关系。互补原理指出经典理论是量子理论的极限近似，而且按照互补原理指出的方向，可以由旧理论推导出新理论。这在后来量子力学的建立发展过程中得到了充分的验证。玻尔的学生海森堡在互补原理的指导下，寻求与经典力学相对应的量子力学的各种具体对应关系和对应量，由此建立了矩阵力学。互补理论在狄拉克、薛定谔发展波动力学和量子力学的过程中，起到了指导作用。

在量子力学的解释上，玻尔等人提出了哥本哈根诠释，但遭到了坚持决定论的爱因斯坦及薛定谔等人的反对。从此玻尔与爱因斯坦开始了"玻尔-爱因斯坦论战"。最有名的一次争论发生在第六次索尔维会议上，爱因斯坦提出了后来名为"爱因斯坦盒子"的问题，以求驳倒不确定性原理。玻尔当时无言以对，冥思一晚之后巧妙地进行了反驳，使得爱因斯坦只得承认不确定性原理是自洽的。

玻尔的原子模型很好地解释了氢原子的线状光谱，尽管现在看来，模型是比较粗糙的，对于更加复杂的光谱现象无能为力，但它的意义并不在于模型本身，而在于建立模型时引入的概念：定态、能级、跃迁等。玻尔引入了对应原理，协调了氢原子模型与经典力学间的冲突。

## 五、"现代电子云"的提出——海森堡、薛定谔

物理学的每一次重大变革是经历了许多物理学家相继创造的结果，在这种"接力赛"中，每个物理学家只能完成各自的一项任务。玻尔做了从经典到量子的搭桥工作，但并没有登上量子力学的彼岸。

玻尔理论虽解决了原子稳定性的问题，但在理论上仍然是矛盾的，因为电子如果按经典轨道运行，则必发生电磁辐射，也就不可能存在定态。玻尔理论虽然能通过能级跃迁解释氢原子光谱的一些规律，但却不能解释光谱线的强度。同时，对即使是只比氢原子多一个电子的氦原子，玻尔理论也不能解释其光谱规律等。

玻尔理论的缺陷和弱点，使人们认识到早期量子论对经典理论的革命是不彻底的，仅依靠在经典理论的基础上强加量子化条件的办法讨论微观现象是行不通的，必须设法认识微观现象的本质，建立新的更深刻的理论。

虽然玻尔的原子结构模型还存在着一定的缺陷，但它对原子结构里程碑式

的认识，极大地启发了后来的海森堡、薛定谔等人，他们在实验中发现电子在原子核周围，有的区域出现的次数多，有的区域出现的次数少，就像"云雾"笼罩在原子核周围一样，因而提出了"电子云模型"。

**1. 量子力学的奠基者——海森堡**

图4-11 沃纳·卡尔·海森堡

沃纳·卡尔·海森堡，德国著名物理学家，量子力学的主要创始人，哥本哈根学派的代表人物，1932年诺贝尔物理学奖获得者。量子力学是整个科学史上最重要的成就之一，他的《量子论的物理学原理》是量子力学领域的一部经典著作。

20世纪初，以爱因斯坦的相对论和玻尔的原子模型为基础而形成的理论物理学吸引着年轻的研究者们。1924年7月，海森堡的关于反常塞曼效应的论文通过审核，从而使他晋升为讲师，获得在德国大学的任意级别中讲学的资格。而玻尔也对这位出色的年轻人有着明显的好感，他写信告诉海森堡，他已经获得了由洛克菲勒财团资助的国际教育基金会（IEB）的奖金，从而让他有机会远赴哥本哈根，与玻尔和他的同事共同工作一年。当时，云集在玻尔研究所的来自世界各国的理论物理学家，正试图用这种模型来探索光谱线，以便创立没有逻辑矛盾的原子理论，但究竟从何入手却一直困扰着他们。这是一个棘手的问题，因为它事关从传统的经典力学向一种更合乎自然的科学过渡。新事物的产生总要冲破重重阻碍，该怎么办呢？整个研究所陷入了沉思和不断的实验之中。

1925年，当所有的努力都显得徒劳无益时，人们似乎觉得物理学已经走进了一条死胡同。然而，海森堡的思想让玻尔长期的困惑迎刃而解。海森堡在大学时就对各种原子模型持怀疑态度，他感到玻尔的理论不可能在实验中得到理想的证实。因为玻尔的理论建立在一些不可直接观察或不可测量的量上，如电子运动的速度和轨迹等。海森堡认为，在实验中，我们不能期望找到像电子在原子中的位置，电子的速度和轨迹等一些根本无法观察到的原子特征，而应该只探索那些可以通过实验来确定的数值，如固定状态的原子的能量、原子辐射的频率和强度等。因此，海森堡首先从玻尔的对应原理出发，从中找到充分的数学根据，使这一原理由经验原则变为研究原子内部过程的一种科学方法。

海森堡没有就此止步不前。1925年6月，他又解决了物理学上的另一个重要问题——如何解释一个非简谐原子的稳定能态，从而奠定了量子力学发展的纲领。几个月后，他在物理学杂志上发表了题为《关于运动学和力学关系的量子论新释》的论文，将一类新的数学量引入了物理学领域，从而创立了量子理论。海森堡的理论基础是可以观察的事物或可以测量到的量。他认为，我们不是总能准确地确定某一时间电子在空间上的位置，也不可能在它的轨道上跟踪它，因而玻尔假定的行星轨道是不是真的存在还不能确定。因此，像位置、速度等力学量，需要用线性代数中的"矩阵"这种抽象的数学体系来表示，而不应该用一般的数来表示。作为一种数学体系，矩阵指复数在矩形中排列成的行列，每个数字在矩形中的位置由两个指标来表示，一个指标相当于数学位置上的行，另一个相当于数学位置上的列。"矩阵"被提出后，玻恩很快注意到了这个问题的重要性，他与约尔丹共同合作对矩阵力学原理进行了进一步的研究。1925年9月，他俩一起发表了《论量子力学》一文，将海森堡的思想发展成为量子力学的一种系统理论。11月，海森堡在与玻恩和约尔丹协作下，发表《关于运动学和力学关系的量子论的重新解释》的论文，创立了量子力学中的一种形式体系——矩阵力学。从此，人们找到了原子微观结构的自然规律。爱因斯坦评价道："海森堡下了一个巨大的量子蛋。"

海森堡的矩阵力学所采用的方法是一种代数方法，它从所观测到的光谱线的分立性入手，强调不连续性。几个月后的1926年初，奥地利物理学家薛定谔采用解微分方程的方法，从推广经典理论入手，强调连续性，从而创立了量子力学的第二种理论——波动力学。由于两个理论的创始人都只对自己的理论深信不疑，而较少领会对方的思想，因此一场争论就不可避免了，他们都对对方的理论提出了批评。后来，薛定谔认真研究了海森堡的矩阵力学之后，与诺依曼一起证明了波动力学和矩阵力学在数学上的等价性。这两种理论的成功结合，大大丰富和拓展了量子理论体系。这样，解决原子物理任务的方法在1926年正式创立起来了。

后来，在解释氢分子光谱中强弱谱线交替出现的现象时，海森堡运用矩阵力学将氢分子分成两种形式：正氢和仲氢，即发现了同素异形氢。这可是个了不起的发现。1933年，为了表彰他创立的量子力学，尤其是运用量子力学理论发现了同素异形氢，瑞典皇家科学院给他颁发了诺贝尔物理学奖。

这位"永远以哥伦布为榜样"的科学家，在物理学微观世界中，开拓了新的路径，成为量子力学的创始人之一，在微观粒子运动学和力学领域中做出了卓越的贡献。

### 2. 波动力学的创始人——薛定谔

埃尔温·薛定谔（1887—1961），奥地利理论物理学家，波动力学的创始人。

薛定谔于1887年8月12日生于维也纳一个油布工厂主的家庭，中学时就对数学、物理学和逻辑严谨的古代语法有浓厚的兴趣。

除了较少的实验性研究外，薛定谔教授实际上把全部注意力都集中于理论物理学问题的研究上。1924年，法国物理学家德布罗意首先提出了物质波理论，即一切微观粒子都像光一样具有波粒二象性。在这一理论的基础上，薛定谔于1926年独立地创立了波动力学，提出了

图4-12 埃尔温·薛定谔

薛定谔方程，确定了波函数的变化规律。这与海森堡等人几乎同时创立的矩阵力学成为量子力学的"双胞胎"。这些理论现在已成为研究原子、分子等微观粒子的有力工具，并奠定了基本粒子相互作用的理论基础。薛定谔的理论与海森堡所发展的形式不同，这个理论的数学式子便于实际应用。尽管在形式上它们好像两种完全不同的理论，但是薛定谔能够证明它们在数学上是等价的。薛定谔的波动方程提出之后，在微观物理学中得到了广泛的应用。薛定谔的许多科学论著，以1927年和1928年发表的《波动力学论文集》和《关于波动力学的四次演讲》最为著名。在固体的比热、统计热力学、原子光谱、镭、时间与空间等方面，他都发表过研究论文。

薛定谔发表的论文引起了知名物理学家的普遍关注，科学界把他的方程命名为"薛定谔方程"。爱因斯坦认为："薛定谔的构思，证实着真正的独创性。"

薛定谔方程的创立，打破了某种以往看来是十分神秘的观念，为波动力学的建立奠定了牢固的基础。它是量子力学中，描述运动速度远比光速小的微观粒子（如电子、质子、中子等）运动状态的基本规律，在量子力学的发展历史中，其地位如同牛顿运动定律在牛顿力学中一样的重要。量子力学中的又一次风暴之后，科学面目焕然一新，其步伐更加矫健有力了。

## 六、全能科学家——鲍林

莱纳斯·卡尔·鲍林（Linus Carl Pauling，1901—1994），美国著名化学家，量子化学和结构生物学的先驱者之一。1954年因在化学键方面的研究获得

诺贝尔化学奖，1962年因反对核弹在地面测试的行动获得诺贝尔和平奖，成为获得不同诺贝尔奖项的两人之一。

图4-13　莱纳斯·卡尔·鲍林

鲍林对化学键的理论很感兴趣，同时认真地学习了原子物理、数学、生物学等多门学科。这些知识，为鲍林以后的研究工作打下了坚实的基础。

1922年，鲍林以优异的成绩大学毕业，同时，考取了加州理工学院的研究生，导师是著名化学家诺伊斯。诺伊斯十分赏识鲍林，并把鲍林介绍给许多知名化学家，使他很快地进入了学术界中。这对鲍林以后的发展十分有用。鲍林在诺伊斯的指导下，完成的第一个科研课题是测定辉铝矿的晶体结构。鲍林用X射线衍射法，测定了大量的数据，最后确定了辉铝矿的晶体结构，这一工作完成得很出色，不仅使他在化学界初露锋芒，同时也增强了他进行科学研究的信心。

鲍林在加州理工学院，还得到了迪肯森、托尔曼的精心指导。迪肯森精通放射化学和结晶化学，托尔曼精通物理化学，这些导师的精心指导，使鲍林进一步拓宽了知识面，建立了合理的知识结构。1925年，鲍林以出色的成绩获得化学哲学博士。他系统地研究了化学物质的组成、结构、性质三者的联系，同时还从方法论上探讨了决定论和随机性的关系。

化学键是物质原子结合在一起的力或形式。18世纪，受牛顿的"引力"概念影响，化学界盛行"亲和力"概念。19世纪中叶，有机化学家为了写出有机物质的分子结构式，需要确定碳原子与氢原子（或者其他基团）的数量对应关系。英国化学家弗兰克·兰德提出，某一种元素的原子与其他元素原子相结合时，结合能力是确定的，相当于该原子的"定价"，这便建立起"价"这一概念工具。在此基础上，德国化学家凯库勒和法国化学家库珀分别独立提出"价键"理论，即原子之间的化学键反映出原子的化学价。

价键理论的魅力深深吸引了当时仅有19岁的青年鲍林。鲍林获博士学位以后，于1926年2月去欧洲，在索末菲实验室里工作一年。然后又到玻尔实验室工作了半年，还到过薛定谔和德拜实验室。这些学术研究，使鲍林对量子力学有了极为深刻的了解，坚定了他用量子力学方法解决化学键问题的信心。

鲍林在探索化学键理论时，遇到了甲烷的正四面体结构的解释问题。传统理论认为，原子在未化合前外层有未成对的电子，这些未成对电子如果自旋反平行，则可两两结成电子对，在原子间形成共价键。一个电子与另一电子配对以后，就不能再与第三个电子配对。在原子相互结合成分子时，靠的是原子外层轨道重叠，重叠越多，形成的共价键就越稳定。但是这种理论，无法解释甲烷的正四面体结构。

为了解释甲烷的正四面体结构，说明碳原子四个键的等价性，鲍林在1928至1931年提出了杂化轨道的理论。该理论的根据是电子运动不仅具有粒子性，同时还有波动性，而波又是可以叠加的。所以鲍林认为，碳原子和周围四个氢原子成键时，所使用的轨道不是原来的s轨道或p轨道，而是二者经混杂、叠加而成的"杂化轨道"，这种杂化轨道在能量和方向上的分配是对称均衡的。杂化轨道理论，很好地解释了甲烷的正四面体结构。

在有机化学结构理论中，鲍林还提出过有名的"共振论"。共振论直观易懂，在化学教学中易被接受，所以受到欢迎。在20世纪40年代以前，这种理论产生了重要影响，但到60年代，在以苏联为代表的集权国家中，化学家的心理也发生了扭曲和畸变，他们不知道科学自由为何物，对共振论采取了疾风暴雨般的大批判，给鲍林扣上了"唯心主义"的帽子。

鲍林在研究量子化学和其他化学理论时，创造性地提出了许多新的概念。例如，共价半径、金属半径、电负性标度等，这些概念的应用，对现代化学、凝聚态物理的发展都有巨大意义。1932年，鲍林预言，惰性气体可以与其他元素化合生成化合物。惰性气体原子最外层都被八个电子所填满，形成稳定的电子层，按传统理论不能再与其他原子化合。

鲍林的理论建构方式是半经验、半定量的，将数学计算与实验结果进行对照。这种对照具有高度的灵活性，他一边依据量子力学计算的结果，对结果明显相互矛盾的化学实验进行选择，或对于可能出现的实验结果进行预测，一边又十分强调实验的基础意义。

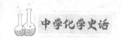

# 第四节　原子结构模型的演进

　　从英国化学家和物理学家道尔顿创立原子学说以后，很长时间内人们都认为原子就是微小的、不可分割的实心球，里面再也没有什么花样了。然而随着科学技术的进步，人们逐渐认知了原子并非不可再分，并逐步完善了原子结构模型。

　　1869年德国科学家希托夫发现阴极射线以后，克鲁克斯、赫兹、勒纳、汤姆孙等一大批科学家研究了阴极射线，历时20余年。最终，汤姆孙发现了电子的存在。通常情况下，原子是不带电的，既然从原子中能跑出比它质量小得多的带负电的电子来，这说明原子内部还有结构，也说明原子里还存在带正电的东西，它们应和电子所带的负电中和，使原子呈中性。

　　原子中除电子外还有什么东西？电子是怎么待在原子里的？原子中什么东西带正电荷？正电荷是如何分布的？带负电的电子和带正电的东西是怎样相互作用的？一大堆新问题摆在物理学家面前。根据科学实践和当时的实验观测结果，物理学家发挥了他们丰富的想象力，提出了各种不同的原子模型。

　　1901年法国物理学家佩兰（Jean Baptiste Perrin，1870—1942）提出的结构模型，认为原子的中心是一些带正电的粒子，外围是一些绕转着它们的电子，电子绕转的周期对应于原子发射的光谱线频率，最外层的电子抛出就发射阴极射线。

## 一、中性原子模型

　　1902年德国物理学家勒纳德（Philipp Eduard Anton von Lénárd，1862—1947）提出了中性微粒动力子模型。勒纳德根据早期观察的现象"阴极射线能通过真空管内铝窗而至管外"，在1903年以吸收的实验证明高速的阴极射线能通过数千个原子。按照当时盛行的半唯物主义者的看法，原子的大部分体积是空无所有的空间，而刚性物质大约仅为其全部的$10^{-9}$（即十万万分之一）。

## 二、实心带电球原子模型

开尔文于1902年提出了实心带电球原子模型，就是把原子看成均匀带正电的球体，里面埋藏着带负电的电子，正常状态下处于静电平衡。这个模型后由汤姆孙加以发展，后来通称汤姆孙原子模型。

## 三、"葡萄干蛋糕模型"

汤姆孙继续进行更系统的研究，尝试来描绘原子结构。汤姆孙认为原子含有一个均匀的正电球，若干阴性电子在这个球体内运行。他按照迈耶尔（Alfred Mayer）关于浮置磁体平衡的研究证明，如果电子的数目不超过某一限度，则这些运行的电子所成的一个环必能稳定。如果电子的数目超过这一限度，则将列成两环，如此类推以至多环。这样，电子的增多就造成了结构上呈周期的相似性，而门捷列夫周期表中物理性质和化学性质的重复再现，或许也可得到解释了。

汤姆孙提出的这个模型，电子分布在球体中很像葡萄干点缀在一块蛋糕里，很多人把汤姆孙的原子模型称为"葡萄干蛋糕模型"。它不仅能解释原子为什么是电中性的，电子在原子里是怎样分布的，而且还能解释阴极射线现象和金属在紫外线的照射下能发出电子的现象。而且根据这个模型还能估算出原子的大小约$10^{-8}$cm，这是件了不起的事情。正由于汤姆孙模型能解释当时很多的实验事实，所以很容易被许多物理学家所接受。

## 四、"土星"模型

日本物理学家长冈半太郎（Nagaoka Hantaro，1865—1950）于1903年12月5日在东京数学物理学会上口头发表，并于1904年分别在日、英、德的杂志上刊登了《说明线状和带状光谱及放射性现象的原子内的电子运动》的论文。他批评了汤姆孙的模型，认为正负电不能相互渗透，提出一种他称之为"土星模型"的结构，即围绕带正电的核心有电子环转动的原子模型：一个大质量的带正电的球，外围有一圈等间隔分布着的电子以同样的角速度做圆周运动。电子的径向振动发射线光谱，垂直于环面的振动则发射出光谱，环上的电子飞出是β射线，中心球的正电粒子飞出是α射线。这个土星式模型对他后来建立原子有核模型很有影响。1905年他从α粒子的电荷质量比值的测量等实验结果分析，α粒子就是氦离子。1908年，瑞士科学家里兹（Leeds）提出磁原子模型。

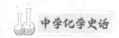 

他们的模型在一定程度上都能解释当时的一些实验事实，但不能解释以后出现的很多新的实验结果，所以都没有得到进一步的发展。数年后，汤姆孙的"葡萄干蛋糕模型"被自己的学生卢瑟福推翻了。

## 五、太阳系模型

英国物理学家欧内斯特·卢瑟福1895年来到英国卡文迪许实验室，跟随汤姆孙学习，成为汤姆孙第一位来自海外的研究生。卢瑟福好学勤奋，在汤姆孙的指导下，卢瑟福在做他的第一个实验——放射性吸收实验时发现了α射线。

1910年马斯登（E. Marsden，1889—1970）来到曼彻斯特大学，卢瑟福让他用α粒子去轰击金箔，做练习实验，利用荧光屏记录那些穿过金箔的α粒子。按照汤姆孙的"葡萄干蛋糕模型"，质量微小的电子分布在均匀的带正电的物质中，而α粒子是失去两个电子的氦原子，它的质量要比电子大几千倍。当这样一颗"重型炮弹"轰击原子时，小小的电子是抵挡不住的。而金原子中带正电的物质均匀分布在整个原子体积中，也不可能抵挡住α粒子的轰击。也就是说，α粒子将很容易地穿过金箔，即使受到一点儿阻挡的话，也仅仅是α粒子穿过金箔后稍微改变一下前进的方向而已。这类实验，卢瑟福和盖革已经做过多次，他们的观测结果和汤姆孙的"葡萄干蛋糕模型"符合得很好。α粒子受金原子的影响稍微改变了方向，它的散射角度极小。马斯登和盖革重复着这个已经做过多次的实验时，奇迹出现了！他们不仅观察到了散射的α粒子，而且观察到了被金箔反射回来的α粒子。

在进行了大量的实验和理论计算，经过深思熟虑后，卢瑟福才大胆地提出了有核原子模型，推翻了他的老师汤姆孙的实心带电球原子模型。卢瑟福提出的原子模型像一个太阳系，带正电的原子核像太阳，带负电的电子像绕着太阳转的行星。在这个"太阳系"中，支配它们之间的作用力是电磁相互作用力。他解释说，原子中带正电的物质集中在一个很小的核心上，而且原子质量的绝大部分也集中在这个很小的核心上。当α粒子正对着原子核心射来时，就有可能被反弹回去，这就圆满地解释了α粒子的大角度散射。卢瑟福发表了一篇著名的论文《物质对α和β粒子的散射及原理结构》。

卢瑟福的理论开拓了研究原子结构的新途径，为原子科学的发展立下了不朽的功勋。然而，在当时很长的一段时间内，卢瑟福的理论遭到物理学家们的冷遇。卢瑟福原子模型存在的致命弱点是正负电荷之间的电场力无法满足稳定性的要求，即无法解释电子是如何稳定地待在核外的。1904年长岗半太郎提出的土星模型就是因为无法克服稳定性的困难而未获成功。因此，当卢瑟福又提出有核原子模型时，很多科学家都把它看作是一种猜想，或者是形形色色的模型中的一种而已，而忽视了卢瑟福提出模型所依据的坚实的实验基础。

## 六、玻尔模型

卢瑟福的理论吸引了一位来自丹麦的年轻人，他的名字叫玻尔。在卢瑟福模型的基础上，他提出了电子在核外的量子化轨道，解决了原子结构的稳定性问题，描绘出了完整而令人信服的原子结构学说。

## 七、现代电子云模型

玻尔的原子结构学说并非完全符合真实的原子内部结构，直到海森堡、薛定谔等人发展和论述的量子力学概念将电子云引入原子结构模型中，才对原子模型做了进一步的完善。而在此基础上，鲍林将量子力学的概念与化学键之间相联系，将原子论从物理学的基础理论引入化学理论的研究中，奠定了现代化学理论的基础。

# 第五章

# 分子学说的发展

历史的车轮滚到了19世纪中叶，人类认识和改造自然的进程正在大步地向前。化学方面，以拉瓦锡、普里斯特利、舍勒为代表的老一代化学家，在18世纪后期清除了燃素的迷雾，把氧看成具有特殊性质的元素，它与金属化合，得出碱；而与非金属化合，得到酸。研究任何物质时，首先判定它是否能与氧化合，或是否已含有氧。就这样，建立了以氧为核心的化学体系。19世纪初期，以道尔顿、柏齐留斯、盖·吕萨克、阿伏加德罗为代表的又一代化学家，创立"原子-分子论"，分析了2000种化合物的组成，测定了几十种元素的原子量，二元电化学理论圆满地解释了当时已知的无机化合物及其反应。

翻阅近代化学发展的历史，"原子-分子论"创立过程是曲折的、复杂的，这一理论创立和发展的主线上有盖·吕萨克通过实验发现气体反应体积定律，有阿伏加德罗提出分子假说，有电化二元论的发展，有康尼查罗对"原子-分子学说"的推广以及早期对原子量的测定。

# 第一节  气体反应体积定律——盖·吕萨克

近代化学史上，道尔顿的原子论构成了近代科学"原子-分子论"的理论内核和理论基础，但毋庸置疑的是，其学说自身存在着难以克服的内在矛盾。这个内在矛盾是由以下两个方面构成的。一方面，道尔顿认为：化学元素由非常微小的不可再分的物质粒子——原子组成，即原子是不可再分的物质粒子，不可再分性是原子的根本属性，是原子被称为"原子"的根据，也就是说原子是最小的。而另一方面，道尔顿又认为化合物的"原子"是"复杂原子"，是由其他更小的原子组成的，即"复杂原子"又不具有不可分性。如此一来，"复杂原子"又是什么？

## 一、气体简比定律的提出

道尔顿的原子论有着与实验事实不可调和的矛盾，首先从法国的化学家盖·吕萨克研究的气体反应中体积变化的关系中显露出来。当时盖·吕萨克对卡文迪许测定的合成水的氧和氢的体积比很感兴趣，于是和洪堡特重复该实验，将收集的氢和氧混合充入伏打量气管，然后用电火花点燃使之生成水，反复实验发现氢和氧化合成水时，体积比总是200∶100，成简单的整数比，这促进了他们进一步探讨气体反应中是否也有此现象。结果发现，氮与氢化合成氨时，体积比是100∶300；氧与一氧化碳

图5-1 盖·吕萨克

化合成二氧化碳时，体积比是100∶200；氧与二氧化硫合成三氧化硫时，体积比是100∶200。他们又分析了卡文迪许、戴维等人对一些气体重量组成的分析结果，通过其密度换算出大致的体积比，由此得出参加反应的气体体积之间有一个简单的整数比的重要结论。同时，他们又通过测定气体反应前后体积的变

化关系得出：氧与一氧化碳化合生成二氧化碳，体积比是1：2：2；氮和氢化合成氨时体积比是1：3：2；氧与二氧化硫合成三氧化硫时体积比是1：2：2。从这些实验结果中他又得出重要结论：气体发生膨胀或收缩与参加反应的气体体积之间也有一个简单比。

盖·吕萨克据此认为，原子化合是以简单的整数比，气体原子结合也是通过简单的体积比，于是原子和体积之间有了一种关系，他假设同温同压下，相同的体积中含有相同数目的气体原子。例如，1体积氧和2体积一氧化碳结合，生成2体积二氧化碳，每2个一氧化碳原子就结合1个氧原子，得到1个二氧化碳原子，但1个二氧化碳原子的体积是一氧化碳原子体积的2倍，所以最后体积还是2体积。

盖·吕萨克归纳各种气体反应的实验结果得出了一个重要的结论：各种气体在彼此发生化学反应时常以简单的比例相结合，而且化合后的气体体积的改变也与发生反应的气体体积有简单的比例关系。盖·吕萨克将自己的这一发现与道尔顿的原子论加以比较，进一步提出了一个极其重要的假说：在同温同压下，相同体积的不同气体（无论是单质还是化合物）均含有相同的原子数目。他自认为这一假说是对道尔顿原子论的支持和发展，并为此高兴。

## 二、盖·吕萨克与道尔顿的矛盾

盖·吕萨克认为，人们可以根据他的假设来测定各种气态物质的原子量和确定化合物中各种原子的数目，这比道尔顿武断地规定原子化合数更有根据些。因此盖·吕萨克把这一假说看成对道尔顿原子论的一个有力支持。

然而，道尔顿本人极力反对盖·吕萨克的这个假说。他认为，如果按照盖·吕萨克的观点，相同体积的不同气体中原子数相同，那么由1体积的氢与1体积的氧化合后生成2体积的氧化氢中，每个氧化氢"原子"都只能是由半个原子的氢和半个原子的氧所组成，即产生了"半个原子"的结论；同样地，如果2体积的氢和1体积的氧化合生成2体积的水蒸气，依照盖·吕萨克的假说，应当至少有2个氢原子与1个氧原子相化合，生成2个水"原子"，如果只有1个氢原子的话，那么只能和1/2个氧原子相化合了，即也产生了"半个原子"的结论。这样的"半个原子"与道尔顿原子论关于原子不可分割、最小的观念相矛盾（被人们称之为"半个原子"的矛盾）。为此，道尔顿当然要反对盖·吕萨克的假说，他甚至指责盖·吕萨克的实验有些靠不住。盖·吕萨克认为自己的实验是精确的，不能接受道尔顿的指责，于是双方展开了激烈的学术争论。这

75

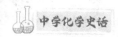

场争论声势浩大，由于双方都是有名望的科学家，就连当时被誉为"化学共和国的最高法官"的贝采利乌斯（Berzelius，1779—1848）都不敢评价这场争论中孰是孰非。这场争论引起了广泛的关注，但是没有人能解答，直到意大利科学家阿伏加德罗的出现。

盖·吕萨克是一位对待科学非常有主见、有原则的人，当时法国科学家普罗斯特提出了定比定律，即"两种或两种以上的元素相互化合成某一化合物时，其重量之比例是天然一定的，人力不能增减"，但贝多莱却坚持反对这一认识，据说两位化学家争论了长达九年的时间。于是贝多莱希望盖·吕萨克能通过实验证明自己是对的。细心严谨的盖·吕萨克，经过了反复实验和分析研究，发现定比定律没有错。

贝多莱看到了盖·吕萨克的实验记录，对盖·吕萨克大为赞扬："我为你而感到骄傲，像你这样有才能的人，没有理由让你当助手，哪怕是给最伟大的科学家当助手，你的眼睛也能发现真理，能够洞察人们所不知的奥秘，而这一点并不是每个人都能做到的。你应该独立地进行工作，从今天起，你可以进行你认为必要的任何实验。"盖·吕萨克就此在实验室里开展了更独立、专业、深入的工作，这对于未来他的认知和成长起了极大的推动作用。

1804年8月2日，盖·吕萨克和法国化学家比奥为了研究大气现象和地磁的有关问题，决定亲自升到高空中去采集大气样品。

图5-2　盖·吕萨克和比奥到高空中去采集样品

一个半月后，他独自进行了第二次升空探索。两次探测的结果表明，在他们所到达的高空领域中，地磁强度是恒定不变的。而他们采集回来的空气样品的成分也基本相同，只是氧气的含量随着探测高度的增加而减少。盖·吕萨克发现气体热膨胀定律：一定质量的气体，在压强不变的条件下，温度每升高（或降低）1℃，其增加（或减少）的体积，等于它在0℃时体积的1/273.15。这个定律就是著名的气体的盖·吕萨克定律。"1/273.15"为盖·吕萨克定律常数，这一定律为后来的绝对温标的提出打下了基础。

　　盖·吕萨克以勇敢无畏的科学精神努力探索，使人们摆脱了许多错误看法，推动了化学的进一步发展。

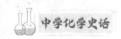 

# 第二节　阿伏加德罗的分子假说

阿伏加德罗（Amedeo Avogadro，1776—1856）是意大利的物理学家。1776年生于意大利都灵市一个世代沿袭的著名律师家庭。1800年他开始研究数学、物理、化学、哲学，并发现自己对这些都非常感兴趣。1799年意大利物理学家伏打发明了伏打电堆，使阿伏加德罗把兴趣集中于探索电的本质。1803年，阿伏加德罗写了一篇有关电的论文，受到普遍赞扬，第二年就被选为都灵学院通讯院士。1806年，他被聘为都灵科学院附属学院的教师，开始一边教学一边研究的新生活。1809年，他被聘为韦尔切利皇家物理学院教

图5-3　阿伏加德罗

授，1820年被聘为都灵大学的物理教授。他于1856年7月9日在都灵市病故，享年80岁。

## 一、分子假说的提出

当欧洲两位颇有名气的化学家盖·吕萨克和道尔顿展开激烈的学术争论时，其他化学家都不敢轻易表态，就连当时已很有威望的瑞典化学家贝采利乌斯也在私下表示，看不出他们争论的是与非。就在这时，阿伏加德罗对这场争论产生了浓厚的兴趣。他仔细地考察了盖·吕萨克和道尔顿的气体实验和他们的争执，发现了矛盾的焦点。

阿伏加德罗以盖·吕萨克的实验为基础，进行了合理的推理："必须承认，气态物质的体积和组成气态物质的简单分子或符合分子的数目之间也许存在非常简单的关系。把它们联系起来的第一个，甚至是唯一容许的假设是，在相同体积中，所有气体整分子的数目相等……不同的气体分子质量比于是就等

于同温同压下其密度之比。"在他看来，既然2体积氢加1体积氧生成2体积的水蒸气，那么根据同体积的气体中都含有相同数目的分子假说，应该是2分子氢加上1分子氧生成2分子水，即每1分子水当是半个分子氧和1个分子氢结合而成，只要假设1分子氧是由2个氧原子组成，那么矛盾就解决了。同理，每个氧化氮分子由半个氧分子和半个氮分子化合，那么半个氧或氮分子就是1个氧或氮原子了。同时，他也不否认，可能某些气态分子含有4或8个原子。

对此他解释说，之所以引进分子的概念是因为道尔顿的原子概念与实验事实发生了矛盾，必须用新的假说来解决这一矛盾。例如单质气体分子都是由偶数个原子组成，这一假说恰好使道尔顿的原子论和气体化合体积实验定律统一起来。根据自己的假说，阿伏加德罗进一步指出，可以根据气体分子质量之比等于它们在等温等压下的密度之比来测定气态物质的分子量，也可以由化合反应中各种单质气体的体积之比来确定分子式。最后阿伏加德罗写道："总之，读完这篇文章，我们就会注意到，我们的结果和道尔顿的结果之间有很多相同之点，道尔顿仅仅被一些不全面的看法所束缚。这样一致性证明我们的假说就是道尔顿体系，只不过我们所做的，是从它与盖·吕萨克所确定的一般事实之间的联系出发，补充了一些精确的方法而已。"这就是1811年阿伏加德罗提出分子假说的主要内容和基本观点。

阿伏加德罗的分子学说可以归纳如下：

（1）无论单质还是化合物，分子是组成它们的最小单位。

（2）单质分子可以由多个原子组成。

（3）同温同压下，相同体积的气体含有相同数目的分子。

根据此，阿伏加德罗发展了一种很重要的方法：只要把物质变成气态，就可以确定物质的原子量。他还确认，一种化合物分子中不同原子的数目之比可以由形成该化合物的各个气体单质的体积比而求得。不过这个结论的前提是气体单质分子中含有相同数目的原子。但是后来科技水平提高后，人们发现这个结论有不足的地方。

1811年，阿伏加德罗写了一篇题为《原子相对质量的测定方法及原子进入化合物的数目比例的确定》的论文。在文中他首先声明自己的观点来源于盖·吕萨克的气体实验事实，接着他明确地提出了分子的概念，认为单质或化合物在游离状态下能独立存在的最小质点称作分子，单质分子由多个原子组成，他修正了盖·吕萨克的假说，提出"在同温同压下，相同体积的不同气体具有相同数目的分子"。"原子"改为"分子"的一字之改，正是阿伏加德罗

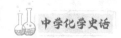 

假说的奇妙之处。

1832年，阿伏加德罗出版了四大册理论物理学，写下有名的假设：在相同的物理条件下，具有相同体积的气体含有相同数目的分子。但遗憾的是，阿伏加德罗的卓越见解长期得不到化学界的承认，反而遭到了不少科学家的反对，被冷落了将近半个世纪。

由于不采纳分子假说而引起的混乱在当时的化学领域中非常严重，各人都自行其是，碳的原子量有定为6的，也有定为12的；水的化学式有写成HO的，也有写成$H_2O$的；醋酸的化学式竟有19种之多。当时的杂志在发表化学论文时，也往往需要大量的注释才能让人读懂。过了近50年，德国青年化学家迈耶尔认真研究了阿伏加德罗的理论，于1864年出版了《近代化学理论》一书。许多科学家从这本书里，懂得并接受了阿伏加德罗的理论，才结束了这种混乱状况。

1860年9月，在德国卡尔斯鲁厄召开了国际化学会议，由于阿伏加德罗的学生康尼查罗等人的工作，分子论终于被科学界所确认，并逐步被广泛接受。阿伏加德罗是第一个认识到物质由分子组成、分子由原子组成的人。人们根据新的研究，知道了在标准状况下，1摩尔任何气体的体积都是22.4L，换算出1摩尔的任何物质都含有$6.02 \times 10^{23}$个分子，为了纪念阿伏加德罗的贡献，人们就把这个数字叫作"阿伏加德罗常数"。

## 二、分子存在的四大证据

分子存在的第一个客观依据是布朗运动。法国科学家佩兰利用1903年发明的超级显微镜研究布朗运动，对悬浮在溶液中的金溶胶粒子的布朗运动进行观察研究，通过大量实验数据推导出物质的量的单位——阿伏加德罗常数，从而证实了分子的存在。

分子存在的证据之二，道尔顿认为："空气看不见摸不着，但确实存在。"比如我们用手捏着鼻子，很憋气、难受，但一松手，就感到舒服了，为什么呢？有气体流进鼻子，说明气体虽然看不到，但它确实以我们看不到的极微小的粒子——分子存在。

分子存在的证据之三，波义耳说"盐溶解后可通过滤布微孔"，说明什么呢？盐是我们看得见的固体，但溶解完后看不见盐了，说明盐溶解后已变成微小的粒子散布在水中，所以通过了滤布。

分子存在的证据之四，19世纪的科学家胡克把气体压力归结为气体微粒对器壁的碰撞。道尔顿总结气体分压定律后说，"某种气体在容器中存在的状态，与其混合的其他气体存在无关"，这一事实说明一种气体微粒均匀地分布在另一种气体微粒之间，道尔顿所说的气体微粒指的就是分子。分子存在的事实，现在可以说出更多了，如$H_2S$看不见，但可闻到它的臭鸡蛋气味；$NH_3$、$Cl_2$看不见，但可闻到它们的刺激性气味；等等。

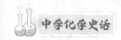

# 第三节　电化二元论

分子假说的提出，说明化学研究的微观客体应该是分子，具有划时代的意义。但是，由于分子假说和当时著名的化学大师瑞典化学家贝采利乌斯提出的并被当时化学界公认的"电化二元论"相抵触，在长达50年的时间里都没有被化学界接受。何为电化二元论，我们需对其进行基本的了解。

## 一、追根溯源——电化学假说

1799年意大利物理学家伏特发明了伏打电堆（电池），许多化学家也因势利导纷纷用电做起实验。1800年，英国科学家尼科尔森（William Nicholson）和卡莱尔（Anthony Carlisle）成功地电解了水。思想敏锐的戴维开始把研究方向转向电化学，在总结前人经验的基础上，他还认真分析先前研究在实践和理论方面是否还有不足之处。在这期间，他发表了许多颇有新意的见解。

1806年，戴维在皇家研究院的讲演会上宣读了《有关电的若干化学作用》的报告，在学术界引起了很大的震动。在报告中，戴维指出物质粒子的电作用才是化学结合的本质，这一观点后来成为电化学理论与立足于电作用的物质观的先驱。将电池两极插入到盐类溶液中，当通入的电力强于化合时的电引力时，就会发生电解现象。他还指出可以通过测量电动势来决定亲和势，这一说法后来被证实。

对于物质带电产生的原因，戴维支持伏打的接触说，即"不同的物质只要相互接触就产生带电现象"。将电池的金属两极用导线连接时，就能产生电流，但是他也是第一个认识到"接触理论"不足之处的化学家。戴维指出接触是产生电的前提条件，但持续电流的供应则是由于溶液中发生了化学变化，并通过与两金属电极相连的导线来维持电动力。而同时代的化学家武拉斯顿提出了电化学说，他说："由于化学变化才使物质之间发生带电现象。"接触说与化学说之间的争论延续了好多年。从现在的实验验证看来，接触说是较为准确的解说。

除了以上研究，戴维还就许多科学家在做电解水时，电极的周围会出现酸和碱，以及电解时得不到按理论比例产生的氢气和氧气这一现象进行研究。他还提出将电解作为一种化学分析方法，并讨论了电解时溶液中物质的传输问题。

## 二、贝采利乌斯提出"电化二元论"

在戴维的二元论接触学说的基础上，瑞典化学家贝采利乌斯提出了电化二元论，两者有很多相同的地方，但贝采利乌斯的学说更加完善系统，并对戴维的一些说法进行了改进和补充。贝采利乌斯早年对电解过程做过仔细考察，特别是电解槽两极的电荷相反，电荷之间的吸引和排斥给他留下了深刻印象，促使他决心应用电学的上述观点来分析化合物组成和化学反应的机理。

经过更多的实验后，他于1811年，从电学的角度出发，提出一个被认为更合理的化学亲合力理论，即他的"电化二元论"。该理论认为不同的原子（包括复杂原子）由于带不同的电性，因而有互相吸引的力。根据电化二元论，同一种元素的原子必然带相同的电性，彼此是互相排斥的，因而单质气体是不可能形成多原子分子的，所以贝采利乌斯激烈地反对阿伏加德罗的分子学说。

他根据电学中的二元性和实验证明的盐能被电流分解为碱和酸的事实，把酸、碱的概念与电的极性联系起来，认为碱由金属的氧化物形成，它带正电；非金属的氧化物带负电，能形成酸。在这两种氧化物之间，也有引力在起作用，相互作用的结果形成盐。

例如氧化钙带正电，二氧化碳带负电，二者相互作用时形成碳酸钙。然后他又将这种极性推广到元素上面，他设想，每个原子都带有正负两种电荷，氧是负电性最强的元素，钾是正电性最强的元素，其他元素按其负电性（或正电性）的强弱介于二者之间。元素间之所以能相互作用，是由于它们带相反电荷相互吸引。例如负电性最强的元素氧被其他元素所吸引，从而同它们化合。但是，这样形成的氧化物却不是中性的，它们也带电。因为不等量的电荷是无法完全中和的。因此，如前所述，金属的氧化物带正电，非金属的氧化物带负电。

按照贝采利乌斯的假定，物质粒子总是带电荷的，即使化合以后仍带电荷，物质相互作用的亲合力就是电的吸引力。把电看作物质粒子的本性，这种认识比戴维只停留在表象的认识深刻得多。贝采利乌斯把物质的化学性和电性都统一在同一物质属性内，通过物质的电性变化来认识物质的化学变化，把这两种变化有机地联系起来，这是对化学物质、对化学过程的认识的一个重要的思想发展。

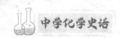

# 第四节 "原子–分子学说"的推广者
## ——康尼查罗

贝采利乌斯的"电化二元论"在当时的化学界影响很大，直到19世纪20年代，卤代反应中，被贝采利乌斯称之为负电性的氯原子居然取代了有机化合物中具有正电性的氢原子，而且化合物的性质没有多大的改变。特别是三氯醋酸的制得，对"电化二元论"来说是致命的打击。在大量的科学实验成果面前，贝采利乌斯的理论发生了动摇，为阿伏加德罗分子学说的复兴和最后确立扫除了障碍。1860年，意大利化学家康尼查罗对分子假说进行了严密论证，在他的努力下，人们最终认识到分子假说的科学性，认识到原子和分子之间的区别和联系，最终建立了统一的"原子–分子论"。

图5-4 康尼查罗

## 一、分子论未被广泛认可的原因

康尼查罗青年时期在比萨的化学教授皮瑞阿（R. Piria）处学习化学，后因参加1847年西西里起义一度流亡法国，成了化学家谢弗勒尔（M. E. Chevreul）的助手。1855年他用碳酸钾与苯甲醛作用，发现了有名的"康尼查罗反应"。在繁忙的教学之余，他系统、深入地考察了理论化学的发展和问题。他发现，贝采利乌斯的"电化二元论"已被大多数化学家摒弃，这为承认阿伏加德罗假说创造了有利条件，但是由于有机化学和无机化学的飞跃发展，许多实验材料未得到正确的解释，使得理论化学比道尔顿时代还要混乱。

### 1. 关于化学基本粒子概念的混乱

道尔顿建议把组成单质的最小的、不可再分的粒子称作"原子",把组成化合物的最小粒子称作"复杂原子"而废弃"分子"这个术语。他的建议逐渐为英国科学界所接受。但是在法国,"原子"和"分子"这两个词还在混淆地使用着,而更多使用的是"分子"。有时为了说明自己的意思,不同作者在"分子""原子"一词前加上各种形容词。此外,不少作者也直接使用"粒子"一词。

阿伏加德罗赋予"分子"这个术语以现代意义,这个概念也逐渐为一些先进的化学家所接受,如法国的杜马、高丁、罗朗、热拉尔,但这是少数,大多数化学家依旧依各人的习惯使用不同的术语,甚至有人对同一概念使用几种术语。例如,杜马先在阿伏加德罗的观念上使用"分子"这个术语,但后来他又把分子称为"原子",把原子称为"粒子";有时他又把分子称为"物理分子",把原子称为"化学分子";或者把分子称为"物理原子",把原子称为"化学原子"。

### 2. 化学式的混乱

由于存在贝采利乌斯原子量和格美林当量两套系统,使得当时的化学式十分混乱,如:

贝采利乌斯将水和磷酸(五氧化二磷)的化学式表示为$H_2O$、$P_2O_5$。这里,$H_2O$表示水由2原子氢1原子氧组成,$P_2O_5$表示磷酸由2原子磷5原子氧组成。

格美林按其当量来写化学式。水由1份氢8份氧组成,水的化学式应为$HO$;磷酸由31份磷和49份氧组成,磷酸的化学式应为$PO_5$。格美林的化学式和原子论毫不相干,这是显而易见的。

这还是最简单的无机化合物,至于复杂的有机化合物,更是花样百出,以致在德国化学家凯库勒的教科书中,醋酸的化学式竟达19个之多。

### 3. 有机化学和无机化学之间存在巨大鸿沟

在我们所讨论的时代,大多数人认为有机化学和无机化学是两个截然不同的学科。这不仅表现在有机物和无机物在来源、性质上具有显著区别,而且表示对它们的研究方法也不同。贝采利乌斯的"电化二元论"适用于大部分无机物,却不适用于有机物;原子热容定律与同晶定律对有机物质根本就不适用;在有机化学和无机化学中使用着两套化学式。

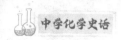 

## 二、"原子–分子学说"的确立

康尼查罗认为,要澄清这种情况,非得采用阿伏加德罗假说不可。1858年3月,他把教科书的主要内容写成《化学哲学教程提要》。总的说来,康尼查罗对"原子–分子学说"做了如下论证和总结:①在阿伏加德罗假说的基础上,重申了求物质分子量的方法(蒸汽密度法);②在原子学说的基础上,提出了从分子量求原子量的方法(后称康尼查罗法);③指出了某些金属和非金属的分子量是不可能求得的;④指出了阿伏加德罗假说与杜隆–培蒂定律的联系;⑤指出了原子量和当量的区别和联系;⑥论证了无机化学和有机化学的同一性;⑦确立了写化学式的原则。

康尼查罗是通过研究化学史来论证"原子–分子学说"的,他的方法充分体现了逻辑和历史的统一。为了厘清理论化学的混乱,凯库勒等人发起召开了国际化学家代表大会。会议于1860年9月3日至5日在德国卡尔斯鲁厄举行。会议经过激烈的辩论,未能统一理论化学的各种分歧。快散会的时候,康尼查罗的友人意大利化学家帕维塞散发了《化学哲学教程提要》的单行本。正是这一举动,产生了富于戏剧性的效果。

洛塔尔·迈耶(后来和门捷列夫独立发现了周期律)运用康尼查罗的观点,用德文写成《现代化学原理》(1864年),许多化学家就是从这本著作获知阿伏加德罗假说和康尼查罗的见解的。此后,许多科学家都投入了测定原子量的工作中,其中比利时化学家斯塔斯所测定的精确原子量值得一提,它日后被门捷列夫和洛塔尔·迈耶所引用。

我们注意到,康尼查罗所定义的原子是"量"而不是具体的物质微粒。罗斯科于1867年在康尼查罗定义的基础上给出了原子、分子的现代定义:"分子是原子的集合,是化学物质(无论是单质还是化合物),是能够分开的,或者说能独立存在的最小部分;正是物质的这个最小量能够进入任何反应,或者由于反应而产生出来;原子是存在于化合物中的元素的最小部分,它是被化学力不能再分的最小质量。"

自从道尔顿1803年提出化学原子论、1811年阿伏加德罗提出分子假说以及康尼查罗的合理论证,足足经过半个多世纪,"原子–分子学说"才为广大化学家所接受。"原子–分子学说"的确立是化学史上的重大事件,随着"原子–分子学说"的确立,化学史翻开了崭新的一页。

# 第六章

# 化学键理论的发展

从19世纪后期到20世纪前期，物理学对化学产生了持续的影响，催生了物理化学、化学物理学、结构化学、射线衍射晶体学、分子生物学和量子化学等交叉学科，改变了化学的学科面貌，丰富了其理论内涵。化学键是其中最受瞩目的交叉领域之一，它使量子物理学得以应用在"化学结合"这一古老的化学问题上，从而阐释了其本质。

化学键是分子或晶体中直接相邻原子之间主要且强烈的相互作用，其概念的产生与发展经历了经典理论、电子理论和量子化学理论三个阶段。在经典理论阶段，指出了化学结合的现象为化学键；在电子理论阶段，揭示了化学结合的物质载体是电子，化学结合的结果或为电子转移，或为两原子共享电子对；量子化学理论阶段，揭示了化学键的实质，即化学结合中电子遵循什么样的运动规律。

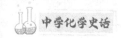

# 第一节 化学键产生的背景

早在古代,人类就对物质之间的结合问题进行过探讨。公元前770—前476年,我国春秋时期的史书《国语》曾记载,"夫和生实物,同则不继""故先王以土与金、木、水、火杂以成百物",认为物质的相异是相互结合的条件。其他国家的哲学家也是如此,如公元前5世纪,安比德克罗(Empedocles)就认为物质和人类一样,固有着爱情和憎恶。他把两种物质生成化合物或者化合物的分解,同人类的结婚和离婚同等看待。同时希波克立特(Hippocrates)也认为,彼此间的亲近和同情是物质化合的原因。但事实证明,相互作用进行比较强烈的,并不能在性质相近的物质之间发生。因此,希腊哲学家赫拉克利特(Heraclitus)认为,物质的矛盾是物质彼此化合的原因。后来,由于炼金术的实践活动,人们的认识有了进一步发展。13世纪,具有代表性的德国炼金家、元素砷的发现者马格努斯,以借喻人的"姻亲"关系出发,认为类似的物质之间具有较强的"亲合性",而易于结合,并第一次提出了"亲合力"的概念,以表征物质结合的难易程度,化学键概念的萌芽由此产生。早期的化学键理论也正是围绕这一概念的探讨而逐步形成的。

17世纪和18世纪,关于化学亲和力的本质的探索,与微粒结构思想影响下的机械概念有关。

牛顿(Newton)想把化学亲和力和他发现的万有引力联系起来,把它看作是与万有引力相同的物质质点之间的吸引力,只是它的作用距离是很小的。

波义耳提出,每一种物质都是由没有质量的化学微粒组成的,它们之间的关系是纯机械的。他认为原子具有小钩或锯齿的形状,可以互相钩住或咬合在一起,物质之间的相互作用是由于具有表面平滑的、具有尖突的或具有缺口等的微粒的简单机械的安插。微粒表面的大部分吻合,是它们坚固结合所必需的条件。他们根据酸的酸味和从酸类溶液结晶出来的物质具有的针状晶体的形态,就认为酸是尖针组成的,而碱是多孔的物质。当酸与碱互相作用时,酸的尖针就塞进碱的孔洞中。显然，一般化学实验的方法是不能观察到原始微粒的齿形、尖针和缺口的，因而这种机械观念不能具体地解释化学现象。但值得注意的是，波义耳已经提出了通过不同物质之间的反应能力比较化学亲合力相对大小的思想，并指出"相异二元素之微粒相互吸引，则生成第三种物质，即成为化合物，倘若此化合物中二元素成分之相互亲合力小于其中一成分与第四物质之亲合力，则此化合物即分解，而另生成第五种物质"。但是他没有进行具体研究。

罗蒙诺索夫第一个反对用机械来解释化学亲和力，反对形而上学地把一切自然现象都看作是机械。他说："暂时把这种假说看作一切，可能运用于有着较大的、可以感觉得到的形体的日常机械，这一点是用不着担心会有什么错误的……但是用它来解释自然物体的最小质点、各种现象发生的原因，似乎是不妥当的。"

图6-1　罗蒙诺索夫（左）、施塔尔（中）和贝格曼（右）

到了燃素学说时期以后，一些化学家开始进行了较为具体和深入的研究。1718年，法国化学家日夫鲁瓦比较系统地探讨了一种酸能否从盐中置换出另一种酸等规律，提出了一张酸和碱的亲合力大小的比较表。此后，燃素说创始人施塔尔和瑞典化学家贝格曼等人又进一步研究了亲合力表，并试图运用力学的原理，用比较的观点说明亲合力的性质。

此外，法国化学家贝托雷也对化学亲合力进行了深入的研究，在19世纪初发表的《亲合力定律的研究》等著作中指出，化学反应不仅取决于化学亲合力的大小，而且取决于反应物的质量、反应温度等条件，同时还提出了化学平衡的初步思想。

从波义耳到贝托雷的这段历史表明：从波义耳开始，化学亲合力成了化学研究的主要问题之一；化学家们试图通过反应能力测定亲合力，从而推动了对化学反应的研究。但是，在这个方向上的研究工作，到贝托雷时中止了，没有得到具体成果。到19世纪前半期，化学研究的重点又转移到物质的组成和结构上去了，发生这种转移的原因是什么呢？我们知道，物质和运动不可分割，具体的物质形式和具体的运动形式有密切联系，尽管这种联系具有复杂的性质。人们认识物质的性质要通过它的运动形式，研究运动形式又要揭示它的物质基础。恩格斯指出，就认识的一般次序来说，"必须先研究事物，而后才能研究过程。必须先知道一个事物是什么，而后才能觉察这个事物所发生的变化。自然科学中的情形正是这样"。18世纪由于从量的方面比较化学亲合力，化学开始走上了研究化学反应的道路，而要深入研究化学反应，揭示其规律性，必然要求弄清楚物质的组成和结构，了解在化学反应中什么东西发生了变化，什么东西没有变化，这些正是19世纪上半叶化学所要回答的问题。

# 第二节　经典理论

世界上已知元素只有100多种，但目前已知化合物已超过1000万种了。元素是怎样形成化合物的，这是化学家共同关心的问题。最早，化学家假设原子和原子之间是被一个神秘的钩子钩住的，这种设想至今仍留下痕迹，化学键的"键"字就有钩的意思。

在经典理论阶段，化学家们指出了化学结合的现象为化学键，从认识论讲属于现象论阶段，主要有以下几个先驱理论。

1812年贝采利乌斯提出的化学亲合力理论即电化二元论，把原子之间的化学结合归结为原子之间的静电作用。按照这个理论，物质粒子总是带电荷的，物质相互作用的亲合力是电的吸引力，电化二元论的提出为化学家进一步探讨原子之间结合的原因起了较好的示范作用。后来，随着有机化学的发展，特别是在研究取代反应中，电化二元论才初步呈露出它自身的缺陷，出现了新的学说。但是电化二元论在探索原子之间是如何结合的方向上是正确的。

图6-2　贝采利乌斯（左）和布特列洛夫（右）

英国化学家库珀在《论新的化学理论》中指出亲合力涉及量和质两个方

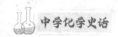

面，原子有两种性质：一种称为亲合程度；另一种称为电亲合力。俄国化学家布特列洛夫区分了亲合力的强度和数量，这两个特征后来分别演变成化学键和化合价，即电亲合力或亲合力强度是化学键概念的来源，亲合力程度或亲合力数量则是化合价概念的发端。

布特列洛夫在《关于某些不同异构体的不同解释》一文中提到"原子之间的化学键合的方式"，第一次使用了"化学结构"这个名词，并认为必须用单个结构式表达结构，这种结构式应当是能表明在物质的分子中每个分子是怎样结合起来的。他明确指出化合物的所有性质取决于该物质的分子结构，同时，认为通过物质合成方法的研究应该有可能找出它的正确结构式。

1852年英国化学家弗兰克兰提出了"价键"的概念：每个元素的原子在形成化合物时总是和一定数量的其他元素的原子相结合。他又指出，使用"键"这个词只想对化学家提出的不同名称，如原子数、原子力等价性，提供一个更为具体的说法，认为"键"是把原子结合成化合物的一种作用力，它代表了原子之间的化学吸引，类似于太阳系各星球之间存在的万有引力。

图6-3　凯库勒（左）和范托夫（右）

1858年德国化学家凯库勒把价键概念推广到了碳元素上，指出碳通常为4价。又提出碳原子能够和不限数目的其他碳原子相结合形成长链，并第一次用元素符号之间的一条短线表示价键。

1874年荷兰物理化学家范托夫和法国化学家勒贝尔提出了碳原子的4个价键朝向正四面体顶点的假设，从而建立了有机立体化学。

瑞士苏黎世大学维尔纳发表了《论无机化合物的结构》，提出了划时代的配位化学理论，这是无机化学和配位结构理论的开端。在经典化学范围内，化学键的理论只是现象论，这一阶段回答了化学键的表现是化学结合，是由原子结合成分子，以此为基础的化学键概念只能反映化学结合的现象，所以它的直观表现形式就是经典化学结构式中原子之间的短线。

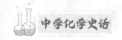 

# 第三节　电子理论

在电子理论阶段，揭示了化学结合的物质载体是电子，化学结合的结果或为电子转移，或为两原子共享电子对，从认识论讲属于实体论阶段，认识了现象背后的实体。

英国物理学家汤姆孙发现了电子，并提出了化学键理论：原子分为负电性和正电性两类，当两种原子相互作用时，电子从正电性原子向负电性原子转移，结果是负电性原子带负电荷，正电性原子带正电荷，它们相互吸引形成化学键。英国化学家拉姆赛提出：化学键的物质承担者是电子，电子代表原子之间的"键"，如NaCl表示通过电子e⁻将Na和Cl结合成化合物。玻尔提出化学键是电子在两个核之间运动的结果，分子中的化学键是由两个原子的电子所形成的共用电子轨道产生的，电子轨道平面垂直于核间连线。德国物理学家科塞尔和美国化学家路易斯从不同对象出发，阐明了离子键和共价键这两种化学键概念。

## 一、离子键理论的确立

1887年，提出溶液电离理论的瑞典化学家阿伦尼乌斯认为食盐溶解于水中能离解成大量的钠离子和氯离子，溶解前仍然是NaCl分子。1913年英国的布拉格通过X射线衍射法测定了NaCl和KCl的晶体结构，发现其中并没有阿伦尼乌斯所阐述的单个分立的分子，而是由Na⁺和Cl⁻在空间周期排列的无限结构，即每个钠离子周围有6个氯离子，每个氯离子周围有6个钠离子。德国的物理学家科塞尔测定许多有代表性化合物离子所带的电子数以后，于1916年发现金属和非金属的原子在失去（或得到）电子以后，就达到了惰性气体某元素原子的电子构型而形成稳定的离子。阴阳离子相互靠近，产生库仑作用力，形成离子键。这个理论能够圆满地解释离子化合物的形成过程及其稳定性，但对于一些非离子型化合物则无法解释。由于第一次世界大战的干扰，科塞尔的这个理论一直到了1919年，才在美国的朗缪尔努力倡导下得以传播开来。

## 二、共价电子理论的诞生

针对非离子型化合物的形成过程，美国的路易斯发展了科塞尔的理论，于1916年提出：原子由核与外壳组成，在中性原子的外壳中所含有的电子数等于核中多余的正电荷数，壳层中的电子数在0～8之间变化，原子电子壳中的电子倾向于形成八隅体，每个原子中的外部电子都可以进入两个原子的外壳成为共享，以达到"八隅体稳定状态"。他提出用两个点表示两个共享的电子，并在其著作《价键及原子和分子的结构》中明确提出了"电子对"概念，用一对即两个小点表示单键，用两对即4个小点表示双键，用三对即6个小点表示三键，这种电子对键及其表示方法今天仍在应用。

图6-4 朗缪尔（左）和路易斯（右）

1918年美国的朗缪尔首次把这种共用电子对的价键称为共价键。认为共用电子对分别由双方的原子各提供1个电子而成，双键有4个电子，三键有6个电子，并属于特定的2个原子，所以可用短线来表示两原子间的共用电子对。历史上把这种共价电子理论又称为路易斯–朗缪尔化学键理论。

综上所述，在电子论阶段，把化学键概念建立在电子理论的基础上，认为化学键是其电子的转移或配对而形成的原子之间的结合作用，包括离子键、共价键和配位键等形式，是对经典化学键概念的发展，它进一步确定了原子之间通过电子的转移或配对实现了化学结合。虽然共价电子理论解释甲烷、氨等实验现象比较成功，但无法解释不符合八隅体结构的分子，如$PCl_5$、$BCl_3$等；共价键和离子键理论一样，虽然把电子论引进来了，但还都是一种静态的观念，没有从运动中阐明问题，没能说明化学键的本质。

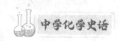

# 第四节　量子化学理论

量子化学理论阶段揭示了化学键的实质，即化学结合中电子遵循什么样的运动规律。

1927年，海特勒（W. H. Heitler，1904—1981）和伦敦（F. London，1900—1954）把量子力学与化学经验相结合来处理氢分子，用近似方法计算出氢分子体系的波函数和能量，获得了成功，这是用量子力学解决共价键问题的首例。量子化学建立起的化学键理论指出了化学键的本质，当电子的密度集中在两核之间时，也即电子云最大限度重叠时，静电引力就把两个核拉在一起，使体系的能量最低，否则就不能形成化学键。

图6-5　鲍林

1930年，鲍林提出原子成键的杂化理论（杂化轨道理论），认为成键双方原子的电子轨道在特定方向上满足条件而交叠重合时，就产生了电子共振，从而形成化学键。为了形成稳定的成键电子轨道组合，原本处在s、p和d等不同能级的电子轨道会打破原有的分级，形成直线的sp、正三角形的$sp^2$、正四面体的sp³、正方形的dsp²和正八面体的d²sp³等具有特定空间形状的组合。相比于共振成键时释放的能量，杂化吸收的能量很少，代价很低。碳原子之所以会在有机化合中呈现四面体构象，正是遵循了共振和杂化的规则，将原有的$2s^22px^12py^12pz^0$构象重组为$2s^12px^12py^12pz^1$。

1932年，洪德把单键、多键分成σ键和π键两类。σ键指在沿着联结两个原子核的直线（对称轴）上电子云有最大重叠的共价键，这种键比较稳定；π键是沿电子云垂直于这条直线方向上结合而成的键，这种键比较活泼。这就使价键理论进一步系统化，使经典的化合价和化学键有机地结合在一起了。

由于上述的价键理论对共轭分子、氧气分子的顺磁性等事实不能有效解释，因此20世纪30年代后又产生一种新的理论——分子轨道理论。

分子轨道理论在1932年首先由美国化学家马利肯提出来，该理论与价键理论有所不同，它认为能量相近的原子轨道可以组合成分子轨道，在由原子轨道组合成分子轨道时，虽然轨道数目不变，但必须伴随着轨道能量的变化。能量高于原子轨道的分子轨道一般也不会成键，所以叫非键轨道；能量低于原子轨道的分子轨道才能成键，称成键轨道。分子中的电子都在一定的轨道上运动。在不违背每个分子轨道只能容纳2个自旋反平行的电子的原则下，分子中的电子将优先占据能量最低的分子轨道，并尽可能分占在不同轨道上自旋平行。成键时，原子轨道重叠越多，生成的共价键就越稳定。他用的方法跟经典化学相距很远，一时不被化学界接受。20世纪30年代后，美国化学家詹姆斯又使分子轨道理论计算程序化，能方便地用计算机进行处理，这便使分子轨道理论价值大大提高，解释了多原子π键体系的离域效应和诱导效应问题，马利肯也因此获得了1966年诺贝尔化学奖。

图6-6　马利肯（左）和伍德沃德（右）

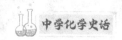

到了20世纪50年代，分子轨道法已在有机合成与结构分析方面得到了广泛的应用，并在理论上取得了重大突破。美国的伍德沃德及其同事霍夫曼在多年的有机合成实践中，特别是维生素B12的合成中，发现大量分子轨道的对称性对反应难易和产物的构型起决定作用，由此联想到原子轨道对称时，内层不参加反应，外层则很容易进行反应，从而提出了分子轨道对称守恒原理（1965年）。1952年，日本的福井谦一提出了"前线轨道"理论。他认为分子轨道中的最高占据轨道（HOMO）和最低空轨道（LUMO）处于反应前线，在反应中起主导作用。这些理论的提出，标志着量子化学由静态跨入了动态研究。

由于合成化学与结构化学的进一步实验，又发现了新键型。有的分子是立方体，有的像花篮，特别是1951年首先在美国被研发和制备的二茂铁，其结构上下都是有机分子，中间夹有一个金属原子，好像一个夹心面包。这种稳定结构无论是用共价电子理论还是分子轨道理论，都很难解释，而配位场理论就是在这种形势下综合考虑了配位体与中心离子的静电作用力和共价作用力而迅速发展起来的。

1952年英国的欧格耳在研究晶体场理论的基础上，进一步考虑了分子轨道理论，把d轨道的能级分裂看成静电作用和生成共价分子轨道的综合结果，提出配位场理论。该学说把晶体场理论和分子轨道理论看成它的两种极限情况，成功解释了络合物的颜色、磁性、络合催化及羰基络合物和金属有机物的结构。

在量子化学理论阶段，人们从不同角度阐述对分子中电子运动的认识，回答了电子为什么以及如何实现化学结合，无论是认识对象客观的电子运动还是认识本身，都达到了辩证统一。

# 第七章

# 品味电化学发展史

电化学是一门古老而又年轻的化学。一般公认，电化学起源于1791年意大利解剖学家路易吉·伽伐尼发现解剖刀或金属能使蛙腿肌肉抽缩的"动物电"现象。19世纪末，能斯特电极过程热力学的研究和20世纪30年代德拜–休克尔溶液电化学的研究取得重大的进展，形成电化学发展史上两个光辉时期。20世纪40年代末、50年代初，电化学瞬态研究方法的建立和发展，促进了电化学界面和电极过程宏观动力学研究的迅速发展。美国阿波罗号宇宙飞船上成功使用燃料电池作为辅助电源，刺激了电化学的迅猛发展。

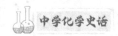

# 第一节　莱顿瓶

　　电是人类日常生活中不可缺少的能源，人类最早发现的电现象是摩擦起电。那时古希腊正处于文化昌盛的时期，贵族妇女外出时喜欢穿柔软的丝绸衣服，戴琥珀首饰。琥珀作为当时最贵重的装饰品，人们外出时总把它擦得干干净净。但是，不管擦得多干净，它很快就会吸上灰尘。泰勒斯研究这个神奇的现象，注意到挂在颈项上的琥珀首饰在人走动时不断晃动，频繁地摩擦人们身上的丝绸衣服，从而得到启发。经过多次实验泰勒斯发现，用丝绸摩擦过的琥珀确实具有吸引灰尘、小绒毛、麦秆等轻小物体的能力。大约1600年，英国威廉·吉尔伯特进一步提出，除琥珀外，玻璃、硫黄、云母、钻石等都有这种神奇的性质，他将这种现象称为"电"。因此，"电"这个名词是由希腊语"琥珀"转来的。希腊人将琥珀称为"electricus"，"electricity（电）""electron（电子）"等现代英文词汇均来自琥珀的希腊名称。

　　直到18世纪末，大家对于电的研究主要还是静电。摩擦能够生电，这种电又可以通过感应，使别的物体也带上电。例如，用丝绸摩擦一根玻璃棒，使它带上正电荷，再把它靠近一个金属球，因为金属是导电的，电荷电能在它上面自由移动，根据同性相斥、异性相吸的原理，金属球上的负电荷就会向带有正电荷的玻璃棒的方向移动，正电荷就会向反方向移动。金属球靠近玻璃棒的一端就带负电，另一端带正电，这个过程叫感应起电。

　　富兰克林的雷电实验，也属于摩擦生电和感应起电的范畴。1752年6月的一天，阴云密布，电闪雷鸣，一场暴风雨就要来临了。富兰克林和他的儿子威廉一道，带着上面装有一个金属杆的风筝来到一个空旷地带。富兰克林高举起风筝，他的儿子则拉着风筝线飞跑。由于风大，风筝很快就被放上高空。刹那，雷电交加，大雨倾盆。富兰克林和他的儿子一道拉着风筝线，父子俩焦急地期待着，此时，刚好一道闪电从风筝上掠过，富兰克林用手靠近风筝上的铁丝，立即掠过一种恐怖的麻木感。他抑制不住内心的激动，大声呼喊："威廉，我被电击了！"这是因为在炎热的夏天，地面上的水汽迅速蒸发、上升，和空气发生剧烈摩擦，带上了电。在实验中，富兰克林和风筝，风筝顶上的铁丝、下面的铁钥匙，构成一个大导体。如果风筝附近的雷雨云带的是正电，风筝上的铁丝就带负电，下面的铁钥匙就带正电，这就是静电感应。

图7-1　富兰克林的雷电实验

后来的一个世纪，科学家们一直在用静电发生器产生静电，将静电储存在莱顿瓶的内外锡箔上。莱顿瓶发明于1745年，是最早的电容器，能够存储电荷。莱顿瓶以莱顿大学命名，许多早期实验都在此进行。这些设备虽然很不起眼，但代表了"电"历史上的巨大突破。

这里的莱顿瓶是由一个玻璃罐组成的，它使两个导体绝缘。导体本身是薄片锡箔的形式，一个包裹在罐子的外面，另一个衬在里面。罐子里面挂着一条金属链。这条链条连接一根黄铜杆，该杆向上延伸穿过绝缘木盖并终止于一个球。整个设置是接地的，这意味着它连接到地球（或连接到地球上的其他东西）才算完成电路。

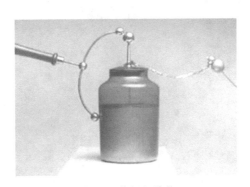

图7-2　莱顿瓶结构

电流中的电子穿过导线到达黄铜棒。这些电子沿着金属棒向下传导，经过链条，然后到达与链条相连的罐子的内衬。但在那里它们遇到了障碍，因为它们的路被玻璃挡住了，玻璃充当绝缘体（也称为电介质），它们只能积聚在内部金属衬里中。同时，在玻璃的另一侧，金属外衬中的电子被内衬上积累的电子排斥，被排斥的电子在导体上留下正电荷，所以最终得到两块等价但电荷相反的金属板。

现在，我们把电困在了罐子里，将"放电魔杖"靠近充电的莱顿罐，魔杖的一端靠近带负电的金属球，另一端靠近罐子外带正电的衬里。有了这条通路，这些带相反电荷的粒子将在魔杖足够接近时，以戏剧性的小闪光跳过火花隙并相互冲撞。

莱顿瓶很快在欧洲引起了强烈的反响，电学家们不仅利用它做了大量的实验，而且做了大量的示范表演，例如用它来点燃酒精和火药。其中最壮观的是法国人诺莱在巴黎一座大教堂前所做的表演，他邀请了路易十五的皇室成员临场观看。他让700名修道士手拉手排成一行，队伍全长达900英尺（约275米），然后，让排头的修道士用手握住莱顿瓶，让排尾的修道士用手握住瓶的引线，瞬间，700名修道士因受电击几乎同时跳起来，在场的人无不为之目瞪口呆。诺莱特以令人信服的证据向人们展示了电的巨大威力。

作为原始形式的电容器，莱顿瓶曾被用来作为电学实验的供电来源，也是电学研究的重大基础。莱顿瓶的发明，标志着对电的本质和特性进行研究的开始。但莱顿瓶的放电时间很短，不能提供稳定的电源。所以，靠静电产生稳定的电流是不行的，必须有一种新的电源。

# 第二节 历史上第一个化学电源——伏打电堆

帕维亚大学的物理学教授阿里山德罗·伏打（Alessandro Volta，1745—1827）并不同意伽伐尼的观点（两种不同的金属与蛙的肌肉接触会产生电流），他认为这是不同金属在盐溶液中形成的原电池现象，蛙腿抽动的电能不是来自青蛙，而是来自与蛙腿接触的金属。1792年，伏打重复了伽伐尼的实验。他发现，当挂钩和支架采用同种金属时，蛙腿没有抽搐，而用两种不同金属连接而成的金属线分别碰触青蛙的腿和背时，青蛙发生抽搐。为了解释这一现象，伏打提出"接触电"的假说，认为各种金属含有不同数量的电流体，当两种金属通过潮湿的导体形成回路时，电流会从电流体含量高的金属流向含量低的金属。

怎样才能证实生物电的产生是金属造成的呢？1799年，伏打把一个金属锌环放在一个铜环上，再用一块浸透盐水的呢绒环压上，再在呢绒上放上锌环、铜环，如此重复下去，金属环与呢绒叠成了一个柱状体，便产生了明显的电流。这就是后人所称的伏打电堆或伏打电池——人类的第一种电池。

图7-3 伏打和他发明的"伏打电堆"

1800年，伏打最终证明了自己的理论。但人们的鼓掌欢呼，在伏打看来已无关紧要，因为他最想展示给的那个人——伽伐尼，已经在坟墓里躺了两年。此后伏打又进一步改进了伏打电堆。因为两块金属板产生的电压太低，他就将六个这样的单元串在一起，从而获得了将近4V的电压。虽然这个电压在今天不算什么，几个小电池串起来就能办到，但在当时还是引起了轰动。伏打电堆是原电池（即自发电池）的前身，它提供了恒稳的电流，为电学的进一步发展和电化学的创建开辟了道路。电化学是研究电运动和化学运动相互转化的科学，它的形成取决于电学和化学的发展水平；反过来，电化学的形成和建立又促进了电学和化学的发展。

# 第三节　化学与电的结缘

伏打电堆为科学实验提供足够的电能，也为随后的"电气时代"拉开了帷幕。不久后，英国化学家尼科尔森和卡莱尔根据伏打的原理制造了英国第一个电池，并很快用于水的电解实验。当时水被认为是一种元素，伏打电池的电解实验证实了水是氢和氧组成的化合物，这在欧洲科学界引发了轰动。

在利用电进行实验的众多科学家中，以戴维的研究最为深入，成果最为突出。戴维在研究中不但利用了伏打电堆这种当时先进的实验工具，而且进一步思考了以下的问题：电既然可以分解水，那么，它对盐溶液、固体化合物会产生什么作用？带着这个问题他开始研究电流对各种物质的电解作用。在熟悉伏打电池的构造和性能的基础上，戴维组装了一个特别大的电堆用于实验。他将铜、锌环交替叠放，铜、锌环之间用盐水浸湿的毛毡片隔开，再把所有的铜环和锌环分别用导线连接，然后引出两根电极。戴维对大电堆产生的强大电流和直流高压开展了一系列的研究。首先选择苛性钾（成分为氢氧化钾）作为第一个研究对象。开始他将苛性钾制成饱和水溶液进行电解，结果在电池两极分别得到氧气和氢气，加大电流强度仍然没有其他收获。经过分析，他认为是氢氧化钾饱和水溶液中的水干扰了实验结果，因为尼科尔森和卡莱尔采用伏打电池电解水的产物恰恰是氧气和氢气。找到原因后，随后他决定直接加热固体氢氧化钾，使其在熔融状态下进行通电实验。在新的实验条件下，戴维获得了成功，在化学史上首次制成了金属钾。钾的发现使戴维沉浸在狂热激奋之中，他一鼓作气，又用几天的时间，从碳酸钠中电解出金属钠。随后戴维成功地制取了金属钙、汞、镁、锶和钡。

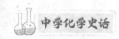

图7-4　电化学理论创立者——戴维

　　戴维利用电化学实验不仅制取了许多一般化学还原方法无法获得的活泼金属单质，还纠正了"所有的酸中都含有氧"这一错误观点，使人们对酸的组成有了正确认识。

　　有人说，戴维的伟绩中最伟大的是发现与培养出另一个伟大的化学家法拉第（Michael Faraday），从法拉第在电化学上所做出的杰出贡献来看，这话是不过分的。为了让自己的学生见见世面，戴维从1813年至1815年带领法拉第到国外去旅行。法拉第在法国和意大利接触了许多著名的学者，这使得他在学术上受益匪浅。

　　法拉第曾在物理和化学两个领域里进行了深入的研究工作。1883年他在关于电解的研究工作中，发现了电流与分离析出的物质量的关系，即用相同的电量分离析出的各种物质的化学当量总是相同的，这就是有名的法拉第电解定律。他在报告中谈道："用同一电量分离析出的物质量之比称为电化学当量，氢、氧、氯、碘、铅和锡的电化学当量分别为1、8、36、125、104、58。"法拉第不仅发现了电解定律，而且还提出了至今仍在沿用的电化学概念。如电极、阳极、阴极、离子、阳离子、阴离子、电解质、电解等，都是他和霍艾尔提出来的。

　　这个历史时期，人们通过化学反应获得了稳定的直流电源，并且，更具有意义的是，人们不再以获得电源为目的，而是把它作为探索研究化学世界的工具。至此，化学与电已开始结缘。

# 第四节 电化学在化学电源中的应用

化学电源（chemical power source）是一种能将化学能直接转变成电能的装置，它通过化学反应，把化学物质的能量转换成电能，输出电能。人们按照这些装置在使用过程中性质，把它们分为干电池、蓄电池、燃料电池；按电池中电解质性质，把它们分为锂电池、碱性电池、酸性电池、中性电池。

## 一、蓄电池技术的发展史

自伏打1799年发明世界上第一个电池——伏打电堆之后，人类逐步进入了电气时代，但如何得到高效、安全、存储能量大的蓄电池一直是一个难题，不少科学家为之付出了毕生的心血。蓄电池又称可充电电池或二次电池，是指通过可逆的电化学反应积累和储存能量，可以多次充电和放电的电池。

图7-5 约翰·弗雷德里克·丹尼尔和"丹尼尔电池"

1836年，英国科学家丹尼尔使用稀硫酸作电解液，创造了一个能保持平衡电流的锌铜原电池，也称"丹尼尔电池"。此后又陆续有充放电效果更好的"本生电池"和"格罗夫电池"等问世。但这些电池的电压都会随使用时间而

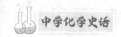 

下降。

1859年，法国物理学家普兰特发明了铅酸蓄电池，为后来汽车用电开辟了道路。他的第一个铅酸蓄电池中有两块卷成螺旋状的铅片，其中用橡皮隔开，浸没在浓度为10%的硫酸溶液中。在此之前的电池只能使用一次，而普兰特造出了第一个放电后能重新充电，可以反复使用的蓄电池。然而，这种电池也需要在两个电极之间灌装液体，特别是蓄电池所用液体是硫酸，在挪动时十分危险。

图7-6 雷蒙德·路易斯·加斯顿·普兰特和铅酸蓄电池

铅酸蓄电池的发明至今已经有100多年的历史，因其价格低廉、原材料易于获得、使用上有充分的可靠性、适用于大电流放电及广泛的环境温度范围等优点，在化学电源中一直占有绝对优势。

1899年，瑞典人瓦尔德马尔·荣纳（Waldemar Jungner）发明了镍镉电池（镍为阴极、镉为阳极，采用液体电解液），也就是我们小时候常常会用到的随身听、四驱车所用的充电电池，为现代电子科技打下了基础。

1989年，第一款商业镍氢电池问世（阳极为金属氢化物或储氢合金、阴极为氢氧化镍），研发耗时超过20年，由戴姆勒-奔驰（今梅赛德斯-奔驰）公司和德国大众汽车公司赞助。通过新的配方，镍氢电池相较于镍镉电池提高了能量密度，并且减少了污染。更重要的一点是，镍氢电池没有"记忆效应"，所以不必像镍镉电池一样担心使用问题。

## 二、锂离子电池的发展史

随着社会的不断发展，电的广泛应用使得人们对电的来源的研究不断加深。1991年，索尼公司推出了第一款商业锂离子电池，以低密度金属元素锂作为主要构成，大大提高了电池的能量密度和便携性。

　　锂元素是由约翰·奥古斯特·阿尔弗德森于1817年发现的。锂的特性决定了它非常适合做高能量密度、高电压的电池。但是由于锂活性过高，所以遇到水或者空气都可能发生剧烈反应以至于燃烧和爆炸，要怎么样"驯服"它成为电池发展的关键。此外，寻找一种适合做阴极的材料，成为研究者争相追逐的目标。

　　1970年爆发过一次石油危机，M·斯坦利·惠廷厄姆（M. Stanley Whittingham）决定致力于研发新的能源科技摆脱石油的束缚。一开始他专注于研究超级导体，然而偶然发现了一种包含巨大能量的物质，可以作为锂离子电池的阴极。经过多年的试验和研究，M·斯坦利·惠廷厄姆最终采用硫化钛锂（$Li_xTiS_2$）作为阴极材料，金属锂作为阳极材料，制成了一款锂离子电池，其电压可达到2.5V，并且在几乎不损失电量情况下循环充放电1100次。但是，由于阳极材料中含有金属锂，且活性太高，该电池非常不稳定，容易发生燃烧或爆炸情况。

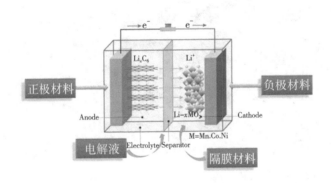

图7-7　锂离子电池工作示意图

　　出现问题后，科学家们想起了1938年德国化学家吕多夫（Rüdorff）提出的理论，"离子转移电池"办法。于是决定采用一种可以替代金属锂作为阳极的材料——石墨，阳极材料的作用就是释放电子，而石墨的特性可以使电子储存在碳元素之间，虽然石墨相较于金属锂储存电子的能力差一些，但是更加安全。基于此，约翰·古迪纳夫（John Goodenough）也在研究阴极材料的改善，他预测氧化锂化合物比硫化锂化合物要更为适宜。在经过一系列的试验研究后，1980年，古迪纳夫向外界展示了钴酸锂（$Li_xCoO_2$）作为阴极的锂离子电池。由于采用了石墨作为阳极，这款电池部分处理了"锂枝晶"现象，减少了内部短路现象，又因为其阴极材料的选取，将电压提高至4V（甚至可以达到

5V），总体来说，相较于惠廷厄姆的锂离子电池性能好很多、安全很多。

由于该思路过于前卫，当时没有任何一家公司敢接纳古迪纳夫的发明，甚至他的母校牛津大学都不愿意为其申请专利。但索尼公司向他伸出了橄榄枝，而这一技术让索尼一跃成为锂离子电池行业老大。然而有一位科学家认为这还不够，日本的吉野彰（AkiraYoshino）以古迪纳夫的锂离子电池为基础，将阳极材料从石墨改为了石油焦。虽然同为碳元素组成，但是以此达到了轻量化和耐久性。这款电池能够充放电几百次也不失去性能。

从古迪纳夫开始，这两种锂离子电池已经不是靠化学反应产生电能，而是"单纯"地由阴阳两极之间的电子流动产生电流，而这种能量纯粹来自外界充入的"过量"电子，存贮于两极之间，用于做功。2019年诺贝尔化学奖，授予了三位"为锂离子电池作出巨大贡献"的科学家，分别是约翰·古迪纳夫、M·斯坦利·惠廷厄姆和吉野彰。

图7-8　钴酸锂电池

### 三、燃料电池的发展史

锂离子电池虽然使用次数较传统蓄电池提高了不少，但受制于电极材料以及导电介质的损耗，长期使用仍然会出现鼓包的现象，因此还是存在使用寿命限制，人们便将目光转向了燃料电池。燃料电池是一种将存在于燃料与氧化剂中的化学能直接转化为电能的发电装置。燃料和空气分别进入燃料电池，电就被奇妙地生产出来。它从外表上看有正负极和电解质等，像一个蓄电池，但实质上它不能"储电"，而是一个"发电厂"。

燃料电池的历史可以追溯到19世纪英国法官和科学家威廉·罗伯特·格鲁夫的工作。1839年，格鲁夫所进行的电解作用实验——使用电将水分解成氢和氧——所用装置是人们后来称之为燃料电池的第一个装置。

　　格鲁夫推想到，如果将氧和氢反应就有可能使电解过程逆转产生电。为了证实这一理论，他将两条铂金分别放入两个密封的瓶子中，一个瓶子中盛有氢，另一个瓶子中盛有氧。当这两个瓶子浸入稀释的硫酸溶液时，电流开始在两个电极之间流动，盛有气体的瓶子中就生成了水。为了升高所产生的电压，格鲁夫将几个这种装置串联起来，终于得到了他所说的"气体电池"。

　　"燃料电池"一词是1889年由路德维希·蒙德和卡尔·兰格创造的，他们当时试图用空气和工业煤气制造第一个实用的装置。但人们很快发现，如果要将这一技术商业化，必须克服大量的科学技术障碍。因此，人们对格鲁夫发明的兴趣便开始减弱了。

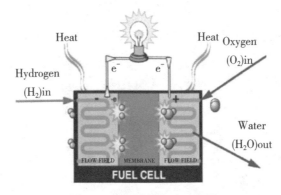

图7-9　氢氧燃料电池示意图

　　1932年，剑桥大学的工程师弗朗西斯·培根博士想到了蒙德和兰格发明的装置，并对其原来的设计做了多次修改，包括用比较廉价的镍网代替铂金电极，以及用不易腐蚀电极的硫酸电解质代替碱性的氢氧化钾。培根将这种装置叫作培根电池，它实际上就是第一个碱性燃料电池（AFC）。不过，在经历27年后，培根才真正制造出能工作的燃料电池。1959年，他生产出一台能足够供焊机使用的5kW机器。不久，人们很快发现，除培根之外，艾利斯–查尔莫斯（Allis–Chalmers)公司的农业机械生产商哈里·卡尔·伊里克（Harry Karl Ihrig）也在这一年制造出第一台以燃料电池为动力的车辆。哈里·卡尔·伊里克将1008块他生产的这种电池连在一起，这种15kW燃料电池组便能为一台20马力的拖拉机供电。上述发展为今天燃料电池的商业化奠定了基础。

　　20世纪40年代，英国工程师弗朗西斯·托马斯·培根改用液体氢氧化钾为电解液，多孔镍作为电极，扩大了适用催化剂种类，这种设计给燃料电池实用化带来了曙光。20世纪50年代，美国通用电气公司发明了首个质子交换膜燃料电池。20世纪60年代，美国航空航天管理局（NASA）在阿波罗登月飞船上首次使用燃料电池作为主电源，燃料电池因此为人类的登月做出了卓越的贡献。阿波罗号使用的碱性燃料电池总重100kg，总功率1.5kW，电极面积约700平方厘米。

从1968年到1972年，12次飞行任务中燃料电池未出现任何事故。自此之后，燃料电池技术的研究引起各国重视，开始步入快速发展阶段。1993年，加拿大巴拉德动力系统公司推出世界上首辆以质子交换膜燃料电池为动力的车辆，燃料电池开始进军民用领域。20世纪90年代，燃料电池作为清洁、廉价、可再生的能源使用方式逐渐由实验室进入人类社会生活中。

# 第八章

# 元素周期表的发展

19世纪以来，随着分析化学的发展、电化学的兴起以及光谱学的进步，到1869年科学家已发现63种元素。关于各种元素物理以及化学性质的研究资料也已积累丰富。"原子-分子论"在1860年卡尔斯鲁厄会议后，得到公认。原子量、当量、分子量之间的关系经过曲折的发展过程终于得到厘清，很快有了统一正确的原子量。原子价学说的确立又进一步揭示元素化学性质上的一个极重要的方面，阐明了各种元素相化合时在数量上所遵循的规律。于是各种元素间是否存在内在联系的问题，引起了科学家的思考。

元素周期律是最基本的规律之一。元素周期律的发现已成为科学发展史上的一座重要里程碑。门捷列夫创立的元素周期表至今仍几乎挂在世界上每间化学实验室或报告厅的墙上。恩格斯曾经对元素周期律做出如下评价："门捷列夫不自觉地应用黑格尔的量转化为质的规律，完成了科学上的一个勋业。"

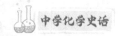

# 第一节　拉瓦锡的《化学概要》

在18世纪后半期，有人开始对元素进行分类的工作。拉瓦锡在1789年出版其历时四年写成的《化学概要》，列出了第一张元素一览表，元素被分为四大类：

图8-1　拉瓦锡

（1）属于气态的简单物质：光、热、氧、氮、氢等元素。

（2）能氧化为酸的简单非金属物质：硫、磷、碳、盐酸基、氟酸基、硼酸基等，其氧化物为酸。

（3）能氧化为盐的简单金属物质：锑、银、铋、钴、铜、锡、铁、锰、汞、钼、金、铂、铅、钨、锌等，氧化后生成可以中和酸的盐基。

（4）能成盐的简单土质：石灰、镁土、钡土、铝土、硅土。

| 1 | Lumière | Light | 光 | 18 | Etain | Tin | 锡 |
|---|---|---|---|---|---|---|---|
| 2 | Calorique | Caloric | 热 | 19 | Fer | Iron | 铁 |
| 3 | Oxygène | Oxygen | 氧 | 20 | Manganèse | Manganese | 锰 |
| 4 | Azote | Azot | 氮 | 21 | Mercure | Mercury | 汞 |
| 5 | Hydrogène | Hydrogen | 氢 | 22 | Molybdène | Molybden | 钼 |
| 6 | Soufre | Sulphur | 硫 | 23 | Nickel | Nickel | 镍 |
| 7 | Phosphore | Phosphorus | 磷 | 24 | Or | Gold | 金 |
| 8 | Carbone | Carbon | 碳 | 25 | Platine | Platina | 铂 |
| 9 | Radical muriatique | Muriatic radical | 盐酸基 | 26 | Plornb | Lead | 铅 |
| 10 | Radical fluorique | Hluoric radical | 氟酸基 | 27 | Tungstène | Tunstein(Tungsten) | 钨 |
| 11 | Radical boracique | Boracic radical | 硼酸基 | 28 | Zinc | Zink | 锌 |
| 12 | Antimoine | Antimony | 锑 | 29 | Chaux | Lime | 石灰（氧化钙） |
| 13 | Argent | Silver | 银 | 30 | Magnésie | Magnesia | 苦土（氧化铁） |
| 14 | Arsenic | Arsenic | 砷 | 31 | Baryte | Barytes | 重晶石（硫酸钡） |
| 15 | Bisrnuth | Bisrnuth | 铋 | 32 | Alumine | Alumine | 矾土（氧化铝） |
| 16 | Cobolt | Cobalt | 钴 | 33 | Silice | Silice | 石英（二氧化硅） |
| 17 | Cuivre | Copper | 铜 | | | | |

图8-2　拉瓦锡的《化学概要》中所列元素表

# 第二节　德贝莱纳的三素组

1829年，德国化学家德贝莱纳（Johann Wolfgang Döbereiner，1780—1849）发现有几个相似元素的组，每组包括三个元素，每组中的元素性质相似，而中间一个元素的化学性质又介于前后元素之间，且它的原子量也近似前后元素原子量的算术平均值。他确定的三素组有：①锂、钠、钾；②钙、锶、钡；③氯、溴、碘；④硫、硒、碲；⑤锰、铬、铁。由于当时发现的元素只有54个，德贝莱纳的分类仅限于局部元素的分组，没能把所有元素作为一个整体来进行研究。但他的元素分类思想启发了后人。

表8-1　德贝莱纳三素组

| Element 1 Atomic mass | Element 2 Actual atomic mass Mean of 1&3 | Element 3 Atomic mass |
|---|---|---|
| Lithium 6.9 | Sodium 23.0 23.0 | Potassium 39.1 |
| Calcium 40.1 | Strontium 87.6 88.7 | Barium 137.3 |
| Chlorine 35.5 | Bromine 79.9 81.2 | Iodine 126.9 |
| Sulfur 32.1 | Selenium 79.0 79.9 | Tellurium 127.6 |
| Carbon 12.0 | Nitrogen 14.0 14.0 | Oxygen 16.0 |
| Iron 55.8 | Cobalt 58.9 57.3 | Nickel 58.7 |

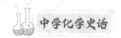

# 第三节　螺旋图

　　周期表可看作是化学元素按原子量增加的一个次序，它揭示了元素性质的周期性变化。在此基础上，钱库尔多斯编制出第一张周期表。钱库尔多斯是法国的一位地质学家，当时正需要一种元素体系以利于他的矿物学研究。他的体系发表于1862年，由一个环绕在圆柱外侧的，与底面成45°的螺旋线组成，各个元素沿螺旋线安置，其高度与其原子量成正比，到元素氧（原子序数为16）完成第一圈。因元素碲位于螺旋线的中部，这种体系被称为"碲螺旋"，反映了作者"物质的性质就是数的性质"的想法。钱库尔多斯第一次认识到每隔7个元素后元素性质发生重现，并将体系描述为"显示不同种类的周期"，他还根据该体系预言了几个金属氧化物的分子式，如$Yt_2O_5$。但这个体系既复杂又笨拙，它包括了几个离子团，例如铵离子，甚至将分子作为元素。钱库尔多斯考虑到这些缺点，称他的体系为"一个实用的框架，一个方便的尺度""在有更理想的发明物代替它前可供使用"。

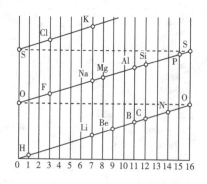
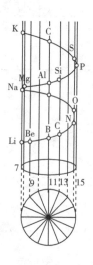

图8-3　螺旋图

1864年奥德林发表了题为《原子量与元素符号》的文章，列出元素表，说明元素性质随原子量的增加会出现周期性变化的规律。对碘和碲他并未顾及它们的原子量，而是按性质安插了它们的位置，并且还在表的适当地方留下了空位，表明他已经意识到尚有未被发现而其性质和本列元素相似的元素。但他的表中仅列出40种元素，对元素的分组也不够确切；对该表也缺乏实质性的说明，但是从形式和认识的深度上看，它比螺旋图更进了一步。他首次从元素的整体上提出了元素的性质和原子量之间存在内在联系，并且提出元素性质的周期性。1865年2月，奥德林又提出另一张与门捷列夫的表更为相似的周期表。

| | | | | | |
|---|---|---|---|---|---|
| | | | Ti=50 | Zr=90 | ?=180 |
| | | | V=51 | Nb=94 | Ta=182 |
| | | | Cr=52 | Mo=96 | W=186 |
| | | | Mn=55 | Rh=104.4 | Pt=197.4 |
| | | | Fe=56 | Ru=104.4 | Ir=198 |
| | | | Ni=Co=59 | Pl=106.6 | Os=199 |
| H=1 | | | Cu=63.4 | Ag=108 | Hg=200 |
| | Be=9.4 | Mg=24 | Zn=65.2 | Cd=112 | |
| | B=11 | Al=27.4 | ?=68 | Ur=116 | Au=197? |
| | C=12 | Si=28 | ?=70 | Sn=118 | |
| | N=14 | P=31 | As=75 | Sb=112 | Bi=210? |
| | O=16 | S=32 | Se=79.4 | Te=128? | |
| | F=19 | Cl=35.5 | Br=80 | I=127 | |
| Li=7 | Na=23 | K=39 | Rb=85.4 | Ca=133 | Tl=204 |
| | | Ca=40 | Sr=87.6 | Ba=137 | Pb=207 |
| | | ?=45 | Ce=92 | | |
| | | ?Er=56 | La=94 | | |
| | | ?Yt=60 | Di=95 | | |
| | | ?In=75.6 | Th=118? | | |

图8–4　奥德林元素周期表

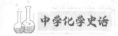 

# 第四节　元素周期表的形成和发展

　　门捷列夫对化学这一学科发展最大贡献在于发现了化学元素周期律。他在批判地继承前人工作的基础上，对大量实验事实进行了订正、分析和概括，总结出这样一条规律：元素（以及由它所形成的单质和化合物）的性质随着原子量（现根据国家标准称为相对原子质量）的递增而呈周期性的变化，即元素周期律。他根据元素周期律编制了第一个元素周期表，把已经发现的63种元素全部列入表里，从而初步完成了使元素系统化的任务。他还在表中留下空位，预言了类似硼、铝、硅的未知元素（门捷列夫叫它们"类硼""类铝"和"类硅"，即以后发现的钪、镓、锗）的性质，并指出当时测定的某些元素原子量的数值有错误。而他在周期表中也没有机械地完全按照原子量数值的顺序进行排列。若干年后，他的预言都得到了证实。门捷列夫工作的成功，引起了科学界的震动。人们为了纪念他的功绩，就把元素周期律和周期表称为门捷列夫元素周期律和门捷列夫元素周期表。

图8-5　门捷列夫和他的元素周期表

　　虽然有些化学家如德贝莱纳和纽兰兹在一定程度和不同角度客观地叙述了元素间的某些联系，但由于他们没有把所有元素作为整体来概括，所以没有找到元素的正确分类原则。年轻的学者门捷列夫毫无畏惧地冲进了这个领域，开始了艰难的探索工作。

　　他不分昼夜地研究着，探求元素的化学特性和它们的一般原子特性，然后将每种元素和它们的原子量记在一张小纸卡上。他试图在全部元素的复杂的特性里捕捉共同性。他的研究一次又一次地失败了，可他不屈服，不灰心，坚持干下去。

　　为了彻底解决这个问题，他又走出实验室，开始外出考察和收集整理资料。1859年，他去德国海德尔堡进行科学深造。两年中，他集中精力研究了物理化学，这使他探索元素间内在联系的基础更扎实了。1862年，他对巴库油田进行了考察，对液体进行了深入研究，重测了一些元素的原子量，这使他对元素的特性有了深刻的了解。1867年，他应邀参加在法国举行的世界工业展览，借在俄罗斯陈列馆工作的机会，参观和考察了法国、德国、比利时的许多化工厂、实验室，大开眼界，丰富了知识。这些实践活动，不仅增长了他认识自然的能力，而且为他发现元素周期律奠定了基础。后来门捷列夫又返回实验室，继续研究他的纸卡。他把重新测定过的原子量的元素，按照原子量的大小依次排列起来。他发现性质相似的元素，它们的原子量并不相近；相反，有些性质不同的元素，它们的原子量反而相近。他紧紧抓住元素的原子量与性质之间的相互关系，不停地研究着。他的脑子因过度紧张，而经常昏眩，但是，他的心血并没有白费，在1869年2月19日，他终于发现了元素周期律。他的周期律说明：简单物体的性质、元素化合物的形式和性质，都和元素原子量的大小有周期性的依赖关系。门捷列夫在排列元素表的过程中，又大胆指出，当时一些公认的原子量不准确，如那时金的原子量公认为196.2，按此在元素表中，金应排在锇、铱、铂的前面，因为它们被公认的原子量分别为198.6、196.7、196.7，而门捷列夫坚定地认为金应排列在这三种元素的后面，它们的原子量都应重新测定。大家重测的结果，锇为190.9、铱为193.1、铂为195.2，而金是197.2。实践证实了门捷列夫的论断，也证明了周期律的正确性。

　　门捷列夫提出的元素周期律及元素周期表没有揭示更深层次的内涵，随着人们对元素的认识不断深入，又产生了一些新的矛盾。例如元素性质为什么会随着原子量的递增而呈现周期性变化？放射性衰变元素如何纳入周期表？

　　自从原子放射性被发现以后，人们透过放射现象逐步认识到原子核内部。

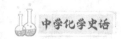 

利用测量放射性的方法在自然界中发现了若干个天然放射性元素，例如1898年居里夫人发现了钋元素（Po）和镭元素（Ra），1899年法国人德比埃尔通过氢氧化铵与稀土元素共沉淀分离出了锕元素（Ac）。

在一系列研究中，门捷列夫提出的元素周期表也面临着巨大挑战，也正是在这些挑战中，元素周期表得到了一步步完善。首先是稀有气体元素的发现使门捷列夫周期表经受了第一次严峻考验。在门捷列夫发明周期表时，还没有一个稀有气体元素被发现。因此，1871年门捷列夫的周期表里没有能够预言这些元素的存在，当然也没有它们的位置。1895年以后的几年内，稀有气体元素陆续被发现。1894年，被称为稀有气体之父的英国化学家莱姆赛（Ramsay W.）在文章《周期律和惰性气体的发现》中曾预言在氦和氩之间，存在一个原子量为20的元素。他还预言存在具有原子量为82和129的两个相似的气体元素。莱姆赛写道："以我们的导师门捷列夫为榜样，我要尽一切努力去找寻久已期待和久经推测的氦和氩之间的气态元素的性质和关系，把空格填补起来。"据此，1896年，莱姆赛排出了一个部分元素周期表。后来的发现证实了这一点。对此，门捷列夫勇于尊重实践，面对新系列元素的发现，指出必须补充元素周期表，由于其当年的"惰性"，于1906年提出的元素周期表中将它们安排在第I族的前面定为零族，使元素周期律理论进一步接受了检验和严峻的考验，进一步完善了周期系，这也构成了一个新的认识循环，并使周期系理论得到了发展。完整的新族形成了，因为新的发现和安排没有跟元素周期律及周期表发生矛盾，零族元素与I族元素的相邻元素之间的原子量差值跟周期表中相邻元素之间的原子量差值基本一致。

莫斯莱定律揭示了元素周期律的本质。19世纪末20世纪初，先进的物理实验新手段（如阴极射线、X射线实验等）不断被应用于实验中，发现了电子、质子、中子和原子核。1911年，卢瑟福提出了带核原子模型，原子的质量主要集中在核上（质子数和中子数合起来表现为原子量），说明了元素的原子量与原子核的联系。同年，英国物理学家巴克拉在实验中发现，当X射线被金属散射时，散射后的X射线穿透能力因金属的不同而不同，说明每种元素都有自己的标识X射线。1913年，莫斯莱进一步研究发现，以不同元素作为产生X射线的靶时，所产生的特征X射线的波长 λ 不同。他将各种元素按所产生的特征X射线的波长排列后，发现其次序与元素周期表中的次序一致，他称这个次序为原子序数（以Z表示）。他还发现Z值与λ之间的经验公式：$\sqrt{(1/\lambda)} = a(Z -$

$b$）。式中，$a$、$b$为常数，$\lambda$为元素的X射线波长，$Z$为元素的原子序数。根据他的研究，还可得出两点重要结论：①周期表中元素的位置是正确的，虽然按照原子量的数值其中有三对的位置是颠倒的，正因为这样，客观上它们已经是按$Z$值排列了；②一种物质中的原子若其$Z$值全部相同，这种物质就是元素物质（单质），至于原子量是否完全一样，不是必要条件。原子序数的发现，真正揭露了元素周期律的本质，"元素性质是其原子序数的周期函数"，并解决了门捷列夫周期律中按原子量递增顺序排列有三处位置颠倒的问题。

卢瑟福利用莫斯莱定律得出结论：原子核的电荷在数值上等于元素的原子序数。元素的性质—元素的原子量—元素的核电荷数—元素的原子序数的有机联系，发展了门捷列夫的元素周期律。这是人们对元素周期律的一个重要的认识发展过程，并且它把元素周期系理论放在更正确、更科学的本质基础之上。

确定镧系元素的数目和在周期表中应占位置再次发展了元素周期律。在1869年，门捷列夫的第一张元素周期表里，无法把镧系元素排放在正确的位置上。虽然在1882年布劳纳·巴恩斯（Brauner B.）、1892年巴塞特·亨利（Basset H.）、1895年汤姆森·尤尔根（Thomsen J.）和罗格斯·约翰逊（Retgers J. W.）、1905年维纳尔·阿尔弗雷德（Werner A.）等众多科学家排列的元素周期表中列出了一些镧系元素的位置，但因15个镧系元素并未全部发现，故镧系元素的总数也就不能确定，其在周期表中的位置也没有被确定。众说纷纭，周期表也没有因为大多数镧系元素的发现而发展。直到1921年，丹麦物理学家尼尔斯·亨利克·戴维·玻尔（Bohr N. H. D.，1885—1962）和其他一些科学家们基于多种元素光谱的研究，提出了电子在原子核外排布的一些规则，建立了近代原子结构理论，又充分考虑到镧系元素性质如此相似，才建立了镧系理论，确定了镧系元素的数目和在周期表中应占的位置，解决了元素周期律中出现的矛盾，再次发展了元素周期表。

锕系理论使近代周期表趋于完整。1940年以前，铀元素始终处于周期系的末端。以往，人们在化学上用"超铀元素"（transuranium element）泛指原子序数在92（铀）以上的重元素。1944年，美国著名核化学家格伦·西奥多·西博格（Seaborg G. T.，1912—1999）根据重元素的电子结构提出了锕系理论，即在周期表中存在着与镧系元素位置相似的另一系列重的过渡元素——锕系元素。这一理论使近代周期表趋于完整：一是为后来逐一合成人工超铀元素指明了方向；二是从电子结构理论出发，说明有可能人工合成出104—118号超重元素，从而完善第七周期；三是为镧系元素放在周期表下单列找到了依据，使近代周期表完善了"对称性占主导地位的形式美"，这是自然界物质运动内在美的体现，是从无序到有序的整合，是自由创造美与自然科学美的结合；四是为周期表延伸的遐想做出了提示。

# 第九章

# 有机化学发展简史

　　人们很早就已利用一些有机物制造在生产和生活中有实际用途的产品。我国古代人民在制糖、酿造、造纸、染色、医药等方面取得了许多成就。明代李时珍在他的《本草纲目》中，详细记载了烧酒的制造工艺，并指出"凡酸坏之酒，皆可蒸烧""以烧酒复烧二次""价值数倍也"。酸坏之酒，其中含少量乙酸，蒸馏时，酒先蒸出，乙酸因沸点较高而未被蒸出，酒精和乙酸得以分离。将烧酒再复蒸两次，就可得到含量约为95%的酒精了。古代的印度、巴比伦、埃及等其他国家也在染色、酿造和制备有机试剂等方面做出了自己的贡献。而有机物质变化的化学知识，在近代才开始系统地探索。

　　18世纪，欧洲一些国家陆续发生了资产阶级革命，以使用机器为特点的大工业得到迅速发展。钢铁、冶金、纺织等工业的迅速发展，需要大量的化学材料和制品。人们从天然有机化合物中提取得到大量有机化合物。如瑞典化学家舍勒在1769至1785年提取到酒石酸、柠檬酸、苹果酸、乳酸和草酸等；有人从尿中分离出尿素（1773年），从动物脂肪中分离出胆固醇（1815年），从鸦片中分离出吗啡（1820年）；另外，有人还分离出含植物碱的药物，如奎宁、番木鳖碱和辛可宁（1820年）等。来自动植物体中的天然化合物的知识积累，使人们愈来愈深刻地认识到这些化合物与从矿物中得到的另一类化合物有着明显的不同，对它们应该有不同的研究方法，这也预示着一门新学科的诞生。

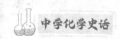

# 第一节 "有机化学"一词的提出

"有机化学"（Organic Chemistry）这一名词于1806年首次由贝采利乌斯（"有机化学之父"）提出。当时是作为"无机化学"的对立物而命名的。由于科学条件限制，有机化学研究的对象只能是从天然动植物有机体中提取的有机物。

18世纪至19世纪初，在生物学和有机化学领域中广泛流行着一种生命力论，认为动植物有机体具有一种生命力，依靠这种生命力，才能制造有机物质，因此有机物只能在动植物有机体内产生而不能由无机物合成。这种脱离实际的神秘的唯心观点，等于宣布用人工方法制造有机物的任何尝试都是徒劳无益的。割断了有机界同无机界的联系，严重阻碍了有机化学的发展。显然，只有打破这种不可知的生命力论的束缚，有机化学才可能具有广阔的发展前途。

德国化学家弗里德里希·维勒（Friedrich Wöhler，1800—1882），因人工合成了尿素，打破了有机化合物的生命力论而闻名。

维勒幼时喜欢化学，尤其对化学实验感兴趣。1820年，他考入马尔堡医科大学学医，但仍常在宿舍中进行化学实验。他的第一篇科学论文主题是"关于硫氰酸汞的性质"，发表在《吉尔伯特年鉴》上并受到著名化学家贝采利乌斯的重视。后来，他到海德堡大学，拜著名化学家格美林（Leopold Gmelin），生理学家蒂德曼（Friedrich Tiedemann）为师。1823年，他取得外科医学博士学位，毕业后在贝采利乌斯的实验室工作一年，以后曾在法兰克福、柏林等地任教。

弗里德里希·维勒上了大学后，很快把他的宿舍变成了不折不扣的化学实验室。一次，这位青年科学家把硫氰酸铵的溶液与硝酸汞溶液混合时，得到了硫氰酸汞的沉淀。他滤出白色沉淀物后，使其干燥，自己就去睡觉了。但他根本就睡不着，离天亮早着呢，时间过得可真慢哪。维勒披衣起床，点燃了蜡烛，又接着做实验了。他把一部分硫氰酸汞放在瓦片上，让它靠近壁炉熊熊燃烧的炭火。不一会儿，瓦片被烧热了，瓦片上的白色粉末开始发出"啪啪"的声响，并在瓦片上分散开。咦，真神了，维勒睁大了眼睛，粉末的颜色由白变黄，而且体积显著地膨胀起来，变得越来越多，越来越大。维勒兴致勃勃地注视着所发生的一切，当响声停止时，他重新取了一些白色粉末，蘸上点儿水，用两只手掌研揉，揉成一条白色的"小香肠"，在瓦片上干燥一会儿，然后就将瓦片的一端猛烈加热，于是，熟悉的噼啪声又响起来了。这时，"小香肠"受热的那一端开始剧烈膨胀，形成了一个大气泡，这个球形的气泡飞快地沿着"小香肠"向另一端滚去，扩展到整个物质。最后，反应停止了，剩下一块不流动的黄色物质。

这一夜维勒彻夜未眠，第二天一起来他就把这个分解反应写了下来。又经过反复试验，他发表了关于硫氰酸汞如何发生热分解的论文，文章虽不长，却引起了大化学家贝采利乌斯的重视和赞许。这件事使青年维勒对自己的力量增添了信心，他因此决定到海德堡去，从而翻开了他人生旅途中崭新的一页。维勒自1824年起研究氰酸铵的合

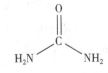

图9-1　尿素结构简式

成，但是他发现在氰酸中加入氨水后，蒸干得到的白色晶体并不是铵盐，到了1828年他终于证明出这个实验的产物是尿素。维勒由于偶然发现了从无机物合成有机物的方法，而被认为是有机化学研究的先锋。

维勒将自己的发现和实验过程写成题为《论尿素的人工制成》的论文，发表在1828年《物理学和化学年鉴》第12卷上。他的论文详尽记述了如何用氰酸与氨水或氯化铵与氰酸银来制备纯净的尿素。随着其他化学家对他的实验的成功重现，人们认识到有机物是可以在实验室由人工合成的，这打破了多年来占据有机化学领域的生命力论。随后，乙酸、酒石酸等有机物相继被合成出来，支持了维勒的观点。

1848年，德国化学家葛梅林首先提出将有机化学定义为研究碳化合物的化学，而肖莱马在1874年从化学结构观点提出：有机化合物是碳氢化合物以及碳氢化合物衍生而得到的化合物及其衍生物。

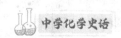

# 第二节 有机物分子结构的确立

　　狭义上的有机化合物主要是由碳元素、氢元素组成，是一定含碳的化合物，但是不包括碳的氧化物（一氧化碳、二氧化碳）、碳酸、碳酸钙及其盐、氰化物、硫氰化物、氰酸盐、金属碳化物、部分简单含碳化合物（如SiC）等物质。有机物结构是有机化学的核心，关键在于确定有机物分子式和结构式，更重要的是掌握确定方法。

## 一、有机物元素分析

　　随着有机物的利用和分离出的有机化合物品种日益增多，有机分析也逐渐发展起来。首先发展起来的是有机化合物的元素分析，其中最重要的是碳氢分析。早在18世纪，拉瓦锡就发现当有机物燃烧后产生二氧化碳和水。他的研究工作为有机化合物元素定量分析奠定了基础。1810年，法国科学家盖·吕萨克和泰纳将有机化合物与氯酸钾混合，放入硬质玻璃管中加热燃烧后，再将生成的气体收集在玻璃瓶中，进行体积测量。他们分析了蔗糖、乳糖、淀粉、石蜡等15种不含氮的有机物，以及纤维蛋白和明胶等4种含氮的有机物，得到了较为准确的分析结果。例如，他们对蔗糖的分析结果，碳为41.36%，氢为6.39%，氧为51.14%，与理论计算值很接近。但此种分析方法不适用于易挥发的有机物，而且有机物与氯酸钾作用常常很激烈，有时还会发生爆炸，因此不安全。1814年贝采利乌斯进一步改进了有机元素分析的方法，他采用苛性钾吸收碳酸气，采用氯化钙吸水，就可以直接称量燃烧后产生的碳酸气和水。他还在氯酸钾中掺杂食盐，可以减缓有机物的燃烧，避免爆炸危险。

　　1830年，德国化学家尤斯图斯·冯·李比希（Justus von Liebig）创立了有机化合物定量分析方法，采用有机物和氧化铜混合燃烧，精确测定生成的二氧化碳和水来确定元素含量，他研究了大量的有机物，确定它们的分子式，这种定量分析大大促进了有机化学的发展。李比希对许多有机化合物进行了分析，得到的结果相当精确。在此基础上，他写出了这些化合物的化学式。

李比希还是一位教育大师，他是第一个将实验引入自然科学教学的人。李比希从法国巴黎回国担任吉森大学的化学教授，立即着手改革德国的传统化学教育体制与教学方式。当时德国大学中的化学教育是将化学知识混杂在自然哲学中讲授，没有专门的化学教学实验室，学生得不到实验操作的训练。李比希深知，作为一个真正的化学家仅有哲学的思辨是不够的，化学知识只能从实验室中获得。于是李比希下决心借鉴国外化学实验室的经验，在吉森大学建立一个现代化的实验室，让青年人在那里训练，培养出一批化学家。李比希还为实验室教学编制了一个全新的教学大纲，它规定学生在学习讲义的同时还要做实验，先用已知化合物进行定性分析和定量分析，然后从天然物质中提纯和鉴定新化合物以及进行无机合成和有机合成；学完这一课程后，在导师指导下进行独立的研究作为毕业论文项目；最后通过鉴定获得博士学位。这种教学体制为现代化学教育体制奠定了基础。

## 二、杜马建立了氮的分析法

德国有位李比希，瑞典有位贝采利乌斯，若在法国寻找这样的化学家，首先就要提到杜马的名字。从化学界的功绩、声望和经历上看，杜马和他们都非常相似，特别是和李比希，甚至在两三个微妙的遭遇上都是相似的。

杜马在16岁时就独自一人离开故乡，奔赴瑞士的日内瓦去投奔熟人，被介绍到药品研究所工作。此后，听过物理学界的皮克泰（M. A. Pictet. 1752—1825）、植物学界的德康多尔（A. P. de Candolle，1778—1841）和化学界的德拉里夫（G. Delarive）等人的讲课。到研究所后，杜马立刻展露出锋芒，受到了老师和高年级同学的赏识，给他以特别的指导，使他不断地取得研究成果。他研究的范围很广泛，涉及草药、医学、生理学、化学和热学以及其他方面，他一生对化学贡献无数，其中最有名的便是"杜马定氮法"了。

图9-2 法国化学家杜马

1831年，杜马首创一种实用的定氮法。这种方法是在燃烧管的前端贮有碳酸铅，在试样分解前，加热碳酸铅，使分解放出的二氧化碳完全排除燃烧管中的空气。试样与氧化铜燃烧后，生成的气体借助碳酸铅分解产生的一氧化碳气

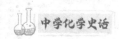 

流进入立于汞槽上内装有氢氧化钾溶液的集气量筒中。燃烧时，偶尔有部分氮转变为氮的氧化物，它们在通过红热的铜粉后被还原，这样有机物中的氮全部被还原为N。

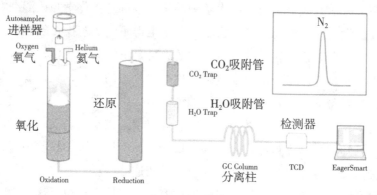

图9-3　杜马定氮仪器的结构原理

## 三、红外光谱

在鉴定有机化合物分子结构的工作中，红外光谱是一种重要的手段，它可以确定有机化合物中存在何种官能团，也可以用来推测物质的纯度。

分子中原子的振动包括伸缩振动与弯曲振动，这两种振动的频率正好位于红外区。

### 1. 伸缩振动

伸缩振动是组成化学键的原子沿着键轴发生伸长和缩短的运动，分为对称伸缩振动与不对称伸缩振动，振动时键长变化，键角不变。伸缩振动的振动频率较高。一些化学键（如C–H）和官能团（如C–O、O–H等）的伸缩振动对应的吸收峰出现在 $1600 \sim 3650 cm^{-1}$。

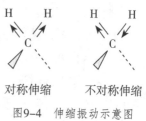

图9-4　伸缩振动示意图

### 2. 弯曲振动

弯曲振动分为面内弯曲振动与面外弯曲振动，面内弯曲振动又分为剪式振动与平面摇摆振动，面外弯曲振动分为非平面摇摆振动与扭曲振动。弯曲振动的特点是键长不变，键角有变化。弯曲振动的振动频率较低，相应的吸收峰均位于 $1600 cm^{-1}$ 以下的指纹区。例如，C–H的面内弯曲振动对应的吸收峰在 $1300 \sim 1475 cm^{-1}$。

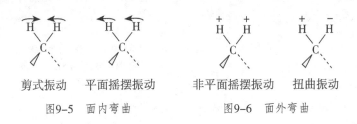

剪式振动　　　平面摇摆振动　　　　非平面摇摆振动　　扭曲振动

图9-5　面内弯曲　　　　　　　　图9-6　面外弯曲

　　当一束红外线通过有机化合物时，只有那些使偶极矩发生变化的振动才能吸收红外线，产生能级跃迁。例如，结构对称的乙炔及2-丁炔等就没有共振吸收。与分子中化学键振动频率相同的红外线引起共振吸收后，在红外光谱仪的记录仪上便可以看到共振吸收峰，吸收峰的频率与化学键的强度及成键原子的质量有关。化学键越强，成键原子的质量越小，吸收峰的频率就越高，例如，O–H、N–H与C–H的吸收峰分别位于$2500 \sim 3650\ \mathrm{cm^{-1}}$、$3300 \sim 3500\ \mathrm{cm^{-1}}$与$2850 \sim 3300\ \mathrm{cm^{-1}}$；反之，则吸收峰的频率就低，例如，C–C和C–N的吸收峰位于$1600 \sim 1690\ \mathrm{cm^{-1}}$。

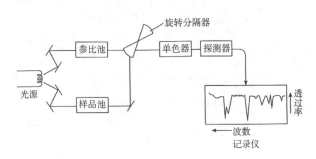

图9-7　简易红外光谱仪工作原理示意图

　　两束相同的红外线，分别通过样品池和参比池（空白或纯溶剂）后，旋转分隔器使它们交替通过，先后进入单色器。单色器将入射光按频率展开，使探测器能够检测到按照频率高低顺序透过样品池和参比池的红外线的强度。然后将它们在同一频率下的透射强度之差作为信号传递给记录仪。记录仪以波数（$\mathrm{cm^{-1}}$）或以波长（$\mu\mathrm{m}$）为横轴的单位，透过率为纵轴的单位，同步地将获得的信号记录下来，便形成与样品相对应的红外光谱。大多数已知化合物的红外谱图已被录入数据库，通过对比便可以得到确认。使用红外光谱仪测定的样品可以是固体、液体。一些醇、酮、羧酸及羧酸酯的红外光谱图分别如下图所示。

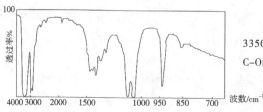

3350cm$^{-1}$左右的吸收来自O-H，
C-O的吸收在1000～1300cm$^{-1}$。

图9-8 乙醇的红外光谱

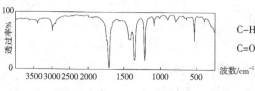

C-H的吸收在2950cm$^{-1}$左右，
C=O的吸收在1680～1750cm$^{-1}$。

图9-9 丙酮的红外光谱

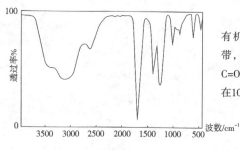

有机酸中的O-H有很宽的吸收
带，位于2500～3500cm$^{-1}$。基中
C=O的吸收在1680cm$^{-1}$左右。C-O
在1030～1200cm$^{-1}$有吸收峰。

图9-10 乙酸的红外光谱

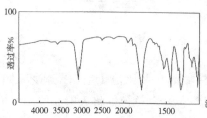

1750cm$^{-1}$附近的吸收与C=O有关。
1200cm$^{-1}$附近的吸收与C-O有关。

图9-11 乙酸乙酯的红外光谱

## 四、质谱

　　质谱分析法是一种通过测量化学物质分子或分子碎片的质量进行分析的方法，所用的仪器称为质谱仪，所得的谱图称为质谱图。因为质谱法能够提供被测物质分子或分子碎片的质量信息，所以它不但能够给出被测物质的相对分子质量，还可以让人们通过分子碎片的质量信息推测分子的结构。高分辨率质谱仪还可以根据高精度相对分子质量数据直接计算出分子式。

质谱仪的工作原理并不复杂。以常用的电子轰击离子化质谱为例，样品分子进入高度真空的离子化室后，在电子束的轰击下，分子失去电子（通常是1个电子）变为正离子，同时也有一部分分子中的共价键被打断，形成若干碎片（包括不带电荷的自由基和带正电的正离子）。它们经过外磁场加速后，通过狭缝进入离子捕集器。质点的飞行轨迹与其质荷比（$m/z$，通常$z = +1$）有关。改变外磁场的强度，可以精密地控制正电荷质点的飞行轨迹，从而能够严格地控制通过狭缝并到达捕集器的质点的质量。质点数则以信号强度的形式被记录下来。逐步改变外磁场，就可以改变进入捕集器的质点的质量，并以谱图形式得到所有质点的质荷比和它们在体系中的相对丰度。大量已知化合物的质谱已被录入数据库，利用计算机可进行查对。质谱分析法已成为一种方便而可靠的仪器分析方法。

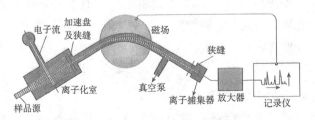

图9-12　质谱仪工作原理示意图

右图为丙酸甲酯的质谱图。A、B、C、D、E等信号峰中，E为分子离子峰，由此可知丙酸甲酯的相对分子质量为88。其他的峰为碎片离子峰，它们附近的强度很小的离子峰和样品分子中所含的同位素（如13C、18O）有关，它们的强度由样品分子中的同位素丰度决定。

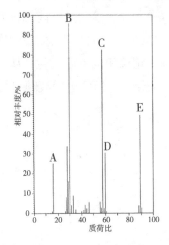

图9-13　丙酸甲酯的质谱图

## 五、核磁共振波谱

质量数为奇数的原子核，如$^1H$、$^{12}C$、$^{15}N$、$^{19}F$和$^{31}P$的核自旋所产生的弱磁场，在强外磁场中可以对某个特定频率的电磁波发生共振吸收，吸收频率和吸收强度可以提供分子结构的信息。在所有的核中，$^1H$的核磁矩最大，吸收信号最强。$^1H$的天然丰度很大，又是有机化合物

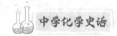

的重要元素组分，而且$^{12}C$和$^{16}O$原子核的质量数恰好为偶数，没有磁矩，所以$^1HNMR$（质子核磁共振谱或核磁共振氢谱）已经成为测定有机分子结构时不可或缺的一种技术。图9-14是简易核磁共振谱仪的结构示意图。

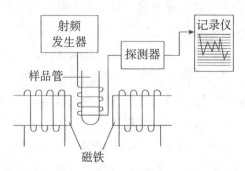

图9-14　简易核磁共振谱仪工作原理示意图

简易核磁共振谱仪由以下几个部分组成：配有精密调控装置的高质量磁铁（能够精密地调节场强）、射频发生器（发射固定频率的电磁波）、探测器（测量样品的吸收信号）、记录仪（谱图中场强高的一方称为高场，低的一方称为低场）。

### 1. 核的自旋与核磁共振现象

带正电荷的氢核自旋后产生磁矩。在没有外磁场作用时，它是任意排列的。但在外磁场作用下，它可以有两种取向，与外磁场方向一致或与外磁场方向相反，前者是低能态，后者是高能态。若向外磁场中的质子辐射一定频率的电磁波，可以使低能态的质子跃迁到高能态。这种在外磁场作用下，质子吸收一定频率的电磁辐射，从核自旋的低能态跃迁到高能态的现象称为核磁共振。质子跃迁所需电磁波频率的大小与外磁场强度成正比。

图9-15　质子自旋产生的磁矩　　图9-16　核磁矩在外磁场作用下的取向

只有外磁场磁感应强度与电磁辐射的频率相匹配时，才能产生核磁共振

132

现象。由于技术上的原因，核磁共振仪一般采用固定电磁辐射的频率，逐渐改变外磁场磁感应强度，即使用扫场的方法来获得核磁共振，而不采用扫频的方法。将样品管放入仪器，以固定频率的电磁波辐照，并逐渐由低场向高场改变磁感应强度，当磁感应强度与电磁波的频率相匹配时，就产生核磁共振。若以吸收强度为纵坐标，磁场强度为横坐标作图，就可以记录到共振信号。

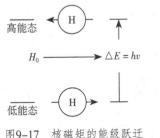
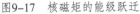

图9-17　核磁矩的能级跃迁

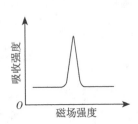

图9-18　核磁共振信号

### 2. 化学位移

氢的磁旋比是一个常数，按照扫场的方法产生核磁共振，则有机化合物中所有的氧原子都应当在同一磁场强度下产生信号，那就没有任何鉴定结构的价值了。实际上，从核磁共振谱图中可以看出，有机化合物分子中处在不同化学环境的氧原子会在不同的磁感应强度下发生共振，给出信号。例如，氯乙烷有两种类型的氢原子，一是甲基上的三个氢原子，二是亚甲基上的两个氢原子。在核磁共振仪上可以得到两个信号，甲基的信号在较高场，亚甲基的信号在较低场。

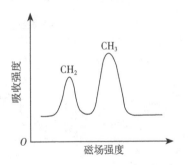

图9-19　氯乙烷的核磁共振氢谱
（低分辨率示意图）

氢原子核外围的电子云在变化外磁场作用下产生感应电流，伴随此感应电流又有一个感应磁场。根据楞次定律，其方向与外磁场的相反。因此，感应磁场的产生会削弱外磁场的磁感应强度，使质子实际感受到的磁感应强度减弱，也就是质子受到了核外电子的屏蔽，受屏蔽的质子要在稍高的外加磁感应强度下才能发生共振。在氯乙烷分子中，亚甲基受氯原子电负性影响较大，质子外围电子云密度降低较多，因此产生的感应磁场小，屏蔽作用较小，在稍低场就可以发生共振。而甲基上的质子受氯原子电负性影响较小，外围电子云密度较大，产生的感应磁场较大，屏蔽作用也较大，需在稍高场才发生共振。于是，氯乙烷的核磁共振谱就有两个信号。

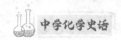
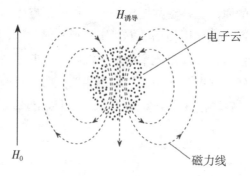

图9-20　核外电子的屏蔽作用示意图

　　但是，乙烯和苯中的质子与氯乙烷中的质子不同，它们处于乙烯和苯的 π 电子环流感应磁场的顺磁方向，质子实受磁场比外磁场的略大，也就是在较低场就能发生共振，质子受到的是去屏蔽作用。

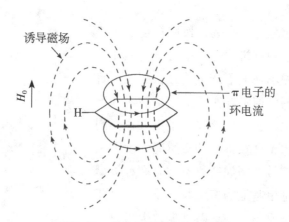

图9-21　苯的去屏蔽作用示意图

　　由于核外电子的屏蔽和去屏蔽作用，引起质子的核磁共振吸收位置发生移动，产生化学位移。在一个分子中，化学环境不同的质子有不同的化学位移，化学环境相同的质子有相同的化学位移。

### 3. 化学位移的表示方法

　　由于核外电子的屏蔽与去屏蔽作用引起的化学位移值相差很小，只有几个ppm（百万分之一），如此微小的变化难以精确测定。现在一般使用相对化学位移，通常以四甲基硅烷（TMS，tetramethylsilane）作为标准物质。

$$CH_3-\underset{\underset{CH_3}{|}}{\overset{\overset{CH_3}{|}}{Si}}-CH_3$$

图9-22　四甲基硅烷结构式

**4. 四甲基硅烷**

化学位移常以 $\delta$ 来表示，$\delta$ 是样品信号与TMS信号的频率差与所用核磁共振仪的电磁辐射频率之比。$\delta = \dfrac{v - v_{TMS}}{v_0}$

如某样品在60MHz核磁共振仪中，测得的信号频率比TMS的低60Hz，相关化学位移的计算方法为：$\delta = \dfrac{60 - 0}{60 \times 10^6} = 1\text{ppm}$

一般有机化合物的化学位移比TMS的大，即在比TMS的信号更低的磁场发生共振。常见基团的氢原子核（质子）的化学位移见图9-22。

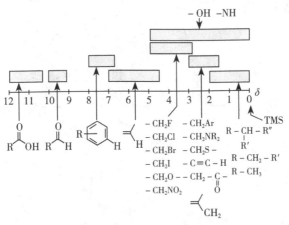

图9-23　质子化学位移示意图

核磁共振氢谱除了体现质子的化学位移，还体现了各种氢原子的相对数目，因为吸收峰的面积与氢原子的数目成正比。例如，根据1，2，2-三氯丙烷的核磁共振谱图作出吸收峰的积分曲线，比较各吸收峰积分曲线的高度，就可以得到它们所对应的原子的相对数目。

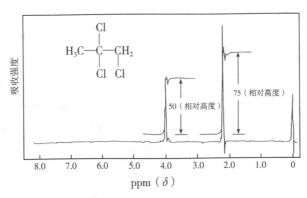

图9-24　1，2，2-三氯丙烷的核磁共振氢谱

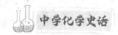

### 5. 自旋—自旋耦合

对比氯乙烷分别在高分辨率与低分辨率核磁共振仪中得到的图谱，不难发现原来的两个峰分别成了多重峰，甲基峰裂分成三重峰，亚甲基峰裂分成四重峰。这种峰的裂分现象是相邻氢核自旋产生的磁场相互作用的结果，人们称之为自旋–自旋耦合，或称自旋耦合。

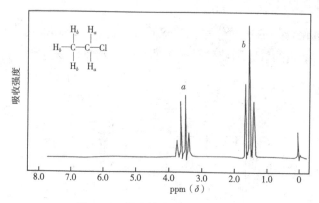

图9-25　氯乙烷的核磁共振氢谱

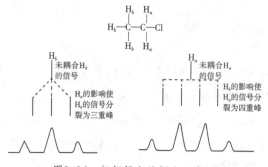

图9-26　相邻氢自旋耦合示意图

一般情况下，只有相邻碳上的氢才发生自旋裂分现象。若间隔一个碳原子便无此现象，如1，2，2-三氯丙烷只有两个单峰，因为自旋耦合是沿着成键电子传递的。若以n代表相邻氢的数目，则该质子裂分峰的数目为n＋1。

综上所述，从核磁共振氢谱图中可以得到有机化合物分子结构的如下信息：

（1）根据峰的组数可知有几种类型的氧原子；

（2）根据峰面积（积分曲线的高度）可知各类氧原子的相对数目；

（3）根据峰的裂分数可知相邻氢原子的数目；

（4）根据峰的化学位移数值可知各类型氧原子可能所属的化学构造。

要分析清楚一个有机化合物的分子结构，还要结合其他谱图（如红外光谱图等），以及它的元素分析数据、物理常数、化学性质等进行综合判断，才能获得正确的结果。

## 六、单晶-X射线衍射

1895年，伦琴发现了X射线。X射线是由高速电子撞击原子产生的一种电磁辐射，波长在0.01～10.00nm。产生X射线的途径主要有四种：用高能电子束轰击金属靶；用初级X射线照射物质后产生二级射线——X射线荧光；用放射性同位素源衰变产生；从同步加速器辐射源获得。当X射线照射固体物质时，一部分透过晶体产生热能，另一部分产生散射、衍射和X射线荧光，还有一部分将其能量转移给晶体中的电子。

目前，X射线衍射谱是测定晶体结构的重要手段。晶体衍射X射线的方向与构成晶体的晶胞大小、形状及入射X射线波长有关，衍射光的强度与晶体内原子的类型和晶胞内原子的位置有关。所以，从衍射光的方向和强度来看，每种类型的晶体物质都有自己的特征衍射图，可用作定性分析的依据。

实际工作中常用的是多晶粉末衍射法和单晶衍射法。多晶粉末衍射法常用来测定立方晶系晶体结构的点阵形式、晶胞参数及简单结构的原子坐标，还可以对固体试样进行物相分析。自然界中固态物质多数以多晶形式存在，每一种晶态物质都有其特定的结构，因此实验中得到的各种晶态物质的粉末衍射图都有不同的特征。根据这些特征编成X射线粉末衍射谱图数据库，将未知晶体物质的衍射图进行比对，即可测得该物质的成分。如果样品是混合物，还可以据谱线的强度和位置确定其组成。另外，多晶粉末衍射法还可以测定固体催化剂、高聚物及蛋白质粒子的大小。

单晶衍射法能获得更多的晶体结构数据，其主要仪器是四圆衍射仪。将四圆衍射仪测出的单晶衍射数据用计算机进行结构解析，能迅速得到有关晶体结构的信息。例如，右图是通过该方法获得的β-间苯二酚晶体的电子密度图，可据此获取该晶体的晶胞参数，还可以获取该有机化合物分子中共价键的键长、键角等数据。

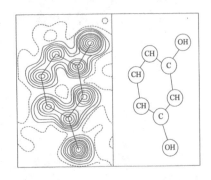

图9-27 β-间苯二酚晶体的电子
密度图及相应的分子结构

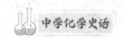

# 第三节　有机分子中的电子效应

有机化合物分子中化学键的极性影响着有机反应中化学键的断裂与形成。影响有机化合物分子中化学键极性的电子效应有诱导效应、共轭效应、超共轭效应和场效应。

## 一、诱导效应

由于有机化合物分子中原子或基团的极性不同而引起成键电子云沿着原子链向某一个方向移动的效应称为诱导效应。其特点是电子云沿着原子链传递，诱导效应随着距离的增加迅速减弱。

诱导效应一般以氢原子为比较标准，如果原子或基团的吸电子能力比氢的强，则称其具有吸电子诱导效应；如果原子或基团的给电子能力比氢的强，则称其具有给电子诱导效应。

诱导效应的强弱可以通过测量偶极矩进行比较。如果一个原子或基团取代了乙酸中的氧原子，诱导效应会改变羧酸的电离常数，通过测量电离常数也可以推断这些原子或基团诱导效应的强弱。诱导效应的强弱一般具有以下规律。

（1）与碳原子直接相连的原子，电负性越大，其吸电子诱导效应越强。

$-F>-Cl>-Br>-I$

$-OR>-SR$

$-F>-OR>-NR_2>-CR_3$

（2）与碳原子直接相连的基团，不饱和度越大，其吸电子诱导效应越强。

$-C\equiv CR>-CH=CR_2>-CH_2CR_2$

（3）带正电荷的基团具有吸电子诱导效应，带负电荷的基团具有给电子诱导效应。

不同原子或基团的诱导效应强弱不同，一般有如下顺序。

吸电子诱导效应：$-NO_2>-CN>-F>-Cl>-Br>-I>-C\equiv CR>-OCH_3>-OH>-$

$C_6H_5->-CH=CR_2>-H$

给电子诱导效应：$(CH_3)_3C->(CH_3)_2CH->CH_3CH_2->CH_3->-H$

诱导效应的大小还可能受原子或基团所在化合物的不同，以及取代后原子间的相互作用等因素的影响而有所不同。

## 二、共轭效应

在共轭体系中，由于原子间的相互影响而使体系内的π电子（或p电子）分布发生变化的一种电子效应称为共轭效应。

共轭效应也有吸电子效应和给电子效应。若共轭体系上的基团能减小体系的π电子云密度，则该基团有吸电子共轭效应，如$-NO_2$、$-CN$、$-COOH$、$-CHO$、$-COR$等。若共轭体系上的基团能增大体系的π电子云密度，则该基团有给电子共轭效应，如$-NH_2$、$-NHCOR$、$-OH$、$-OR$、$-OOCR$等。

原子或基团的诱导效应和共轭效应的方向可能一致，也可能不一致，总的电子效应取决于诱导效应和共轭效应的相对强弱。共轭效应只能在共轭体系中传递，但无论共轭体系有多大，共轭效应都能贯穿整个共轭体系。

表9-1 醛基、氨基和氯原子的诱导效应、共轭效应与总的电子效应

| 结构简式 | 诱导效应 | 共轭效应 | 总的电子效应 |
|---|---|---|---|
| $CH_2=CHCH=CHCHO$ | 吸电子 | 吸电子 | 吸电子 |
| $CH_2=CHCH=CHNH_2$ | 吸电子 | 给电子 | 给电子 |
| $CH_2=CHCH=CHCl$ | 吸电子 | 给电子 | 吸电子 |

## 三、超共轭效应

当C-Hσ键与π键（或p轨道）处于共轭位置时，也会产生电子的离域现象，这种C-Hσ键电子的π离域现象，称为超共轭效应。例如，丙烯中甲基上的C-H与碳碳双键中的π键之间存在超共轭效应，其结果使得甲基上C-H的电子向π键离域，该C-H的极性变强，氢原子更易于被取代。

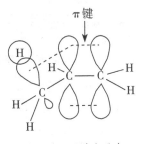

图9-28 丙烯分子中的σ-π超共轭效应

超共轭效应都是向π键给电子的，其大小与π键相邻碳原子上C-H的数目有关。C-H的数目越多，超共轭效应越大。超共轭效应的大小顺序为：$CH_3->RCH_2->R_2CH->R_3C-$。

## 四、场效应

场效应是一种空间的静电作用，即基团在空间产生电场，对另一端共价键的极性产生影响。例如，丙二酸氢根中的羧基负离子除了对另一端的羧基有给电子诱导效应，还存在场效应。两个效应都使羧基不易电离出氢离子，导致酸性减弱。场效应一般与诱导效应同时存在。场效应与距离的平方成反比，距离越大，作用越小。

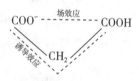

图9-29 丙二酸氢根的诱导效应和场效应

当基团在合适的位置时，场效应和诱导效应的方向也可能是相反的。例如，图9-30所示结构的有机化合物，诱导效应使酸性增强，而C-X偶极的场效应使酸性减弱。

图9-30 相反作用的诱导效应和场效应

## 五、电子效应对有机化合物性质的影响

电子效应影响着有机化合物分子中化学键的极性，因此也影响着有机化合物的某些化学性质。例如，电子效应通过影响羧酸分子中H-O的极性而影响其酸性。

对于羧酸RCOOH，电子效应会影响羧基中H-O的极性，H-O的极性越大，越容易电离出$H^+$，羧酸的酸性越强。当R上有吸电子基团时，H-O的极性增强；当R上有给电子基团时，H-O的极性减弱。某些羧酸的电离常数如表9-2所示。

表9-2 部分羧酸的电离常数

| 羧酸 | $ClCH_2COOH$ | HCOOH | $CH_3COOH$ | HOCOOH |
|---|---|---|---|---|
| 电离常数（25℃） | $1.3 \times 10^{-3}$ | $1.8 \times 10^{-4}$ | $1.8 \times 10^{-5}$ | $4.5 \times 10^{-7}$（Ka1） |

由于Cl-的吸电子诱导效应，$ClCH_2COOH$的酸性比HCOOH的强；而$CH_3$-具有给电子的诱导效应，因此$CH_3COOH$的酸性比HCOOH的弱；HOCOOH中的HO-与-COOH之间存在p-π共轭效应，给电子作用比$CH_3$-的强，因此HOCOOH的酸性比$CH_3COOH$的还弱。

# 第四节　有机反应机理简介

有机化学反应按照化学键断裂或生成的方式可以分为自由基型反应、离子型反应和协同反应；而根据反应物和生成物的结构关系，有机反应可以分为酸碱反应、取代反应、加成反应、消除反应、氧化还原反应和缩合反应等。化学反应是有机化学的重要研究内容，反应机理是对反应过程的详细描述，通过反应机理可以预测反应的产物、反应的速率及影响因素、反应的立体选择性和区域选择性等。

## 一、烷烃的自由基取代反应

甲烷在光照条件下与氧气作用，生成一氯甲烷、二氯甲烷、三氯甲烷和四氧化碳，这是一个自由基型的取代反应。其反应过程包含链引发、链转移和链终止，相应的反应机理如表9-3所示。

表9-3　烷烃的自由基取代反应

| 反应过程 | 化学方程式 | 结果 |
|---|---|---|
| 链引发 | $Cl_2 \xrightarrow{光照} 2Cl\cdot$（共价键均裂） | 产生高能自由基Cl·，引发反应 |
| 链转移 | $Cl\cdot + CH_4 \longrightarrow \cdot CH_3 + HCl$<br>$\cdot CH_3 + Cl_2 \longrightarrow CH_3Cl + Cl\cdot$ | 一个自由基消失，产生另一个自由基，反复循环 |
| 链终止 | $Cl\cdot + Cl\cdot \longrightarrow Cl_2$<br>$\cdot CH_3 + \cdot CH_3 \longrightarrow CH_3CH_3$<br>$Cl\cdot + \cdot CH_3 \longrightarrow CH_3Cl$ | 随着反应物的浓度减小，自由基碰撞的概率增大，自由基消失，反应结束 |

复杂烷烃的自由基取代反应，产物出现的概率取决于碳自由基的稳定性。几种常见的自由基的稳定性顺序为$R_3C\cdot > R_2CH\cdot > RCH_2\cdot > CH_3\cdot$。烷烃上的氢原子被取代的概率可通过氯代产物的比例进行估算，如表9-4所示。

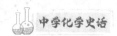 

表9-4　烷烃上的氢原子被取代的概率

| 反应物 | 生成物所占比例 | 氢原子被取代的概率 |
|---|---|---|
| $CH_3CH_2CH_3 + Cl_2$ | $CH_3CH_2CH_2Cl$　45%<br>$CH_3CHClCH_3$　55% | 1° H　45%/6 = 7.5%<br>2° H　55%/2 = 27.5% |
| $CH_3CH(CH_3)_2 + Cl_2$ | $(CH_3)_2CHCH_2Cl$　64%<br>$(CH_3)_3CCl$　36% | 1° H　64%/9 = 7.1%<br>3° H　36%/1 = 36% |

由此可见，三种氢原子的反应性：3° H>2° H>1° H。与之相对应的碳自由基的稳定性越大，氢原子被取代的概率越大。

## 二、烯烃的加成反应

烯烃的加成反应主要有离子型亲电加成机理和自由基加成机理。烯烃与氢卤酸的加成反应是离子型亲电加成，反应过程中产生了碳正离子中间体，反应过程如下：

$HX \rightarrow H^+ + X^-$（共价键异裂）

$CH_2=CH_2 + H^+ \rightarrow CH_3CH_2^+$（慢反应）

$CH_3CH_2^+ + X^- \rightarrow CH_3CH_2X$（快反应）

烯烃的 π 电子与氢离子结合生成碳正离子的反应是反应的速率控制步骤。烯烃双键上的电子云密度越高，氢卤酸的酸性越强，反应越容易进行。

不对称烯烃与氢卤酸加成时，卤原子加到氢原子少的碳原子上的产物是主要产物，遵循马尔可夫尼可夫规则（简称马氏规则）。例如，丙烯与氧化氢的反应：

$$CH_3CH = CH_2 + H^+ \begin{cases} CH_3\overset{+}{C}HCH_3 \xrightarrow{+Cl^-} CH_3CHClCH_3（主要产物）\\ CH_3CH_2\overset{+}{C}H_2 \xrightarrow{+Cl^-} CH_3CH_2CH_2Cl（次要产物）\end{cases}$$

根据电子效应（甲基的给电子诱导效应和超共轭效应），二级碳正离子 $(CH_3)_2CH^+$ 比一级碳正离子 $CH_3CH_2CH_2^+$ 稳定，生成二级碳正离子的活化能低，反应速率快，因此2-氯丙烷是主要产物。

马氏规则的适用范围是双键碳原子上有给电子基团的烯烃。如果双键碳原子上有强吸电子基团（–CN、–NO_2、–COOH等），根据电子效应，其加成方向是反马氏规则的。

$$CH_2 = CHCOOH + HCl \longrightarrow ClCH_2CH_2COOH$$

如果双键碳原子上有–Cl、–OH、–NH$_2$等具有孤电子对的原子或原子团，给电子的p–π共轭效应强于吸电子的诱导效应，因此主要加成产物仍符合马氏规则。

$$CH_2 = CHCl + HCl \longrightarrow CH_3CHCl_2$$

烯烃与氢卤酸的加成反应，由于存在碳正离子中间体，常伴随碳正离子重排的产物。重排的结果是一个较不稳定的碳正离子转变为一个较稳定的碳正离子。碳正离子的稳定性顺序为，$R_3C^+ > R_2CH^+ > RCH_2^+ > CH_3^+$。

在光照或过氧化物作用下，丙烯与溴化氢可发生自由基加成反应，主要产物与马氏规则相反。

$$CH_3CH = CH_2 + HBr \xrightarrow{\text{过氧化物}} CH_3CH_2CH_2Br$$

该反应过程经历链引发、链转移和链终止，其中的链转移过程为：

$$CH_3CH = CH_2 + Br \cdot \longrightarrow CH_3\overset{\cdot}{C}HCH_2Br$$

$$CH_3\overset{\cdot}{C}HCH_2Br + HBr \longrightarrow CH_3CH_2CH_2Br + Br \cdot$$

2° 碳自由基比1° 碳自由基稳定，因此溴原子更倾向于加到丙烯双键末端的碳原子上，生成遵循马氏规则的产物。

## 三、炔烃的加成反应

炔烃与卤素、氢卤酸、水的加成反应是亲电加成，反应机理与烯烃的亲电加成反应相似。由于sp杂化的碳原子比sp$^2$杂化的碳原子吸引电子能力强，碳碳三键的加成反应比碳碳双键的加成反应困难，反应较慢。不对称炔烃与氢卤酸、水的加成反应遵循马氏规则。

乙炔与水的加成反应可在10%H$_2$SO$_4$和5%HgSO$_4$的混合溶液中进行，碳碳三键先与水加成，生成不稳定的产物乙烯醇，乙烯醇很快发生重排，形成稳定的乙醛。

乙烯醇　　　　乙醛

有过氧化物存在时，炔烃与HBr发生自由基加成反应，得到反马氏规则的产物。例如，以下反应中，由于CH$_3$CH$_2$CHBr$\overset{\cdot}{C}$HBr自由基比较稳定，因此产物

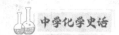

是1，2-二溴丁烷。

$$CH_3CH_2C≡CH + HBr \xrightarrow[]{\text{过氧化物}} CH_3CH_2CH=CHBr$$

$$CH_3CH_2CH=CHBr + HBr \xrightarrow[]{\text{过氧化物}} CH_3CH_2CHBrCH_2Br$$

炔烃还可以发生亲核加成，而烯烃不能发生亲核加成，这是炔烃与烯烃的明显区别。

$$CH≡CH + HCN \xrightarrow[]{\text{催化剂}} CH_2=CHCN$$

以上反应中，CN–首先与碳碳三键进行亲核加成形成碳负离子，再与氢离子结合生成丙烯腈。乙炔等炔烃与含活泼氢的有机化合物（如醇、硫醇、胺、羧酸等）都能发生亲核加成，生成多种合成高分子的单体。

$$CH≡CH + CH_3CH_2OH \xrightarrow[\triangle]{\text{催化剂}} CH_2=CHOCH_2CH_3$$

$$CH≡CH + CH_3COOH \xrightarrow[\triangle]{\text{催化剂}} CH_3COOCH=CH_2$$

乙炔在不同催化剂作用下可以发生自身加成反应，生成链烃或环烃。

$$2CH≡CH \xrightarrow[\triangle]{\text{催化剂}} CH_2=CH—C≡CH$$

$$3CH≡CH \xrightarrow[\triangle]{\text{催化剂}} CH_2=CH—C≡C—CH=CH_2$$

$$3CH≡CH \xrightarrow[\triangle]{\text{催化剂}} \text{（苯环）}$$

$$4CH≡CH \xrightarrow[\triangle]{\text{催化剂}} \text{（环辛四烯）}$$

## 四、芳香亲电取代反应

芳香亲电取代反应是指亲电试剂取代芳香族化合物环上的氢原子的反应，典型的反应有苯环的硝化、卤化、磺化、酰基化和烷基化反应等。这些反应的反应机理基本一致。

$$\text{（苯环）} + E^+ \rightleftharpoons \text{（π络合物）}-E^+ \rightleftharpoons \text{（中间体碳正离子）} \rightarrow \text{（一元取代苯）} + H^+$$

亲电试剂　　π络合物　　中间体碳正离子　　一元取代苯

例如，苯与浓硝酸和浓硫酸的混合酸作用，发生硝化反应的化学方程式为：

$$\text{（苯环）} + HONO_2 \xrightarrow[\triangle]{\text{浓硫酸}} \text{（硝基苯）} + H_2O$$

反应过程中，硝酸在浓硫酸作用下产生硝基正离子。

$$HONO_2 + 2H_2SO_4 \rightleftharpoons H_3O^+ + NO_2^+ + 2HSO_4^-$$

硝基正离子（亲电试剂）进攻苯，形成中间体碳正离子。

中间体碳正离子中的一个质子转移到$HSO_4^-$上，生成硝基苯和硫酸。

一元取代苯进行二元硝化时，已有基团会对其他基团进入苯环的位置产生影响，这种作用称为取代基的定位效应。取代基的定位效应与诱导效应、共轭效应和超共轭效应等电子效应有关。取代基主要分为邻、对位定位基团和间位定位基团。含有邻对位定位基团的一取代苯进行硝化反应时，二元取代产物以邻、对位产物为主；含有间位定位基的一取代苯进行硝化反应时，二元取代产物以间位产物为主。另外，不同的取代基也使苯环发生亲电取代反应的活性有所变化，给电子基团将使苯环的活性升高，称为致活基团；吸电子基团将使苯环的活性降低，称为致钝基团。综合以上两种影响，可将基团分为三类。

（1）致活的邻、对位定位基，它们使苯环上的亲电取代反应易于进行，并使后进入的取代基主要进入原取代基的邻、对位。

（2）致钝的邻、对位定位基，它们使苯环上的亲电取代反应难以进行，并使后进入的取代基主要进入原取代基的邻、对位。

（3）致钝的间位定位基，它们使苯环上的亲电取代反应难以进行，并使后进入的取代基主要进入原取代基的间位。

表9-5　常见取代基的定位效应

| 定位基团 | 邻、对位定位基团 | | | | | 间位定位基团 | |
|---|---|---|---|---|---|---|---|
| 强度 | 最强 | 强 | 中 | 弱 | 弱 | 强 | 最强 |
| 基团 | —O$^-$ | —NH$_2$<br>—OH<br>—OR | —OCOR<br>—NHCOR | —C$_6$H$_5$<br>—CH$_3$<br>—CR$_3$ | —F<br>—Cl<br>—Br<br>—I<br>—CH$_2$Cl | —COR<br>—CHO<br>—COOH<br>—COOR<br>—CN<br>—NO$_2$ | —NR$_3^+$ |

续 表

| 定位基团 | 邻、对位定位基团 | | | | | 间位定位基团 | |
|---|---|---|---|---|---|---|---|
| 强度 | 最强 | 强 | 中 | 弱 | 弱 | 强 | 最强 |
| 基团 | | | | | | —$SO_3H$<br>—$CCl_3$ | |
| 电子效应 | 给电子效应 | | | | | 吸电子效应 | |
| 性质 | 致活基团 | | | | | 致钝基团 | |

例如，甲基是致活的邻对位定位基团，甲苯比苯容易发生硝化反应，主要得到邻、对位产物。

又如，氯原子是致钝的邻对位定位基团，氯苯发生硝化反应比苯要难，主要得到邻、对位产物。

## 五、溴乙烷与$AgNO_3$溶液反应

由于溴原子的电负性较碳原子的大，溴乙烷分子中的溴原子带部分负电荷，碳原子带部分正电荷，形成极性较强的$C^{\delta+} \to Br^{\delta-}$。在化学反应中，带正电荷的碳原子易受到亲核试剂的进攻，最终使$C \to Br$断裂而发生亲核取代反应。加入$AgNO_3$溶液时，溶液中的$H_2O$和$^-ONO_2(NO_3^-)$都是亲核试剂，因此可能发生以下亲核取代反应。

$$CH_3CH_2Br + H_2O \longrightarrow CH_3CH_2OH + HBr$$
$$CH_3CH_2Br + {}^-ONO_2 \longrightarrow CH_3CH_2ONO_2 + Br^-$$

从反应机理上看，前者发生的是双分子亲核取代反应（$S_N2$），其历程如化学方程式（1）所示。由于$H_2O$是一种亲核性弱的中性分子，发生取代反应的速率较$OH^-$等亲核性强的试剂小，其相对速率与$CH_3OH$的相当。而$Ag^+$可与溴乙烷分子中的溴原子结合，生成溶解度极小的溴化银，使溴原子的离去倾向更大；同时形成碳正离子，主要发生单分子亲核取代反应（$S_N1$），其历程如化学方程式（2）和（3）所示。$Ag^+$使$S_N1$反应速率增大。

（1）　$H_2O:$　＋　　　　$C$ —— $Br$ —— $HO$ —— $C$　＋　$HBr$

（2）　$CH_3CH_2$——$\ddot{B}r + Ag^+$ —— $CH_3CH_2$——$\overset{+}{B}r$ ----- $Ag$ —— $CH_3\overset{+}{C}H_2 + AgBr\downarrow$

（3）　$CH_3\overset{+}{C}H_2 + {}^-ONO_2$ —— $CH_3CH_2ONO_2$

水与溴乙烷的取代反应速率很小，常通过加入碱（$OH^-$的亲核性较水的强）和加热促进取代反应的发生。而加入$Ag^+$后会生成难溶的$AgBr$沉淀，促进$NO_3^-$与溴乙烷发生亲核取代反应，此时的取代产物主要是硝酸乙酯，而不是乙醇。

此外，卤代烃的亲核取代反应历程与反应物的结构、亲核试剂的性质和溶剂的性质等因素密切相关。例如，叔丁基溴与$AgNO_3$主要发生$S_N1$反应，溴乙烷的水解反应几乎都是$S_N2$反应。而有些物质（如$Br$　　等），由于空间位阻和桥头碳的构型无法翻转，难以发生$S_N2$反应；同时，由于难以形成平面结构的碳正离子，也难以发生$S_N1$反应。

## 六、酯化反应

一般的醇与羧酸的酯化反应，其反应机理为加成-消除机理，要经过质子化、加成和消去三个步骤。第一步，由于羰基碳原子的电负性较大，易与$H^+$结合发生质子化。第二步，由于质子化的羰基具有更大的极性，使得羰基碳原子的电子云密度降低，容易受到醇羟基氧原子的孤对电子亲核进攻，发生加成反

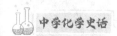

应。第三步，具有2个羟基的活性中间体发生质子转移，最终失水生成乙酸乙酯。该反应属于$S_N2$反应。

如果通过同位素标记的乙酸（$CH_3CO^{18}OH$）来研究断键的规律，反应历程如下所示。

可以看出，物质1和物质2中与$^{18}O$相连的C为$sp^3$杂化，所以物质1和物质2为同种物质。随机脱去1分子水后，$^{18}O$可能留在酯中，也可能不在酯中。因此，无法用$CH_3CO^{18}OH$来研究酯化反应的机理。

148

# 第十章

# 我国近现代化学家简介

自1840年到1900年，中国的近代化学跨出了历史性的一步，这一步是由中国学者徐寿、徐建寅父子为代表的仁人志士们跨出的。他们首先系统译出西方近代化学名著，制定化学元素汉译名原则，促成了我国近代化学的系统化；同时，引进分析化学技术手段及其配套的化学仪器设备，开始用科学实验的方法研究物质的化学变化，初步奠定了近代化学科学发展的实验基础。其次，格致书院及《格致汇编》的创办为培养科技人才和普及化学、物理等科技知识做了有益的探索与尝试。值得提及的还有徐寿父子最早（1874年）在江南制造局药水厂仿造铅室法制硫酸获得成功，开了近代化学工业和民族工业的先河。总之，这历史性的一步，实现了我国由经验化学转变到近代实验化学的跨越，同时使得我国近代化学（尽管是引进的）一开始就与世界近代化学相接轨。

从1900到1950年，有志于中国科学发展的先辈们一批又一批地走出国门留学，他们中的不少精英学成归国后，为复兴中华科技事业做出了自己不懈的努力，其中富有代表性的人物有侯德榜、黄鸣龙等。

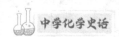

# 第一节　中国近代化学的启蒙者——徐寿

徐寿，号雪村，字生元，江苏无锡人。他自学成才，是中国近代化学的先驱。他是中国第一艘蒸汽轮船"黄鹄号"的主要设计者和研制者，中国第一所培养科学技术人才的学校格致书院的创办者之一，中国最早的科技期刊《格致汇编》的创办人和编辑者之一。1862年，外国轮船在我国内河肆意冲撞，引起国民愤慨，但清军水师还在使用帆桨为动力的战船。这种战船的航速，打起仗来进不能攻，退也会被追上。而国外的舰船却先进很多，力量悬殊怎么抵御外强？打铁还需自身硬，落后就要被欺负，化愤怒为力量才是重要的。在安庆内军械所

图10-1　徐寿

任职的徐寿和同事华蘅芳，决定合力制造蒸汽动力舰船，为国家争口气。徐寿是个行动派，说干就干，丝毫不愿耽误时间，他决定先从研制蒸汽机开始。可是，具体怎么做呢？没人提供图纸，更没人指导。他只能以《博物新编》上的一张蒸汽机略图做参考。

功夫不负有心人，经过三个多月的辛苦研究，徐寿等人于1862年7月成功研制出我国首台蒸汽机。这个新突破，让他们受到很大的鼓舞，也为继续研发新技术打下基础。后来在爱国人士的呼吁下，曾国藩采纳了制造蒸汽动力舰船的建议，并指派徐寿等人监制。人多力量大，徐寿为了更快地制造出蒸汽动力船，带上17岁的儿子跟着大家一起研发。经过无数次试验，1865年4月，徐寿等人终于制造出我国海军第一艘蒸汽动力船"黄鹄号"。当时，曾国藩见到蒸汽动力船后感慨："黄鹄，一举千里者。"借此名号为船命名，寓意深远。

"黄鹄号"首航那天，南京下关码头旗帜飘扬，欢呼声阵阵。蒸汽动力舰船的成功，是我国造船工业史的新飞跃。后来在上海江南制造总局（今江南造船厂

前身），徐寿、徐建寅父子和华蘅芳等又设计制造了"惠吉""操江""测海""澄庆""驭远"等舰船，开创了中国近代造船工业的新局面。

图10-2 中国第一艘蒸汽轮船"黄鹄号"

研制蒸汽动力舰船时，徐寿还意识到，要想更加强大，应当把国外先进的学术翻译过来为我所用。在翻译化学元素名称时，大家遇到瓶颈进行不下去了。他们不明白，在实际运用中，汉字和西方的字母究竟要怎么转换或者代替。博览群书的徐寿，立刻从明太祖朱元璋那里找到灵感。原来朱元璋曾给子孙规定，起名按照"木火土金水"的顺序，当后辈选用的名字不够用时，就造出生僻字代替。徐寿想出奇招，借鉴明朝皇帝的名字，如永和王朱慎镭，楚王朱孟烷。把汉字拆分，用部首代表元素的状态，另一偏旁用与该元素英文首音节读音近似的文字。这样，一个汉字就能代表化学元素。"今取罗马文之音首，译一华字，首音不合，则用次音，并加偏旁以别其类，而读仍本音"这一翻译原则，沿用至今，且当年由徐寿创造的65个元素汉译名，有36个至今还在使用。徐寿命名元素周期表中文名到现在已经过去一个多世纪了，化学元素从60多种增加到100多种，但新发现元素的中文定名，依旧大体遵循徐寿当年运用的原则。徐寿也因此被称为"中国近代化学之父"。

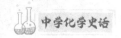 

# 第二节　制碱工业先驱——侯德榜

1933年，英文版《纯碱制造》一书的书商制作了这样一幅广告画：一个中国少年在稻田边的水车上，一边踩水车，一边手捧书本阅读。这幅广告画上所描述的故事，是在闽侯（今福州市闽侯县）广为流传的佳话"挂车攻读"。广告画上的这位中国农家少年，就是日后10门功课考出1000分的侯德榜。

作为我国近代化学工业的重要奠基人，侯德榜在为祖国的化工事业建设奋斗的一生中，打破了索尔维集团70多年对制碱技术的垄断，发明了当时世界制碱领域最先进的技术，为祖国和世界的制碱技术发展做出了重大贡献。

图10-3　侯德榜

侯德榜在少年时期就认识到中国必须图强，并在成长过程中逐步树立起"科学救国""实业救国"的理想。1911年，他辞去工作考入清华学校高等科。学习期间，他曾考出过10门功课门门100分的好成绩，轰动清华校园。1912年，他从清华学校毕业后赴美留学。20世纪初，化工在世界上还是一门方兴未艾的学科，侯德榜对化工产生了浓厚的兴趣，先后在麻省理工学院、哥伦比亚大学学习化工专业。经过八载寒窗苦读，他于1921年获得制革博士学位。其博士论文《铁盐鞣革》被《美国制革化学师协会会刊》特予全文连载，成为制革界至今仍在引用的经典文献之一。

1921年春天，正在美国准备博士论文答辩的侯德榜接到了范旭东的来信，邀请他毕业后到"永利制碱公司"工作，承担起建设亚洲第一家碱厂——永利塘沽碱厂的重任。虽然侯德榜是学制革出身，但为了振兴中华民族工业，他毅然决定从事制碱，选择了回国担任永利碱厂的技师长（总工程师），开始了半个多世纪的科学救国和实业救国的人生历程。在19世纪70年代，那时的制碱行业使用的是由法、德、美等国家组织的索尔维公会所独占的索尔维制碱法，设计图纸只向他们的会员国公开，对外绝对保密。除了技术之外，营业区域也有限制，他们采取分区售货的办法，例如中国市场由英国卜内门公司独占。凡是不得索尔维公会特许权者，根本无从问津。直至20世纪初，许多想要探索索尔维制碱法奥秘的厂商，仍然以失败而告终。在制碱技术和市场被外国公司严密垄断的情况下，永利碱厂用重金买到一份"索尔维法"的简略资料。侯德榜埋头钻研这份简略资料，带领广大职工，经过五年的艰苦探索，终于掌握了索尔维制碱法的各项技术要领，解决了一系列技术难题。不过，索尔维制碱法有一个致命缺点，就是食盐利用率不高，大约有30%的食盐会被浪费掉，而当时内地盐价高昂，侯德榜决定另辟蹊径。

　　他边摸索边实验，不断设计、改进方案，带领技术人员进行了500多次试验，分析了2000多个样品，终于取得了成功。这种新方法被命名为"联合制碱法"，即后来的"侯氏制碱法"，可使盐的利用率提高到96%，同时将污染环境的废物转化为化肥———氯化铵，开创了世界制碱工业的新纪元。在对于碳酸氢铵的处理上，索尔维制碱法使氨逸出不要，而侯氏制碱法是加入食盐使氯化铵结晶而析出，氯化铵可以作为化工原料继续使用。另外，侯氏制碱法比索尔维制碱法所需设备少1/3，使建厂资金大幅降低，不仅大大提高了盐的利用率，碱的成本比索尔维法还低40%。

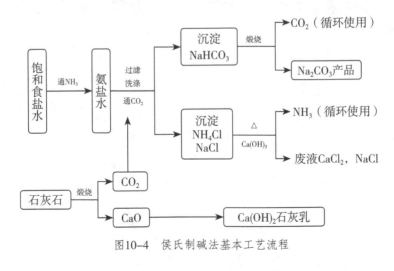

图10-4　侯氏制碱法基本工艺流程

1926年8月，在美国费城万国博览会上，永利碱的红三角牌纯碱被授予金质奖章，被誉为"中国近代工业进步的象征"。侯德榜摸索出制碱法的奥秘后，没有据为己有、大发其财，而是公之于众，让世界共享这一科技成果。为此，他把制碱法的全部技术和自己的实践经验写成专著《纯碱制造》，于1932年在纽约被列入美国化学会丛书出版。这部化工巨著第一次彻底公开了索尔维制碱法的秘密。此书的问世，轰动整个化工界，被世界各国化工界公认为制碱工业的权威专著，并相继译成多种文字出版，对世界制碱工业的发展起了重要作用。

　　侯德榜一生在化工技术上有三大贡献：第一，揭开了索尔维法的秘密；第二，创立了中国人自己的制碱工艺——侯氏制碱法；第三，便是他为发展小化肥工业所做出的贡献。

# 第三节　无机化学泰斗——张青莲

张青莲于1908年7月31日出生于江苏省常熟县支塘镇。14岁时考入苏州桃坞中学，即圣约翰大学附中，曾在校内中、英文竞赛中名列榜首。1926年高中毕业时因成绩优异，原可免费直升该大学，但由于1925年该校美籍校长侮辱中国国旗，爱国师生纷纷愤而离校并组建私立光华大学，这一爱国行动得到张青莲的支持，他放弃圣约翰大学的免费入学的机会而考入光华

图10-5　张青莲

大学。他考虑到化学系毕业后除可在中学谋职外，还可以搞小型化学工业，因而选择了化学专业。在光华大学他只用三年半的时间，就读完了所需的学分，毕业时以第一名获得银杯奖。大学毕业后，张青莲曾在常熟孝友中学任教一年，1931年考取清华大学研究生院。当时，他看到中国无机化学缺乏人才，遂选择了无机化学专业，在高崇熙教授指导下完成了研究稀有元素领域的论文三篇，分别为无机合成、分析鉴定和物化测量三个方面，最后以优异成绩获得庚款公费出国留学。

1937年7月，张青莲取道大西洋、北美洲、太平洋辗转回到上海，时值日本侵华战争初期，化学所被迫停止工作。张青莲遂借用位于租界的光华大学实验室，进行多种络合物合成的研究，次年成为光华大学教授。1939年，取道越南赴昆明西南联大任教。在十分艰苦的条件下，他仍然和化学系主任杨石先分配给他的两名中英庚款研究助理一起，用从国外带回的110g重水和一些石英玻璃仪器，完成了两篇重水性质的论文，其一是首次将测定重水密度时的温度提高到50℃，纠正了当时文献中靠近此温度之下密度有一个最大值的假设；同时还完成了有关重水动力学效应的论文两篇。在采用乙醇铝水解法制取纯净的

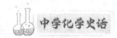

重乙醇时，因昆明海拔高而要测定其正常沸点，张青莲便自制了一套恒压器。但当时纯试液只有1mL，要在标准温度计读数恒定的一刹那间读取数据，要求做实验者要有熟练的技巧和有条不紊的操作步骤。他亲自完成了这一测定，并首次精确地测得重乙醇的沸点和密度，此结果已被收入拜耳斯坦《有机化学手册》中。

　　1991年张青莲用同位素质谱法测得铟元素的精确原子量为114.818 ± 0.003，为国际原子量表增加了一个新数字，这是国际上第一次采用中国测定的原子量数据作为标准数据。人们认为这不仅说明中国人的科学水平有国际竞争能力，更重要的是为中国人民长了志气。

图10-6　张青莲主持测定的铟元素

　　张青莲教授为人忠厚正直，乐观开朗，严于律己，宽以待人；一生处世淡泊，宠辱不惊。除勤奋治学外，生活兴趣广泛，业余爱好遍及书画、摄影、拳术、旅游、花木、奇石，而且都造诣颇深。而恰恰是这些风雅逸兴使他始终保持淳朴平和、乐观豁达的心态，条理清晰、敏捷求新的思考能力，精神矍铄、筋骨舒展的体魄，从而使他在科学征途中的脚步永不停息。

# 第四节 中国有机化学先驱——黄鸣龙

黄鸣龙，江苏扬州人。1924年获德国柏林大学哲学博士学位，1955年被选聘为中国科学院学部委员（院士）。黄鸣龙毕生致力于有机化学的研究，特别是甾体化合物的合成研究，为我国有机化学的发展和甾体药物工业的建立，以及科技人才的培养做出了突出贡献。

图10-7　黄鸣龙

1949年中华人民共和国诞生。当时黄鸣龙正在美国，从不断寄来的家书中，他呼吸到祖国的清新气息并受到了鼓舞。他如饥似渴地阅读来自祖国的画报、杂志。抗美援朝战争爆发了，一向埋头科研、自诩"不问政治"的他，订了两种报纸，墙上还贴起了大幅地图。他的小女儿回忆当时的情景说，"抗美援朝"成了父亲的特殊科研项目，也成了全家议论的主题。他常常站在地图面前给家里人讲解战局的发展。他常对身边的人说，"一个人不能为科学而科学，应该为人民为祖国做出贡献"。他的言行对子女的教育和影响很深。看到祖国的新生，黄鸣龙无限激动，他冲破美国政府的重重阻挠，趁应邀去德国讲学和做研究工作之机，摆脱跟踪，绕道欧洲辗转回国。

1952年，黄鸣龙返回祖国。船抵香港，中国人民解放军军事医学科学院已经派人在那儿等待。回到上海，他应邀担任解放军医学科学院化学系主任，随后又任职中国科学院有机化学研究所研究员。他在一封给海外友人的信中写道："我庆幸这次回到祖国获得了新生，我觉得自己年轻多了。我以一个儿子对母亲那样的忠诚、热情，竭尽我的努力……如果你也能和我一起在祖国的原野上一同耕耘多么快乐！我尊敬的教授，回来吧！我举起双手迎接你的归来！"在他的鼓励下，当时一些医学家、化学家先后从国外回来了。他的儿

子、女儿完成学业以后，也相继归国，投入祖国建设中。

新中国成立后，他把全部精力献给祖国的科学事业。他重视自己的专业和科研工作与实际需要的结合，他说："我们万不能目光短浅，急于应付目前的需要，要合乎科学规律地、眼光远大地配合国家需要而完成国家任务。没有基础研究，应用研究就是无本之木，无源之水。"20世纪50年代，甾体激素药物工业已在世界上兴起，而我国仍是空白。黄鸣龙自1952年回国后，以发展有疗效的甾体化合物的工业生产为工作目标，带领科技人员开展了甾体植物资源的调查和甾体激素的合成工作。经过奋战，终于成功合成了"可的松""黄体酮"等多种甾体激素。当"可的松"投产成功，人们向黄鸣龙祝贺时，他满怀欢欣而又异常谦虚地说："我看到我们国家做出了可的松，非常高兴，我这颗螺丝钉终于发挥作用了。"1964年，身为中国科学院数理化学部委员的黄鸣龙，以他突出的贡献，当选为第三届人大代表。会上，听到周恩来总理在政府工作报告中展示的"四化"宏图，听到周总理提出要重视计划生育，防止人口过快增长，他立刻联想到国外有关甾体激素可作避孕药的报道，决心响应周总理的号召，继续发挥螺丝钉的作用。

1964年，黄鸣龙领导研制的口服避孕药甲地孕酮获得成功，受到全世界关注。不到一年时间，几种主要的甾体避孕药物很快投入了生产，接着在全国推广使用。不到十年的时间里，中国的甾体药物从一片空白，到可以生产几乎所有种类的甾体药物，甚至还可以大量出口。他也因此获得了"中国甾体激素药物工业的奠基人"的美誉。与此同时，黄鸣龙还亲自开课，系统讲授甾体化学，为祖国培养出一批甾体化学的专门人才。我国第一次甾体激素会议，也是在他的主持下召开的。因此，大家称黄鸣龙是我国甾体激素药物工业的奠基人，是我国甾体化学领域的开拓者。

黄鸣龙一生为科学。他说："搞科研不能像蜻蜓点水，而要像蜜蜂采蜜，做实验要认真观察，在反应出现异常情况，要追根到底弄明白反应结果。"这位有机化学合成的先驱，中国甾体药物的领路人，用他一贯严格的科学态度和严谨的治学精神将自己的名字永远留在了有机化学的教科书中。

# 第五节　稀土元素之父——徐光宪

说到中国的稀土，我们必须提到一位国际著名的化学家，他就是被誉为"中国稀土之父""稀土界的袁隆平"的徐光宪。

1920年，徐光宪出生于浙江省上虞县（今绍兴市上虞区），兄妹七人中徐光宪最小，父亲徐宜况毕业于政法大学，在一所律师楼任职。在上学之前，身为律师的父亲徐宜况已经开始用中国古代数学命题——"鸡兔同笼"以及中国国粹围棋来培养徐光宪的逻辑思维能力了，使小光宪对下围棋产生了兴趣。中学时期，徐光宪就读于绍兴稽山中学，曾获浙江省数理化竞赛优胜奖；此外，还曾受到过任教于上虞春晖中学的夏丏尊、朱自清、朱光潜、丰子恺、李叔同（弘一法师）等著名前辈的熏陶。1936年9月，仅上了一年高中的徐光宪转入浙江大学附属杭州高级职业学校土木科就读。1937年，日本侵华战争爆发，杭州沦陷，徐光宪转学至宁波高级工业职业学校（浙江工业大学前身），1939年毕业。徐光宪和另七名同学被录取至"叙昆铁路"当练习工程员，没想到领队中途携大家的差旅费潜逃，身无分文的徐光宪只好去投靠在上海做中学教员的大哥，同年考入大同大学理学院化学系。

图10-8　徐光宪

图10-9　徐光宪年轻时候

1940年，徐光宪因为住在当时法租界的一个煤球厂里，而大同大学在英租界，所以改考入借法租界震旦大学上课的交通大学（今上海交通大学、西安交通大学前身）。1944年7月，他毕业于交通大学化学系，并获理学学士学位。毕

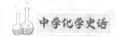

业后，在上海宝华化学厂任技师。1951年5月，徐光宪经先期回国的唐敖庆推荐，受聘于北京大学化学系担任副教授，同时还兼任燕京大学化学系副教授，着手培养量子化学和络合物化学方面的研究生。

他一生情系祖国，根据国家的需要，他不断转换自己的科研方向。1972年，北京大学化学系接到一项紧急军工任务——分离稀土元素镨和钕，刚从北大技术物理系回到化学系的徐光宪成为这项任务的领头人物。这已经是他自1951年回国后，第三次因为国家需要改变自己的研究方向了。量子化学出身的他，回国后转向配位化学，再到放射化学，直到最后的稀土化学。他说："中国作为世界最大的稀土所有国，长期只能出口稀土精矿和混合稀土等初级产品，我们心里不舒服。所以，再难也要上。"查阅资料时徐光宪发现，分离镨和钕的问题国外学界也尚未解决。徐光宪做出了一个大胆的决定——放弃采用国际上流行的离子交换法和分级结晶法，选择萃取法分离。

图10-10　工作中的徐光宪

为了实现这次前无古人的尝试，他付出了百倍的辛劳与磨砺：住实验室、啃干面包，在北京和出产稀土的包头矿山之间来回奔波。功夫不负有心人，三年之后，徐光宪和他的团队终于取得突破。1975年8月，第一次全国稀土会议在京召开。徐光宪在会上提出了自己的串级萃取理论，引起了轰动！除此之外，徐光宪还与团队一起实现了串级萃取体系从设计到应用的"一步放大"，传统方法的小试、中试等中间步骤被计算机模拟取代，生产成本大幅降低。

来自中国的冲击让世界惊叹！发达国家在国际稀土市场的垄断地位很快被打破，由于中国高纯度稀土大量出口，国际稀土价格下降了30%～40%。一股中国旋风在世界稀土市场上雄劲地刮了起来。

然而，中国稀土资源的大量出口，带来了巨大的问题。为了保护稀土资源，80多岁的他四处奔走，呼吁增强我国稀土生产的宏观控制，组织"稀土行业协会"……徐光宪为中国的稀土事业奉献了一生，为中国稀土产业界培养了大批工程技术人员，他是当之无愧的"中国稀土之父"。

"如果把科学家分为几类，有举重若轻的，有举轻若重的，那么我都不是，我属于'举重若重'的一类人。"在徐老看来，自己挚爱一生的教书和科研，是一切的重中之重。如著名科学家严纯华所评价的那样，"科学家中有两种人，一种是'工匠'，还有一种是'大师'。前者的目光局限在具体的研究中，而后者则研究科学的哲学层面。徐光宪先生则已经达到了后者的境界"。

# 第十一章

# 化学与人类文明

化学是在原子、分子微观层面上研究物质的组成、结构、性质、变化、制备和应用等的一门基础自然学科。在人类生活和社会生产实践中逐渐形成，并随着社会的前进不断向前发展。人们历经石器、青铜和铁器三个时代，学会用黏土烧制陶瓷，用矿石冶炼金属，以及造纸、印染、酿造等，经长期生活和生产实践，积累了大量有关物质的特性和物质变化的规律，这些都与化学密切相关。随着科技迅猛发展，如今人们在衣、食、住、行等日常生活各方面都与化学密不可分。例如，衣服的面料主要有天然纤维和人造纤维两大类，其中人造纤维，如尼龙、聚酯、人造丝等大部分是由石油炼成的化工产品；粮食的增产得益于化肥和农药的合理使用，使我们解决了温饱问题，食品添加剂能够让我们长时间保存食物以防变质；建筑材料如水泥、钢筋、瓷砖、玻璃、合金等大量生产，使我们建成了星罗棋布的高楼大厦，修建一座又一座的大桥和成千上万条铁路；交通工具所需燃料绝大多数是从石油提炼的副产品，以及清洁燃料如氢能、太阳能等。总之，生活的方方面面都伴随着化学的身影，可想而知，如果没有化学的贡献，我们美好的幸福生活将难以继续。

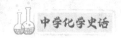 

# 第一节　阿司匹林的由来与合成

阿司匹林问世100多年以来，常作为解热镇痛药用于头痛、发热、神经痛、肌肉痛、牙痛、痛经、风湿热等疾病的治疗，在世界医药中独领风骚。

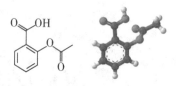

图11-1　阿司匹林结构

## 一、阿司匹林的历史

考古学家在一次考古中发现，古苏美尔人用泥板记载了用柳树叶子治疗关节炎的方法；古老的印第安人在治疗头痛时，也把柳树皮捣烂了敷在额头上；古埃及最古老的文献《埃伯斯植草文稿》记录了埃及人至少在2000年以前就知道了柳树叶子的止痛功效；被尊为"医学之父"的古希腊著名医师希波克拉底也曾把柳树皮磨成药粉让病人服用；中国《神农本草经》记载，柳树的根、皮、枝、叶均可入药，有清热解毒、防风利尿的功效。

无独有偶，明代李时珍尝遍百草，记载下："柳叶：小便白浊，用清明柳叶煎汤代茶，以愈为度；小儿丹毒，用柳叶一斤，加水一斗，煮取汁三升，洗患处，一天宜洗七八次；眉毛脱落，用垂柳阴干，研为末，放在铁器中加姜汁调匀，每夜涂抹眉部；无名恶疮，用柳叶或皮，水煎汁，加盐少许洗患处；漆疮，用柳叶煎水洗。"

用柳叶和柳树皮止痛消炎，似乎已经成了当时的一种传统，但究竟柳树皮中存在什么止痛物质，没有人清楚。后来，直到科学家们在柳树皮中提取出了水杨酸，也就是消炎止痛的有效成分，这个谜团才被解开。后来，德国的化学家又发现了这种酸的第二个来源——绣线菊。

于是，水杨酸被拿来治疗关节炎等疾病引起的疼痛及流感引起的发热。但是水杨酸有一个严重而明显的副作用让使用它的人们苦不堪言——水杨酸会严重扰乱服药者的消化功能，如果大量用于控制疼痛，则会导致肠胃溃疡甚至出血。

为了改变这一不良反应，研究人员对水杨酸的结构进行改进。1898年德国拜尔药业公司化学家霍夫曼用水杨酸和乙酸酐发生反应，生成乙酰水杨酸，这就是阿司匹林的主要成分。但这时的阿司匹林口服会引起胃部的不适及恶心，且阿司匹林在人体内代谢比较快，药效时间短，药用效果大打折扣。

1982年，拜尔药业公司在阿司匹林的基础上进行进一步修饰，研制出长效缓释阿司匹林，很好地解决了上述问题，既可以保障药效，又可减轻胃肠道刺激反应。

自阿司匹林问世以来，人们从未间断过对其新功效的研究。除镇痛作用外，它还有退烧、消炎、抗凝血和舒张心血管等作用，因此可以大大降低心血管疾病患者的死亡率，降低心肌梗死患者的二次发病率。而且，由于阿司匹林毒副作用小，少量服用不会引起身体不适，现在已成为绝大多数家庭的常备药品。在西方国家，如果遇到感冒发烧，人们的第一反应往往就是使用阿司匹林，这似乎已经成为一种"文化"。如今全世界阿司匹林的年消耗量已达5万吨之多，足以见其之畅销。

## 二、阿司匹林的化学性质

乙酰水杨酸的化学结构中含有一个处于游离状态的羧基官能团，因而其水溶液呈弱酸性。有关乙酰水杨酸的化学反应主要集中在羧基上，利用羧基的酯化反应可以制备一系列水杨酸衍生物。例如，糖基化乙酰水杨酸（4）可由图11-2所示的反应得到，乙酰水杨酸（1）在五氯化磷作用下生成乙酰水杨酰氯（2），再与氨基糖（3）酯化，即可得到化合物（4）。化合物（4）具有良好的生物活性，目前已申请专利。乙酰水杨酸分子中的乙酰基也可以通过酸水解回到水杨酸，如图11-3所示合成路线。

## 三、阿司匹林的分离与合成

自然界中并不存在天然的乙酰水杨酸，但其前体却可以从很多植物中提取得到，其中最著名的便是白柳（Salix alba），这也是水杨酸最早的天然来源。

水杨酸的提取过程包括：①叶片研磨；②加入三氯乙酸、乙醚等溶剂浸提，离心分离，真空旋干；③甲醇–乙酸混合液溶解，盐酸酸化，乙醚提取等步骤。

但是，植物体内的水杨酸含量并不是很高，从自然界中提取水杨酸费时费力，还要使用大量的有机溶剂和强酸、强碱，因而现今已较少使用。更重要的

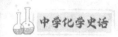

是，提取水杨酸需要消耗大量的树木等自然资源，表面看起来很"天然"，实际上却不利于环境保护和生态发展。

作为临床用量最大的药物之一，全世界对于阿司匹林的巨大需求使得人类必须采用更快捷和高效的方法进行化学合成。目前阿司匹林的世界年产量约5万吨，大多采用图11-3所示路线进行合成：以苯酚为起始原料，利用科贝尔-施密特反应，碱性条件下在酚羟基邻位直接羧基化得到水杨酸；然后用乙酸酐将水杨酸乙酰化，即可得到阿司匹林。该合成路线中，原料苯酚、二氧化碳、氢氧化钠、乙酸酐均为常见化工产品，价廉且易得；所采用的反应条件（120℃，10MPa）并不苛刻，相对温和，比较容易达到。

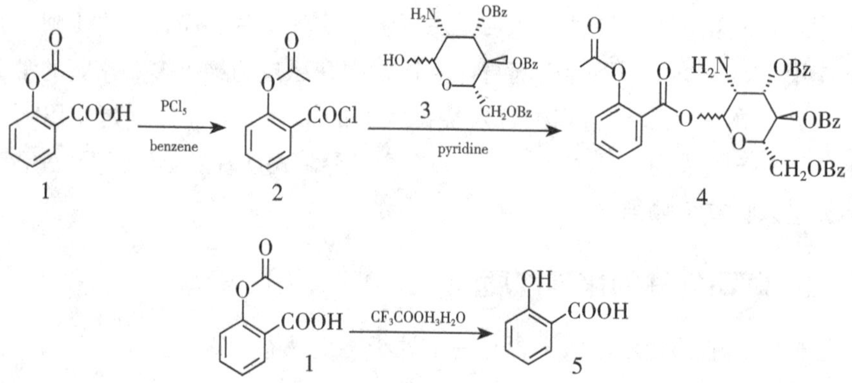

图11-2　乙酰水杨酸的酸水解反应

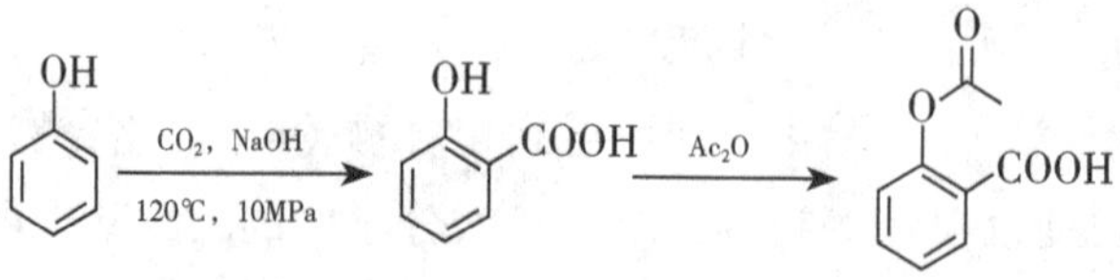

图11-3　阿司匹林的合成路线

# 第二节　含氯消毒剂次氯酸钠发展史

1785年法国负责纺织品加工的监督官化学家贝托雷对氯气的漂白性产生了兴趣，对舍勒的研究又重新进行了整理与探索，验证了氯气溶于水后的漂白性，并开始尝试将其应用到纺织物的漂白中。最终他的工艺被巴黎的一家小型化工厂所采纳，开始进行漂白溶液的工业化生产。但是用这种方式产出的氯水极易分解难以控制，而且会对纺织品造成损伤。针对此情况，贝托雷对该工艺又进行了改进，经过一系列摸索，1787年他发现将氯气通入木灰汁中反应过滤后得到的溶液仍具有极强的漂白性，而且更加稳定。这一发现让当时的印染厂大幅提升了生产效率，化工厂的老板伦纳德·阿尔班（Léonard Alban，1740—1803）将其称为"雅韦尔溶液"（Eaude Javel），而实际上它的主要成分就是次氯酸钾，次氯酸盐的历史也就追溯至此。

而后当时正在研究纺织品漂白的英国著名的化学家也是蒸汽机的发明者——瓦特（James Watt，1736—1819）在贝托雷处获得了此工艺，并将其带回了苏格兰，转告给了英国著名化学公司的创始人田纳特（Charles Tennant，1768—1838）。田纳特对此充满兴趣，很快进行了大规模的实验，并在1798年改用石灰水与氯气反应获得另一种漂白剂——次氯酸钙。之后的1799年，为了便于储存和运输，田纳特又通过石灰与氯气反应制得了获得专利的固体——次氯酸钙，也就是现在所熟知的"漂白粉"。

## 一、次氯酸钠的发现

19世纪之前的法国冶金工业尚未成型，弦乐器的琴弦大多以"羊肠弦"为主，人们需要加工动物内脏来制造琴弦。由于没有成熟的防腐技术，除了生产效率低下，琴弦在生产过程中还会散发腐烂的恶臭。为了改变这一现状，1820年法国工业促进会发出悬赏告令："谁能研发出一种避免羊肠腐烂又可以分离动物腹膜的方法，就奖励1500法郎。"

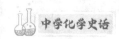 

通告发出后，法国著名的化学家拉巴拉克（Antoine Germain Labarraque，1777—1850）对此产生了极大兴趣。他对羊肠进行了大量的防腐实验，最终他发现前人贝托雷研制的"雅韦尔溶液"和次氯酸钙溶液具有很好的防腐效果，而且他还发现虽然次氯酸钙溶液比雅韦尔溶液具有更好的防腐性能，但是会让肠道黏膜脱落速度变得缓慢。后来他又将碳酸钾溶液换成了更加经济的氢氧化钠溶液，从而获得了被人称赞的"拉巴拉克溶液"（Eaude Labarraque），也就是现在所熟知的次氯酸钠溶液。拉巴拉克也因此获得了一笔赏金，从此次氯酸钠开始登上了化学的历史舞台。

## 二、初登防疫舞台

1832年巴黎霍乱瘟疫中，次氯酸钠溶液不经意间在人类瘟疫史上发挥了"消毒杀菌"的作用。这场来自东印度地区的霍乱瘟疫席卷了整个法国，脏乱不堪的城市环境以及异常的天气给霍乱的极速传播创造了条件，以至于疫情出现聚集性大规模暴发。在霍乱流行的6个月里（3月至9月），法国官方公布的死亡人数竟高达到10万余人，而光是巴黎就死亡了2万余人。

由于当时的医学知识有限，真正的微生物理论还未诞生，防疫的理论依据还是"尸体颗粒"假说。因此空气一直被认为是霍乱传播的源头，而对导致霍乱的罪魁祸首——"霍乱弧菌污染的食物和水"并没有采取有效的阻断措施。但是由于空气弥漫着恶臭，法国政府开始对整个巴黎的医院、街道、下水道大量使用除臭的拉巴拉克溶液，虽然目的是除臭，却歪打正着地在一定程度上阻止了霍乱疫情传播。

直到后来微生物学的祖师爷巴斯德（Louis Pasteur，1822—1895）证实次氯酸钠对病菌能起到杀灭效果，人们才算弄明白它具有消毒的性能。

## 三、一战大展光彩——"达金溶液"

1916年第一次世界大战期间，达金（Henry Drysdale Dakin，1880—1952）对拉巴拉克溶液的进一步改良，使得次氯酸钠溶液的消毒性能声名大噪，次氯酸钠溶液以消毒剂的身份正式登上防疫舞台。

1914年一战爆发后，由于缺少阻抗微生物的药物加上战场上环境恶劣，大量的士兵因伤口受到感染而死亡，所以伤口护理研究就成了法国及其同盟国英美两国首要的大事。法国军方要求著名的外科医生、诺贝尔医学奖的获得者卡雷尔（Alexis Carrel，1873—1944）同军方共同动员各方力量进行研究。卡雷尔向他工作的美国洛克菲勒医学研究所请愿，希望找到一名化学家帮他一起寻找"防腐乌托邦"（antiseptic utopia）。而此时回英协助作战的达金正在因"报国无门"而苦恼，于是他接受了洛克菲勒（John Davison Rockefeller, 1893—1937）的建议，前往法国协助卡雷尔研究治疗伤口感染的方案。

他们进行了无数次实验，测试了200多种防腐剂，最终发现一些杀菌效果非常好的试剂却在临床上是最没有价值的。例如，氯化汞是无血清培养基中最强的杀菌剂之一，但其在任何合理浓度下对脓液的杀菌效果几乎为零。达金指出，"次氯酸钠具有杀菌作用和许多其他令人满意的特性，但当其应用于伤口时，对皮肤非常刺激"。同时他还发现普通次氯酸盐对组织的刺激作用主要是由于游离碱的形成而导致的，游离碱是蛋白质分子与次氯酸钠反应以及次氯酸钠自发水解生成氢氧化钠和次氯酸而释放出来的。仅仅通过降低次氯酸盐的浓度并不能有效地减缓其刺激性，"因为一旦浓度下降，杀菌作用就会减弱，而溶液的刺激性特性却仍然存在"。

后来达金模拟建立人体血液中的缓冲系统，并加入硼酸来生成次氯酸盐的缓冲溶液，使得溶液在所有条件下都能保持中性，而且缓冲溶液的制备方法也很简单，"将140g碳酸钠溶解在10L水中，然后加入200g次氯酸钙。将溶液摇匀并静置30分钟，然后将澄清的溶液倒出并过滤除去碳酸钙沉淀。最后将40g硼酸加入澄清的滤液中，得到含有0.5%～0.6%次氯酸钠的溶液即可使用"。

在达金的帮助下，卡雷尔完善了对伤口的量化评估标准，制定了在战场上行之有效的外科手术方案，即清理伤口取出弹片和异物，并使用特殊的装置将次氯酸钠滴入伤口消毒杀菌。此方法拯救了无数战士的生命，氯气也从一种残忍伤害士兵的化学武器转变为帮助医生们救死扶伤的药物。

## 四、衍生中国84消毒液

20世纪50年代，由于消毒意识薄弱，北京第二传染病医院的医生金耀光，在查房过程中经常看到令他痛惜而又疑惑的现象：有些患儿在出疹后出现二次高烧，而且高烧不退，使用任何抗生素都没有疗效，很多病房连续有多个患儿死亡。后来通过细菌培养化实验查明，是医院耐药菌株与病房医护人员所携带的同族菌株——"金黄色葡萄球菌"交叉感染所导致的。院方在金耀光强烈建议下采用氯液喷雾、乳酸熏蒸、清洗病房等方法对医院各个角落进行了彻底消毒，效果立竿见影，后期收治住院的人就再也没有出现感染死亡的现象了。

这次惨痛的教训在金耀光心里留下了深深的烙印，他意识到消毒工作至关

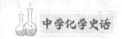

重要，并把研究的重点转向消毒剂。几年后他被调到北京第一传染病医院（今北京地坛医院），正式开启了他对"消毒"的研究工作。为了弥补自己在消毒专业知识上的欠缺，金耀光重归"学生"身份，向军事医学科学院著名的消毒专家——顾德鸿教授、马世璋研究员等人虚心求教，并拜北京疾控中心主任张锦屏和彭国克等人为师。在顾德鸿等人的帮助指导下，金耀光研制出了第一代含氯消毒剂——"优安净"，其主要成分是次氯酸钠与十二烷基苯磺酸钠。当时正值"二号病"（副霍乱）爆发，优安净正好派上了用场，并发挥了显著的作用。

但是优安净有着很大的缺陷，在灭活肝炎病毒方面，杀毒效果既不理想又无实验依据。而当时国内存在乙型肝炎大范围流行的趋势，于是寻找一种有效杀灭肝炎病毒的消毒剂的工作被提上了紧急日程。1982年，北京市科学技术委员会和北京第一传染病医院成立研究课题组，金耀光被邀请参加主持研究工作。金耀光坚信含氯的消毒剂是自己要寻找的"良方"，但含氯消毒剂五花八门，杀伤力和稳定程度不尽相同。通常氯含量越高杀菌能力越强，配置的溶液酸度越高，氯越能发挥效用。然而不幸的是，这两种情况都会加快氯制剂的分解速度，导致制剂失效。所以，问题的关键在于寻找一种浓度和酸碱度都合适的氯制剂。经过数千次的实验，筛选了数十种配方后，金耀光牵头的团队终于发现，高浓度的次氯酸钠溶液是最理想的氯制剂。这种溶液中次氯酸钠的浓度高于达金溶液，其生产过程中，又会产生一定量的氢氧化钠，能够减缓有效成分的分解，兼顾了杀菌性与稳定性。

那一年是1984年，北京科委主任刘志德建议以年份进行命名，故将其称为"84消毒液"。84消毒液推向市场的第二年，上海甲肝暴发并有向全国蔓延的趋势，84消毒液立即派上了用场，在灭活甲肝病毒中大显身手。在2003年SARS病毒暴发时期以及新冠疫情防控期间，84消毒液又一次彰显了它的巨大威力，成为千家万户必备的清洁用品。

# 第三节 从诺贝尔奖看高分子百年

从施陶丁格（Hermann Staudinger）提出"高分子"概念至今，高分子作为一门独立的学科存在已经整整一个世纪，并深入到人类生活的方方面面。高分子的研究范围从最初的天然高分子拓展到合成高分子、可控聚合，甚至超分子聚合物；人类对高分子的认识也从最初简单的大分子链结构拓展到凝聚态物理学、软物质，甚至大分子单链；高分子材料也从最初的天然纤维、橡胶拓展到国民经济的各个领域。一个世纪以来，10多位科学家因在高分子化学、高分子物理、超分子化学等高分子学科相关领域的贡献获得诺贝尔奖章，如表11-1所示。

**表11-1 高分子相关领域的诺贝尔奖**

| 获奖年份 | 奖项 | 获奖人 | 获奖理由 |
|---|---|---|---|
| 1953 | 化学 | Hermann Staudinger | 提出高分子的概念，建立高分子科学 |
| 1963 | 化学 | Karl Ziegler<br>Giulio Natta | 发明"齐格勒-纳塔型催化剂"，通过配位聚合合成出高密度聚乙烯和聚丙烯 |
| 1974 | 化学 | Paul J. Flory | 聚合反应的等活性理论，并提出了聚酯动力学和连锁聚合反应的机理 |
| 1984 | 化学 | R. Bruce Merrifield | 发展多肽固相合成技术，将功能化的聚苯乙烯用于多肽和蛋白质的合成 |
| 1987 | 化学 | Donald J.Cram<br>Jean-Marie Lehn<br>Charles J.Pedersen | 主客体化学，提出"超分子"的概念 |
| 1991 | 物理学 | Pierre-Gilles de Gennes | 提出"软物质"的概念，将研究简单体系中有序现象的方法推广到高分子、液晶等复杂体系 |
| 2000 | 化学 | Alan J. Heeger<br>Alan C. MacDiarmid<br>Hideki Shirakawa | 发现并发展了导电高分子 |

续 表

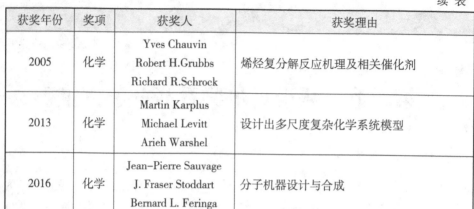

| 获奖年份 | 奖项 | 获奖人 | 获奖理由 |
|---|---|---|---|
| 2005 | 化学 | Yves Chauvin<br>Robert H.Grubbs<br>Richard R.Schrock | 烯烃复分解反应机理及相关催化剂 |
| 2013 | 化学 | Martin Karplus<br>Michael Levitt<br>Arieh Warshel | 设计出多尺度复杂化学系统模型 |
| 2016 | 化学 | Jean-Pierre Sauvage<br>J. Fraser Stoddart<br>Bernard L. Feringa | 分子机器设计与合成 |

傅鹰先生曾说过："化学给人以知识,化学史给人以智慧。"通过回顾高分子发展史上的这些里程碑,分析高分子发展的重要历史事件,我们可以看到高分子学科发展的点滴历程,并能从中感受到高分子学科的未来发展趋势。

## 一、"高分子"概念的确立

相比于高分子材料的广泛应用,人类对"高分子"概念的认识和理解经历了一个漫长的历史过程。木材、淀粉、棉、麻、丝、毛、漆、橡胶、皮革和天然树脂等天然高分子,应该是人类最早接触的高分子材料,在一定程度上也是合成高分子材料的理想来源。正是出于对天然橡胶改性的迫切需求,固特异(Charles Goodyear)摸索出了天然橡胶硫化工艺;为了合成出"人工丝",人类在19世纪末期摸索出了硝化纤维、黏胶纤维制备工艺;20世纪初,酚醛树脂和丁钠橡胶的成功合成开创了人工合成高分子的先河。

然而,这些物质的结构如何,分子量是多少,结构与物性的关系如何等问题,在很长一段时间内存在强烈争议。其实早在1877年提出苯环结构假说的凯库勒(Friedrich A. Kekule)就指出,绝大多数天然有机物——蛋白质、淀粉等可以由很长的链组成,并且这种特殊结构决定了它们具有特殊的性质。1902年的诺贝尔化学奖得主费舍尔(Emil Fischer)也曾在1893年设想纤维素是一种由葡萄糖单元连接而成的长链分子。1907年他更是直接指出其所合成的十八肽[Leu-(Gly)$_3$-Leu-(Gly)$_3$-Leu-(Gly)$_3$]是由氨基酸单元通过-CO-NH-键连接而成的线性长链分子,相对分子质量为1213,并指出其具有与天然蛋白质类似的性质。但是,当时盛行的"胶体论"在一定程度上误导了人类对高分子的认识。为了反击"胶体论",施陶丁格详细地研究了天然橡胶的加氢过程。结果表明,加氢反应的产物是加氢橡胶而不是低分子量烷烃，而且加氢橡胶在性质上与天然橡胶几乎没有什么区别。这一结论大大增强了他关于天然橡胶是由长链大分子构成的信念；同时，他还建立了著名的施陶丁格方程，阐释了高分子分子量与黏度之间的依赖关系。1920年，在其著作《论聚合》一文中明确指出橡胶、纤维、蛋白质等物质是由成千上万个碳原子像链条那样联合起来的大分子。这篇经典之作标志着"高分子化学"概念的诞生。

1962年瑞典化学家斯韦德伯格发明的超离心机和超离心法测定了蛋白质的分子量在几万到几百万。这一事实直接支持了"高分子"学说。施陶丁格更是在其划时代著作《高分子有机化合物》中系统论述了高分子化合物的组成，并得出四个重要结论：①聚合物不是缔合胶体，而是具有普通价键的长链分子；②这种链的链端没有自由价，而是为特殊官能团所终止；③通过测定端基浓度可以估算聚合物的平均链长；④长链分子可以结晶。

1935年9月26至28日举办的关于聚合和缩合现象的剑桥会议可以说是高分子历史上具有重要意义的一次大讨论。这次讨论在时任法拉第学会主席林图尔爵士〔Sir W. Rintoul（O. B. E.）〕的主持下召开，当时高分子界的知名学者齐聚一堂，包括施陶丁格、迈耶（Kurt Meyer）、马克（Herman Mark）、霍温克（R. Houwink）、卡兹（J. R. Katz）、卡罗瑟斯（wallace Carothers）、波兰尼（MichaelPolanyi）等。在这次会议上，杜邦公司的卡罗瑟斯强调了通过多官能团分子之间缩聚反应制备高分子的重要性，并明确指出这些缩聚物的分子量分布已经被其助手弗洛里（Paul J. Flory）计算出来。在高分子物理学家卡兹的报告中详细介绍了聚合物的X射线波谱（X-ray spectroscopy of polymers），并由波兰尼给出了相应的解释。这些早期高分子化学和高分子物理的结论强有力地支持了施陶丁格提出的"高分子"的概念。

图11-4　1935年9月26至28日举办的关于聚合和缩合现象讨论的剑桥会议合影

1953年，因其在高分子化学方面的开创性贡献，施陶丁格被授予诺贝尔化

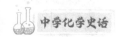

学奖，成为第一位获得诺贝尔奖的高分子学者。

图11-5　施陶丁格照片（左），施陶丁格从瑞典国王手中接过诺贝尔奖章（右）

## 二、高分子学科的发展

高分子学科确立之后，其发展就朝着高分子合成、高分子理论、功能高分子等方向突飞猛进。高分子的发展也离不开与其他学科的交叉与融合，1953年后基本上每10年左右就有1项高分子相关的诺贝尔奖出现。

### 1. 高分子合成化学

合成化学是高分子研究的一个永恒主题。20世纪20至40年代是高分子合成化学的一个重要时期，在这段时间内一系列重要的高分子材料相继问世：聚乙酸乙烯酯（1925年）、聚甲基丙烯酸甲酯和聚乙烯酸（1928年）、聚氯乙烯和氯丁橡胶（1931年）、聚苯乙烯（1934年）、尼龙-66（1935年）、低密度聚乙烯（1939年）、丁苯橡胶和丁基橡胶（1940年）、涤纶（1941年）、聚四氟乙烯（1943年）、维尼纶（1948年）。

百年来，与高分子合成相关的诺贝尔奖至少有三项。

1952年德国科学家齐格勒（Karl Ziegler）在一次实验中偶然发现高压釜中的少量镍杂质在烷基铝存在下阻止了乙烯的链增长反应，得到了乙烯的二聚物1-丁烯。齐格勒对镍的影响进行了细致研究，于1953年提出通过锆钛化合物与烷基铝混合在室温常压下引发乙烯聚合制备高密度聚乙烯的工艺，并申请专利。

1954年3月11日意大利科学家纳塔（Giulio Natta）课题组用齐格勒催化剂体系成功实现了丙烯聚合，得到了黏性固体。纳塔博士敏锐地意识到其所得到的聚丙烯可能是由不同性能的非对映异构体构成。经过对所得到的聚丙烯进行抽提等处理并结合X射线衍射分析，他确认了聚烯烃的立体异构化学，成功区分了高立构规整性结晶聚烯烃、间规聚烯烃以及无规无定型聚烯烃，从而提出了高分子的立体定向聚合。

两人因发明了齐格勒—纳塔催化剂，并实现了烯烃配位聚合而获得1963年的诺贝尔化学奖。

图11-6 为纪念配位聚合获得诺贝尔化学奖而发行的三枚邮票

美国洛克菲勒大学科学家梅里菲尔德（Bruce Merrifield）开创性地将功能化的聚苯乙烯用于多肽和蛋白质的固相合成，并于1962年成功用该方法合成出一个二肽。1954年他设计出第一台自动化固相合成仪器，大大提高了涉及生命物质合成的效率。1969年他利用这台仪器高效合成出124个氨基酸残基组成的核糖核酸酶A。因为其在多肽固相合成领域的开创性贡献，梅里菲尔德获得1984年的诺贝尔化学奖。

图11-7 梅里菲尔德设计的自动多肽合成仪

高分子的高效合成和可控合成，始终是高分子化学家的梦想。法国科学家肖万（Yves Chauvin）和两位美国科学家格拉布（Robert H. Grubbs）、施罗克（Richard R. Schrock）提出烯烃复分解反应模型并发明了相关高效催化剂，被授予2005年诺贝尔化学奖。以格拉布催化剂为例，其所催化的开环易位聚合（Ring-Opening Metathesis Polymerization，ROMP）是一种高效的活性聚合过程。ROMP的特点在于：①聚合过程属于活性聚合；②可以在很短时间内实现高分子量、窄分布高分子的合成；③反应条件温和，对水、空气不敏感，可以

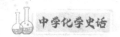 

在敞开体系中进行聚合反应。

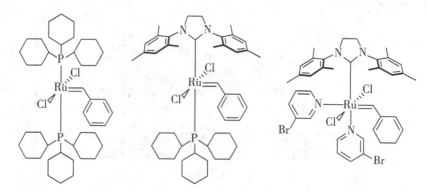

图11-8  一代、二代、三代Grubbs催化剂化学结构式

### 2. 高分子理论

高分子化学快速发展的同时，人类对高分子的认识在理论方面也取得了重要进展。美国科学家弗洛里和法国科学家德热纳（Pierre-Gillesde Gennes）是这方面的佼佼者，分别在高分子聚合机理和软物质方面做出了卓越贡献。

美国科学家弗洛里在聚合动力学、高分子溶液等方面的研究开创了高分子理论的先河。他提出的很多概念和理论至今仍然在使用：①提出等活性假设，用统计学方法提出了聚合物分子量具有几何级数的分布，即"弗洛里分布"；②提出烯烃聚合反应中的链转移概念；③将聚合物统计理论用于非线性分子，提出了多官能团单体缩聚的凝胶理论；④推导出高分子溶液热力学理论，即"弗洛里-哈金斯溶液理论"；⑤提出理想稀溶液中高分子链的无规线团构象，在非理想状态下存在"排除体积效应"，引入 θ 状态。

弗洛里既是实验科学家又是理论家，他出版的《高分子化学原理》（ *Principles of Polymer Chemistry* ）和《链分子的统计力学》（ *Statistical Mechanics of Chain Molecules* ）已成为高分子领域的经典，并被翻译为各种文字广泛使用。由于弗洛里在高分子物理化学实验和理论方面的重要贡献，他被授予1974年诺贝尔化学奖。需要指出的是，弗洛里曾在1979年与钱人元先生一起组织中美双边高分子研讨会，促进了我国高分子学科发展。

法国物理学家德热纳在高分子物理研究方面贡献卓越：①溶液中柔性无规线团的构象和统计，完成了磁相变现象与高分子问题相关联定理的证明；②缠结线团的动力学，他提出的高分子蛇行模型（reptation）概念被高分子学界广泛接受，奠定了高分子熔体理论的基础。德热纳在其著作《高分子物理学中的标度概念》（*Scaling Conceptsin Polymer Physics*）中以标度概念为主线阐述了高分子的静态结构、动力学、计算方法三方面内容，以简洁的语言和普适的幂函数规律揭示了高分子特有的运动规律。因其"为研究简单体系中的有序现象而创造的方法可以推广至液晶、聚合物等复杂体系"的贡献，德热纳被授予1991年诺贝尔物理学奖。在其获奖演讲中，他更是以软物质（soft matter）为题，用"软物质"一词概括复杂流体等一类物质，开启了"软物质"研究的热潮。

将量子化学与经典物理学相结合，法国科学家卡普拉斯（Martin Karplus）、美国科学家莱维特（Michael Levitt）、荷兰科学家瓦谢尔（Arich Warshel）设计出复杂化学体系的多尺度模型，通过计算机模拟的方法来研究蛋白质等生物大分子的运动和酶催化反应机理，为此他们三人分享2013年诺贝尔化学奖。

### 3. 功能高分子

实现高分子材料的新功能始终是人类孜孜以求的目标，也是高分子学科不断发展的推动力。20世纪70年代初期，日本科学家白川英树（Hideki Shirakawa）及其合作者意外合成出具有金属光泽的聚乙炔薄膜。直觉让白川英树对这种新聚合物的导电性产生了兴趣，然而这种聚乙炔薄膜虽然有着金属光泽，但却不导电。通过结构调控，他们发现，顺式聚乙炔为红铜色光泽，而反式聚乙炔则为银色光泽。有趣的是，273K时反式聚乙炔的电导率为 $4.4 \times 10^{-5} \Omega^{-1} cm^{-1}$，而顺式聚乙炔的电导率则为 $1.7 \times 10^{-9} \Omega^{-1} cm^{-1}$。

1977年白川英树应邀到美国与化学家麦克德尔米德（Alan MacDiarmid）和物理学家黑格（Alan Heeger）合作，他们发现卤族元素掺杂可以将乙炔的导电性提高至 $10^5 S/m$，并提出孤子理论对其导电行为进行解释，这一发现在高分子学科历史上是一座重要的里程碑。为此，三位科学家被授予2000年诺贝尔化学奖，开启了功能高分子研究的新篇章。

## 三、高分子的发展趋势

经过百年的发展，高分子学科不断完善，新的合成方法、新的单体和聚合物结构、新的表征技术、新的应用不断涌现，人类的生产生活也越来越离不开高分子学科和高分子材料。回顾高分子学科的历史，可以发现高分子的发展离不开与各学科的深入交叉融合，这也是高分子学科发展创新的源泉。另一方面，高分子在给人类生活带来便利的同时，也造成了严重的白色污染等环境问题，如何解决这些难题，也是高分子学科的一个重要研究方向。在高分子学

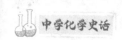 

科创立百年之际，美国著名高分子化学家卡耐基梅隆大学的马蒂亚谢夫斯基（Krzyszt of Matyjasewski）和中国化学家张希分别组织高分子界的相关学者在知名期刊*Progressin Polymer Science*和《高分子学报》对高分子研究的各个领域进行了展望，从中可以看出当今高分子研究的发展趋势。

### 1. 与有机化学交叉——先进高分子合成

高分子合成的基础是有机化学中的高效反应。高分子合成化学越来越向着可控、绿色、高效的方向发展。1995年以来发展起来的以原子转移自由基聚合（atom transfer radical polymerization，ATRP）、可逆加成—断裂链转移聚合［reversible addition-fragmentation chain transfer（RAFT）polymerization］、氮氧稳定自由基聚合（nitroxide-Mediated polymerization，NMP）等为代表的活性可控自由基聚合可以实现高分子的可控合成，可以实现大分子的分子工程；近年来发展起来的多组分聚合、点击聚合等方法代表了高分子高效合成的研究方向；高分子合成离不开催化剂，尤其是烯烃聚合催化剂，主要代表有配位聚合催化剂、手性催化剂、受阻路易斯酸碱对等；为了解决白色污染问题，开发新型的绿色单体，实现可降解高分子的合成和可控降解也是目前的一大研究趋势。

### 2. 与超分子化学交叉——大分子自组装

高分子概念的确立过程中曾有过与"胶体论者"关于缔合的激烈辩论。有趣的是，经过近半个世纪的发展，人类发现通过分子间非共价键确实可以形成具有高分子特性的"超分子高分子"。截至目前，以分子间弱相互作用为基础的超分子化学也已经成为一门独立的学科。法国科学家莱恩（Jean-Marie Lehn）、美国科学家克来姆（Domald J.Cram）和佩德森（Charles J. Pedersen）因开创了超分子化学而获得1987年诺贝尔化学奖；2016年，法国科学家索维奇（Jean-Pierre Sauvage）、英国科学家斯托达特（Sir J. Fraser Stoddart）、荷兰科学家费林加（Bernard L. Feringa）因在分子机器方面的贡献获得超分子领域的第二次诺贝尔化学奖。

高分子学科与超分子化学互相交叉，形成了大分子自组装、高分子本体自组装、聚合诱导自组装、结晶驱动自组装等研究前沿。将超分子自组装的概念引入聚合物体系所形成的超分子聚合物既有高分子的性质，还具有超分子的动态特征，也是当前的一大研究领域。

### 3. 与分析化学交叉——高分子表征

结构和性能的表征是高分子研究的重要过程。以高分子分子量表征为例，其表征方法已经经历了黏度法、渗透压法、超离心法、凝胶渗透色谱法、质谱法等，测量的精确度也越来越高。经过与分析化学、物理化学等学科进行深度交叉融合，高分子表征方法已经实现了单分子链，甚至到纳米级别。然而，高分子是一个复杂体系，甚至是一个动态体系，如何实现高分子结构与性能的原位表征，实现多尺度多场条件下高分子结构与性能的精确表征，仍然是需要持续研究的领域。

### 4. 与生命、能源等学科交叉——特种高分子

人类已经合成出成千上万种高分子材料，如何实现这些材料的功能是目前研究的一大热点。为了实现高分子材料的特殊性能，人类开发出了高分子基仿生材料、生物医用材料和能源材料。生物相容性生物医用材料，如器官替代用品、药物传输载体、高分子基药物是目前的研究热点；将高分子学科与生物大分子结合，建立高分子与生物学之间的相互关系，更是施陶丁格早在1947年就已经预见的学科前沿；在能源方面，燃料电池用离子交换膜、柔性显示材料、柔性电子、液晶高分子等光电磁高分子材料是目前的热点；以向自然学习，模仿自然界为驱动的智能高分子将是目前这一交叉领域的重要研究方向。

从20世纪初至今，历经百年的发展，高分子科学已经成为一门既有深厚理论基础又有广泛实用性的科学，形成了高分子化学、高分子物理和高分子工程三个分支。高分子材料已经深入人类生产生活的方方面面，成为目前合成材料的主力。高分子学科与其他学科融合愈加紧密，人类对高分子的认识也愈加深刻，高分子合成和材料制备正向着精准化和定制化发展，高分子材料的应用领域也将越来越广阔。回顾百年来高分子学科的重要里程碑，我们有理由相信：高分子学科方兴未艾。让我们一起期待高分子的下一个百年。

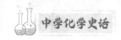

# 第四节　催化剂改变我们的生活

2021年10月6日，诺贝尔化学奖得主本杰明·李斯特和大卫·W. C. 米兰提出了除金属和酶以外的第三种催化剂——"不对称有机催化剂"，以这种催化剂为工具能精确地构建分子，大幅提高了化工生产效率。目前催化科学已独立成为化学的一门分支学科，并广泛应用于化工生产中，其相关知识也是中学化学的重点内容。

## 一、早期催化剂的应用

要追溯催化技术的应用，就要提到酿酒技术。中国是世界上最早掌握酿酒技术的国家之一。起初古人以醴为原料，采用"嚼酒法"，将米咀嚼成浆，利用唾液中的淀粉酶发酵做成酒。后来人们学会了用"曲"催化酿酒，这里的"曲"就是催化剂，它是由发酵剂和糖化剂等物质组成。对酒曲最早的文字记载是《尚书·说命》中的"若作酒醴，尔惟曲蘖"，其中"曲蘖"就是指酒曲。就中国而言，目前公认最早的酿酒技术起源于农业发轫的新石器时代，距今5000多年。由此可见，中国对催化技术的应用领先于世界，只不过限于当时的科技水平，人们无法对其中物质的成分以及化学变化做深入研究，所以酿酒仅作为一种工艺传承下来。如果教师在教学实践中能合理利用化学史的教育资源，不仅有利于学生化学学科的学习，更重要的是能播下中华文化自信的种子。

## 二、近代催化概念的形成

### 1. 在实践中初步提出：催化概念的萌芽

工业革命推动了化学工业生产的进程，人们对产能和生产效率的要求随之提高。硫酸工业是化工产业的基础，很多化工产品的制造都需要以硫酸为原料，最早对催化现象的研究就源自硫酸的工业制造过程。1806年法国的克莱门（Clement，1979—1841）和德索梅（Desormes，1777—1862）通过对铅室法制硫酸的研究提出：“一氧化氮依靠本身氧化态的改变，使空气中的氧移入二氧化硫中。因此在铅室内连续运输空气可以减少硝酸的使用量。”

图11-9　硫酸生产中的铅室工艺

该结论一提出就引起许多化学家的关注。经反复研究发现，以二氧化硫、一氧化氮、氧和水为原料制备硫酸时，存在如下反应过程：

$$2NO + O_2 \rightarrow 2NO_2$$

$$2SO_2 + 3NO_2 + H_2O \rightarrow 2ONOSO_2OH + NO$$

$$2ONOSO_2OH + H_2O \rightarrow 2H_2SO_4 + NO + NO_2$$

在整个反应体系中，一氧化氮先与大气中的氧反应生成二氧化氮后，二氧化氮再与二氧化硫和水反应重新生成一氧化氮。也就是说，水只起到中介作用，反应前后的质量和化学性质并没有改变，这与如今我们对催化作用的认识存在相似之处。该理论的提出促进了硫酸工业的快速发展。

1811年基尔霍夫（Kirchoff，1764—1833）发现酸能促进蔗糖的水解，而反应过程中酸没有变化；1813年法国科学家泰纳尔（Thénard，1777—1857）发现氨气在热的铁等金属表面能发生分解，1819年他又发现锰、银、铂和金金属能加速过氧化氢的分解。

英国化学家戴维（Humphry Davy，1778—1829）对催化相关概念的形成也做出了重要贡献。1816年他在研究火焰的本质时发现，借助加热的铂丝或者铂板能使甲烷气体在原有的燃点以下燃烧，但不产生火焰，戴维还表明所用的金属铂可以反复使用。之后他又实验了氢气、一氧化碳和乙烯等一系列气体和有机物，发现这些物质借助加热的铂丝或铂板都能燃烧，但铂的性质在反应前后没有发生改变。他的研究很快被传播开来，很多化学家也发现了类似现象。德国的德贝莱纳在分解氯酸钾制氧时发现添加二氧化锰能加速分解，而且反应前

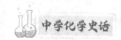

后二氧化锰没发生什么变化。不过这些研究都是出于感性认识，并不能解释这种现象发生的本质原因。

**2. 在质疑中不断完善：催化概念的雏形**

直到1836年，瑞典化学家贝采利乌斯结合当时的各种化学反应理论，对前几十年发现的大量催化反应进行分析，在《物理和化学年度进展报告》中提出用"Cayalysis"（英文）和"katalys"（瑞典语）一词来描述这种类型的反应，把引发这类反应的物质就称为"Cayalyst"。"Cayalyst"在希腊语中的意思是"松弛了化合物之间的结合"。早期，"Cayalysis"在国内被译为"接触作用"和"触媒"，这两个词来自日文，现在也偶尔能看到。在"接触"和"触媒"等词使用近30年之后，终于在1932年被新词"催化"取而代之。

受牛顿力学的影响，19世纪初期，化学界普遍认为化学反应是基于物质间亲合力或静电引力才得以发生。而贝采利乌斯认为催化反应中的作用力是一种不同于亲合力的未知力，因此他又将这种特殊作用力命名为"Catalytic force，katalytiska kraft"，即催化力。1843年，贝采利乌斯在他的二元论框架内解释了催化力，称这种力主要通过增加或减少原子的极性来影响反应。也就是说，贝采利乌斯认为催化剂本身只提供某种力，而不参与反应。

由于当时对化学反应的研究存在不足，且没有实验事实作为支撑，贝采利乌斯并不能给出"催化反应"准确的定义，他的观点受到了很多科学家的质疑。比如，1843年德拉里夫认为氢气与氧气在铂表面的反应，可以看作是铂先被氧化再被氢还原，所以没必要引入催化力来解释。德国化学家李比希也反对贝采利乌斯的观点，他认为贝采利乌斯的观点未经验证就得出结论是荒唐的。

**3. 通过实验达成统一：催化作用内涵的完善**

贝采利乌斯的观点没有得到广泛认可的另一个重要原因就是，酵母在发酵过程中所起的作用和金属等无机物作用形式一样，例如早在1781年帕明梯尔（Parmentier）就发现酸能促进淀粉的水解，而酵母同样具有这样的性质，这与贝采利乌斯提出的生命力论相矛盾。生命力论认为有机物的制造要依靠生命力，但这种力与催化力的作用形式一样，这显然不能被化学工作者接受。关于酵母是不是催化剂以及发酵是否属于催化反应的问题，巴斯德（Pasteur）和李比希曾展开过激烈的争论。巴斯德认为酿酒时发酵是因为有活的酵母细胞存在才使得糖类转变为酒精；李比希则提出发酵的原因是酵母细胞中存在某些物质，这些物质只有在酵母细胞死亡并裂解后才能发挥作用。

关于发酵是否属于催化反应的争论持续了近半个世纪。1897年，德国的毕希纳（Buchner）利用沙子和硅藻土研磨啤酒酵母破坏其外壁，再把研碎物放入水压机中最终得到酵母菌汁，这是一种无生命物质。由于毕希纳采用的是物理方法，因此能最大限度地保持酵母菌汁的活性。

　　为防止酵母菌汁腐败，他向菌汁内加入了大量蔗糖，意外发现有气泡产生。毕希纳没有放过这个细节，进一步研究发现该气体是二氧化碳。于是毕希纳在《德国化学学会报告》（*Berichte der deutschen chemischen Gesellschaft*）上提出即使没有活酵母，单独的酵母菌汁也具有发酵能力，毕希纳把这种酵母菌汁称为酒化酶，于1907年荣获诺贝尔奖。自此酶被纳入催化剂的范畴，酶的研究步入高速发展阶段。

图11-10　酵母研磨装置　　　　　图11-11　破碎后的细胞内容物黏液块

### 4. 化学动力学时代：催化科学理论的深入发展

（1）催化科学由定性向定量发展阶段

　　随着动力学研究的快速发展，1889年阿伦尼乌斯（Arrhenius）在范特霍夫（van't Hoff）的研究基础上，提出反应速率常数与温度关系式$\ln k = -E_a/RT + B$，引入了反应活化能概念，即$E_a$。阿伦尼乌斯认为普通分子需要吸收足够的能量变为活化分子后才能发生化学反应，其间达到活化所吸收的最少能量就叫活化能。阿伦尼乌斯公式的提出让研究者能用实验测出活化能的改变量，从定量角度分析催化剂的催化效率。1895年，奥斯特瓦尔德（Ostwald）针对催化作用提出："催化现象的本质，在于某些物质具有特别强烈的加速那些没有它们参加时进行得很慢的反应过程的性能。"1904年，奥斯特瓦尔德根据之前一系列研究提出催化剂的定义："催化剂是一种可以改变化学反应速率，而不存在于产物中的物质。"这种观点基于动力学结果得来，非常接近中学教材对催化剂的定义，至此催化科学从定性进入定量阶段。

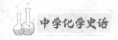 

（2）催化科学由宏观向微观发展阶段

虽然活化能概念的提出得到了广泛支持，但催化反应是怎么开始的，反应机理是什么，一直是科学界有待解决的问题。20世纪，随着快速反应速率测量技术的发展，科学家开创了分子反应动力学的新阶段。通过微观过程的统计平均结果，研究人员明确了化学反应往往是分几步完成，并且把能一步直接转化为产物的反应称为基元反应或简单反应，多个基元反应构成的总反应称为复杂反应或总包反应。因此只要研究出复杂反应每一步的基元反应，并得出决速步也就是活化能最高的基元反应，就能针对性地选择催化剂进而提升催化效率。

由化学动力学而催生出的解释反应机理的理论，大致可以分成两大类：均相催化理论（同一相中催化，例如均为液相或气相）和多相催化理论（不同相中催化）。以下是从两大类中选取的部分经典理论。

① 均相催化理论。以链反应理论为例，链反应是20世纪的重要发现，1913年博登施坦（M. Bodenstein, 1871—1942）为解释在卤素单质与氢气反应过程中形成了不稳定的活性中间体，首次提出链反应机理假设：

$Cl_2^* + H_2 \rightarrow HCl + HCl^*$

$HCl^* + Cl_2 \rightarrow HCl + Cl_2^*$（*表示激发态分子）

基于博登施坦的研究，能斯特（W.H.Nernst）提出$Cl_2$与$H_2$的反应机理：

$Cl_2 + h\nu \rightarrow Cl \cdot + Cl \cdot$

$Cl \cdot + H_2 \rightarrow HCl + H \cdot$

$H \cdot + Cl_2 \rightarrow HCl + Cl \cdot$

他将活性中间体"$Cl \cdot$""$H \cdot$"定义为自由基，得到了链反应研究的雏形。

1926年，欣谢伍德（S. C. Norman Hinshelwood）和谢苗诺夫（Semenov）等人提出了链反应机理的普遍意义，标志着化学动力学研究进入一个新的发展阶段。1956年，他们因为对机理研究的卓越贡献而获得诺贝尔奖。自由基链反应理论使化学动力学研究从总包反应深入到构成总包反应的基元反应，即由宏观反应动力学向微观反应动力学过渡。

② 多相催化理论。以过渡态理论为例，20世纪30年代，波兰尼（Polanyi）和艾琳（Eyring）在统计力学和量子力学的基础上发表了一篇题为《关于简单气相反应》的论文，过渡态理论就此形成。他们认为化学反应不是仅通过简单碰撞就能得到生成物的，而要经过一个具有特定构型的过渡态。如图11-12从反应始态（A + B + C..）到终态（α + β + γ..）之间要经历一个势能较高的过渡态

（ABC..）。

图11-12　过渡态理论模型

过渡态理论在催化科学中的应用为催化效率的计算提供了一系列动力学公式，也让反应历程变得更清晰。

至此，科学家一致认为催化剂的作用的本质，就是改变反应途径。对于均相催化剂而言是通过形成配合物等中间体进而加快反应速率；对于多相催化剂而言，就是先通过吸附作用再到过渡态最后脱附，进而实现反应速率的提升。这些理论从分子、原子水平入手试图解释催化反应经历了怎样的步骤，以及反应是如何开始的，说明催化现象的研究由宏观过渡到微观层面。

**5. 催化概念的正式确立**

随着研究的深入，对化学反应历程的研究已经进入量子层面。1976年，国际纯粹与应用化学联合会（IUPAC）给出了催化作用的定义——"催化作用是一种化学作用，是靠用量极少而本身不被消耗的一种叫作催化剂的外加物质来加速化学反应的现象"；1981年，IUPAC从吉布斯自由能角度给出了催化剂更准确的定义——"催化剂是一种改变化学反应速率但不改变反应总标准吉布斯自由能的物质"；1996年，IUPAC对催化剂定义进行了修订——"催化剂是增加反应速率而不改变反应中总标准吉布斯能变化的物质，这个过程叫作催化作用。当添加的物质降低了反应速率时，不应使用催化剂和催化这两个词"，不过该定义目前仍未完全落实到中学化学教材中。

总的来看，催化科学相关理论形成的过程符合人类的认知规律。催化理论的产生与发展从实践上升到理论经历了上百年。从铅室法制硫酸的生产应用出发，到贝采利乌斯引入催化与催化剂并提出初步定义，再到奥斯特瓦尔德完善催化科学相关概念，以及化学动力学的发展，体现了从定性走向定量，从宏观到微观的认知发展顺序。

# 第十二章

# 有趣的化学发现

每个人都喜欢听故事，不只是文学和历史中有故事，科学里也有很多有趣的故事。本章我们挑选了部分和中学化学有关的有趣的化学故事，让大家感受化学学科的深厚魅力，感受科学家的严谨、刻苦钻研的精神。

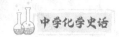
# 第一节　看不见的精灵——气体的发现趣闻

## 一、最"氢"的元素

"氢"是一种化学元素，元素符号H，在元素周期表中位于第一位。其原子质量为1.00794u，是最轻的元素，也是宇宙中含量最多的元素，大约占据宇宙质量的75%。主星序上恒星的主要成分都是等离子态的氢。氢通常的单质形态是氢气，无色、无味、无臭，是一种极易燃烧的双原子分子组成的气体，氢气是最轻的气体。

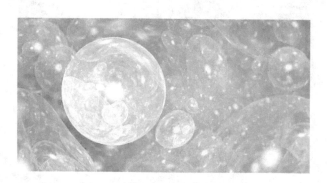

图12-1　氢气泡

在化学元素的发现历史上，很难确定氢是谁发现的，因为曾经有不少人从事过制取氢的实验。但大家公认对氢的发现和研究有过很大贡献的是英国化学家卡文迪许。最早在16世纪中叶，瑞士科学家帕拉塞斯（1493—1541）注意到一个现象，酸腐蚀金属时会产生一种可以燃烧的气体，也就是说他无意中发现了氢气。到了17世纪，陆续有一些科学家也发现了这一现象。1671年，爱尔兰著名哲学家、化学家、物理学家和发明家罗伯特·玻义耳发现铁屑和稀释酸之间会发生反应，产生气体，也就是氢气。他对氢气进行了一定的研究，还描述了氢气的性质。

由于当时科学技术水平很低，只是发现这一化学现象，人们并未认识到它是一种元素的单质，只把它当成一种可燃性的空气。

化学史上，人们把氢元素的发现与"发现和证明了水是氢和氧的化合物而非元素"这两项重大成就，主要归功于英国化学家和物理学家卡文迪许。

科学发现属于谁主要决定于科学发现本身的定义。在科学史上，人们最终把氢气的发现者确定为亨利·卡文迪许，因为是他最先把氢气收集起来，仔细加以研究，并确定了氢气的密度等关键性质。

18世纪的英国化学家卡文迪许（1731—1810）是一位百万富翁，但他生活十分朴素，在家里建立了一座规模相当大的实验室，一生从事于科学研究。卡文迪许以发现氢气和准确测定地球密度闻名。

曾有科学史家说卡文迪许是"具有学问的人中最富的，也是富人当中最有学问的"。他观察事物敏锐，精于实验设计，所做实验的结果都相当准确，而且研究范围很广泛，对于许多化学、力学和电学问题以及地球平均密度等问题的研究，都做出了重要发现。但他笃信燃素说，这使他在化学研

图12-2　卡文迪许

究工作中走过一些弯路。他在50年中只发表过18篇论文，除了一篇是理论性的外，其余全是实验性和观察性的。在他逝世以后，人们才发现他写了大量很有价值的论文稿，但没有公开发表。他的这些文稿是科学研究的宝贵文献，后来分别由物理学家麦克斯韦和化学家索普整理出版。

1766年卡文迪许将他的第一篇论文——"论人工空气"的实验研究报告提交给英国皇家学会。在这一论文中，介绍了他对固定空气（那个年代人们对二氧化碳的称呼）、易燃空气（氢气）的实验研究。所论及的除碳酸气外，主要就是氢气。

卡文迪许用铁和锌等与盐酸及稀硫酸反应的方法制取氢气，并将氢气用水银槽法收集起来。他发现，用一定量的某种金属与足量的各种酸作用，所产生的氢气量总是固定不变的，与酸的种类和浓度无关。他还发现，氢气与空气混合点燃会发生爆炸，所以卡文迪许称这种气体为"可燃空气"，并指出，这种气体比普通空气轻11倍，不溶于水或碱溶液。

1781年，英国化学家普里斯特利在做有关"可燃空气"的实验时，发现它和空气混合爆炸后有液体产生。普里斯特利把这一发现告诉了卡文迪许，卡

文迪许用多种不同比例的氢和空气的混合物进行实验，证实了普里斯特利的发现，并断定所生成的液体是水。

图12-3　拉瓦锡

卡文迪许指出，如果把氢气和氧气放在一个玻璃球里，再通上电，就可以生成水。当氧气被发现后，卡文迪许用纯氧代替空气重复以前的实验，不仅证明氢气与氧气化合成水，而且定量地确认大约2体积氢气与1体积氧气恰好化合成水，该结果发表于1784年。由于卡文迪许是燃素学说的虔诚信徒，所以他认为，金属中含有燃素，当金属在酸中溶解的时候，金属所含的燃素被释放出来，形成了这种"可燃空气"。尽管卡文迪许首先发现了氢气，并首先证明了氢气和氧气反应的定量关系，但由于受到传统理论的束缚，他并没有正确认识到氢气发现的重要价值。

法国著名化学家劳伦斯·拉瓦锡重复了卡文迪许的实验，明确提出正确的结论，水不是一个元素，而是氢和氧的化合物。他于1787年确认氢是一种元素，将这种气体命名为"hydrogen"（氢），意思是"成水元素"。早年间人们称之为轻气，后定名为氢（日本现仍称之为水素）。

图12-4　德利瓦引擎

自从卡文迪许发布人类第一篇氢气相关论文后，科学家们开始对氢气作为能源使用产生了兴趣。在40年后，1806年一位瑞士发明家制造出了人类历史上第一台以氢氧混合气体为能源的单缸内燃机——德利瓦引擎。

自从人们发现氢气以后，科学家们就

开始了氢气的各种不间断的研究与应用。如今，氢气在我们人类生活中的应用非常普遍。在新能源领域，氢气是一种绿色、环保的清洁能源，并且来源广泛。氢气可直接用作燃料，也可通过燃料电池反应直接转换成电能，用于发电及交通运输等，还可用作各种能源的中间载体。当然，氢气不仅是一种洁净的能源，也是一种十分重要

图12-5　航天

的工业原料，它广泛应用于石油、化工、电子、冶金、油脂、航天、轻工业等领域。

在氢气的应用中，最值得期待也是最有革命性的研究是氢气在生物医学方面的应用与研究。在医学领域，近年来的研究发现，氢气可以有效抑制体内的部分活性氧，继而产生抗氧化效应，在动物实验中显示出对多种氧化应激相关疾病的良好防治作用，并在初步的临床试验中取得类似的防治效果。

## 二、生命之需——氧

图12-6　德国（1977）的一枚反映消防救援时对窒息者给以面罩吸氧的邮票

氧气是人类生存必不可少的一种气体，也是极为重要的一种医用气体，在临床救治时常用于因缺氧引起的呼吸系统疾病（如哮喘、支气管炎、肺心病等）、心脑血管系统疾病（如冠心病、心肌梗死、脑出血、脑梗死）的辅助治疗，以缓解患者的缺氧症状。另外，也可用于保健吸氧或紧张脑力劳动及体力劳动后疲劳的快速解除。现在，高压氧舱治疗更是已经广泛应用于临床了。

世界上最早发现氧气的人是有着"气体化学之父"之称的英国化学家约瑟夫·普里斯特利，但是他虽然第一个发现了氧气，却未能正确地为它命名和科学地解释其性质。

普里斯特利是一名专职牧师，化学只是他

图12-7　普里斯特利像

191

的业余爱好，然而这项业余爱好却成就了他的名声。1772—1774年，通过一系列化学实验，他先后发现了二氧化氮、氨和二氧化硫，还发明了制造碳酸饱和水的设备（他由此被认为是制造碳酸饮料的始祖）。1774年8月1日，他用一个大型凸透镜聚光加热氧化汞时，发现氧化汞很快被分解了，并且释放出一种气体，将玻璃罩内的水银排挤了出来。他通过排水集气法将这种气体收集起来，并对其进行研究。他发现这种气体可以使烛火燃烧得更旺，木条在这种气体中快速燃烧并火花四射。他又做了更多的实验，并记载道："我把老鼠放在这种气体里，发现他们过得非常舒服……我又亲自加以实验，将吸管插入放满这种气体的瓶中吸它，身心一直觉得十分轻松舒畅。"

虽然吸入这种气体后的自我感觉不错，但考虑到这种气体可使蜡烛、木条的燃烧速度加快，因此他推断吸入这种气体可能会快速消耗生命物质而使人加快衰老，或者说这种气体对人体可能是有害的。他将自己的实验结果写成报告，详细描述了这种气体的一些性质。由于过度相信当时流行的"燃素学说"（物质含有燃素才能燃烧），他推断这种气体中没有燃素，但可以大量夺取可燃物质中的燃素，因此可以促进物质燃烧，于是他将这种气体称为"去燃素空气"。

发现"去燃素空气"后不久，普里斯特利就来到法国，将加热氧化汞而收集到"去燃素空气"的实验告诉了法国化学家安东尼·拉瓦锡。拉瓦锡对此十分感兴趣，他重复了普里斯特利的实验，不同于普里斯特利的定性研究方法，拉瓦锡使用了定量研究方法，并且有了新的发现。他摆脱传统思想的束缚，结合自己的发现，指出普里斯特利制得的这种能够助燃的气体不是"去燃素空气"，而是一种新的元素，并将其重新命名为"Oxygen"（氧）。他通过金属煅烧实验，于1777年向巴黎科学院提出了一篇报告《燃烧概论》，阐明了燃烧作用的氧化学说，要点为：①燃烧时放出光和热；②只有在氧存在时，物质才会燃烧；③空气是由两种成分组成的，物质在空气中燃烧时，吸收了空气中的氧，因此重量增加，物质所增加的重量恰恰就是它所吸收氧的重量；④一般的可燃物质（非金属）燃烧后通常变为酸，氧是酸的本原，一切酸中都含有氧，金属煅烧后形成的煅灰是金属的氧化物。他还通过精确的定量实验，证明物质虽然在一系列化学反应中改变了状态，但参与反应的物质的总量在反应前后都是相同的。于是拉瓦锡用实验证明了化学反应中的质量守恒定律。拉瓦锡的氧化学说彻底地推翻了燃素说，使化学开始蓬勃地发展起来。

普里斯特利一生中的业余时间，几乎都被用于气体化学的研究上，从而成为一名自学成才的化学大师，其刻苦勤勉的精神，堪称今人之典范。他分离出并论述过许多种气体，数目之多超过了同时代的任何人，无愧于"气体化学之父"的称号。他一生著述甚多，在语言、化学、电学、哲学和神学方面都有不少著作，包括《语言学原理》《口才学和辩论学讲义》《哲学必要性学说注释》《物质和精神的研究》《电学史》《光学史》《各种空气的实验和观察》等。1922年，美国化学会设立了普里斯特利奖，用以鼓励在化学领域做出杰出贡献的科学家。

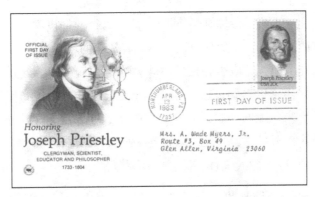

图12-8　美国首日封（1983）："气体化学之父"普里斯特利诞生250周年

## 三、稀有气体的发现——第三位小数的疑问

英国剑桥大学教授瑞利（Rayleigh）对气体的密度特别感兴趣，从1882年开始陆续测定起各种气体的密度来。他做事历来十分严谨、一丝不苟，因此在测定每种气体的密度时，总是通过不同的途径取得气体密度数值，并进行反复测量，以尽量减少误差。

气体的密度一个个测了出来。但在测定氮气密度时，他却遇到了一件令人费解的事。

他把空气通过烧得通红的装满铜屑的管子除去氧气，然后又通过一只只"化学搜捕器"除去二氧化碳和水蒸气，最后得到了氮气。在0℃、1大气压的条件下，他一次又一次地测量所得氮气的密度，其结果皆为1.2572g/L。

像对待其他气体一样，他又用另一种方法——分解氨气获得氮气，并测定所得氮气的密度，但其

图12-9　瑞利

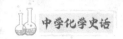

结果却是1.2505g/L。

都是氮气的密度，为什么在小数点后第三位上却出现了差异？瑞利双眉紧蹙，思索着产生这0.0067g差异的原因。

"这种误差可能是某一步实验操作出现了疏忽造成的。"于是他认真地检查了实验装置，并一遍又一遍地重复着实验，结果还是如此。

"也许是用分解氨气的方法制得的氮气里混有氢气，所以密度才小了一点儿。"为此，他又改用其他含氮物质，分别利用笑气（一氧化二氮）、一氧化氮、尿素等物质制取氮气，结果仍然差那么一丁点儿。

这0.0067g的差异把瑞利折腾了两年，甚至弄得他彻夜难眠，但他一直不能忽略这微乎其微的差异，不愿使自己的判断有丝毫的草率。

这时有人提醒他："应去翻翻旧的科学档案，好像100多年前卡文迪许在论述空气组成的著作中也提到过这一点。"于是已经发黄的1785年皇家协会科学年报又被翻了出来，上面详细记载了卡文迪许当时研究空气成分的实验过程：他将一根玻璃管装满空气，通过火花放电，使氧和氮化合。

$$N_2+O_2 \xrightarrow{\text{放电}} 2NO \qquad 2NO+O_2 == 2NO_2$$

然后通入碱性溶液吸收这种酸性化合物，由于空气中氧的含量只有氮的1/4，卡文迪许就不断向玻璃管中加入纯氧，以充分与氮化合，但最终在玻璃管中总存在一个小气泡。用卡文迪许的话说，"那个扁豆般大小的小'氮气泡'既不再与氧化合，也不能被碱溶液吸收。根据这个实验，我得到一个结论：空气里的氮不是单一的，其中约有1/120的气体与氮的性质绝不相同，可见空气中的氮是两种物质的混合物"。

究竟是氮气中还存在其他已知气体，还是另有新的元素，瑞利作了种种猜测。

瑞利认为，这种密度上的差异以及卡文迪许实验中会有残留气体，可能有以下几种原因：

（1）由空气中所得的氮，可能还含有微量的氧；

（2）由氨制得的氮，可能混杂了微量的氢；

（3）由大气制得的氮，或许有类似臭氧的$N_3$分子存在；

（4）由氨制得的氮，可能有若干分子已经分解，因而把氮气的密度降低了；

（5）空气中存在一种比氮气密度更大的未知气体。

第一种假设是不可能的，因为氧和氮的密度相差甚微，必须混杂有大量的氧，才有可能出现5/1000的差异；与此同时，瑞利又用实验进一步验证，由氨制得的氮，其中绝不含有氢；第三个解释也不足置信，因为他采用无声放电使可能混杂N₃的氮气变化，但并没有发现氮的密度有所改变，即不存在所谓的N₃；第四种假设完全不可能，因为如果存在游离的氮原子，必须彼此结合为分子，不可能在正常条件下长期游离，他将样品保存了8个月，但结果发现密度丝毫未变；唯有第五种解释瑞利认为可以令人满意。

要想确证是否有另一种未知气体存在，就得将从空气中除氧后得到的"氮气"，再想法吸收掉其中的全部纯氮以获取这种未知气体。瑞利采用卡文迪许所使用的电火花作用下氮与氧化合再用碱吸收的方法。到1894年夏末，他制取了0.5cm³的这种气体。拉姆赛在征得瑞利同意后，采用将空气通过一系列化学吸收器的方法，将$CO_2$、$O_2$、水蒸气一一提走，对于氮，他采用炽热的镁来吸收它。

$$3Mg + N_2 \xrightarrow{\text{点燃}} Mg_3N_2$$

让"氮气"反复通过炽热的镁屑，他花了整整一个夏天的功夫，得到了约100cm³同种气体。其实不在于体积的大小，重要的是用不同方法得到了同一种的未知气体。他们后来又合作进行了更进一步的气体的提纯工作，并精确测定了其密度值。1894年8月13日，这是一个历史性的日子，此时正值英国科学协会在牛津开会，瑞利和拉姆赛赶到牛津，以二人名义向大会宣布：在空气中存在含量约占1%的一种惰性气体。与会者都很吃惊，大会主席马登（H. G. Mardan）提议，定名为"argon"（氩）。瑞利在氩的提取中采用了"液化空气"（将空气先液化，然后再将各部分气体挥发气化）等方法，讨论了氩的含量和密度，以及气体压强、温度对密度值的影响和具体的修正公式。由这种气体发出的标识光谱是从未见过的，更确认了氩的存在。

1904年，瑞利因发现氩元素而获得诺贝尔物理学奖。值得一提的是，瑞利的重要合作者拉姆赛因发现惰性气体而荣获同年的诺贝尔化学奖，可谓珠联璧合，相得益彰。

## 四、笑气的得名——有趣的气体

这是一个关于气体的有趣故事。由于这个故事，这种气体得到了一个有趣的名字，也被派上了重要用场。

故事发生在1799年。那时，被称为"小化学家"的年仅21岁的戴维正在托马斯·贝尔兹医生的医用气体研究所里工作。这个研究所的主要任务是研究化学家们相继发现的各种气体是否也能应用在医疗上。戴维首先研究的是一氧化二氮气体。他很快制得了这种气体。但人们对这种气体的看法不一，有的说有害，有的说无害，究竟怎样试验它对人的生理的影响，却始终拿不出方案。因此，制得的一氧化二氮只好装在玻璃瓶里备用。

一天，贝尔兹来到实验室，看到戴维制得了那么多一氧化二氮，十分高兴，夸奖地说：

"干得不错，小伙子！"

不料，贝尔兹一转身，用手将一只盛有一氧化二氮气体的玻璃瓶打碎了，且玻璃片划破了他的手指。

"不要紧吧，贝尔兹先生？"戴维赶忙扶住贝尔兹的胳膊。

"不要紧！您看……哈哈哈哈……"贝尔兹话还没说完，却大声笑了起来，"哈哈哈哈……我的手指一点儿也不痛……"

图12-10　戴维

"哈哈哈哈……"刚才还被贝尔兹医生的反常表情弄得惊慌失措的戴维，这时也不由自主地大笑起来。

两位科学家的笑声，惊动了隔壁房间的人，他们跑过来想看个究竟，不想进屋不一会，也身不由己地大笑起来。

一阵狂笑之后，大家才渐渐平静下来。戴维认识到，刚才这一切，都是一氧化二氮在作怪。

事隔不久，戴维到医院拔牙。那时根本没有什么麻醉药，医生硬是把坏牙扯了下来，疼得戴维浑身冒汗。这时，他又想到了一氧化二氮，便急忙到实验室拿来装有一氧化二氮的瓶子连吸了几口。果然，他的牙不痛了，又哈哈大笑了一番。

这一消息很快传遍了欧洲。外科医生们纷纷用一氧化二氮做麻醉药，来解除做手术病人的痛苦。当然，随之而来的是，笑声代替了刺耳的叫喊声。

经历了这次意外，戴维判断，虽然贝尔兹和自己吸入了一氧化二氮以后都有异常的反应，但最终还是安然无恙，所以这气体应该是无毒的。为了进一步认识这种气体，戴维决定亲身实验。他背着同事们，偷偷把自己关在实验室里做实验。他事先准备好浓度、剂量不同的多瓶一氧化二氮，逐一实验，然后及时地将自身的感受详细记录下来。

　　他在笔记中写道："当吸入少量气体时，虽然起初有些头晕目眩，但这种感觉让人如痴如醉，竟比烦心时抽烟的那种吞云吐雾的感觉还让人迷恋；再吸时，那种愉悦舒适的感觉逐渐由肺部向四肢蔓延开来，像躺在云朵上一样，我的每一块肌肉都无比放松，直到逐渐失去力气；再吸时，我整个人都不能动弹了，我好像做了一场噩梦，但这些东西又明明在我眼前，一会儿有烦人的小丑在不停地吵闹，一会儿恶魔撒旦又来叫嚣着鞭挞我的罪恶；我的心脏跳得越来越快，脑子里'嘀嘀嘀嘀'的声音在不断地催促我，我愤怒地想砸烂实验室桌上的一切瓶罐，但我整个身体已然瘫痪……"由此可见实验的危险和戴维的勇敢。在一次实验中，因为吸入了过量的一氧化二氮，戴维晕倒在实验室中。如果不是同事及时发现，并对他进行抢救，或许后来那个闻名欧洲的青年科学家就从此陨落了。

　　但正因为这样，戴维揭开了一氧化二氮的神秘面纱。吸入它会让人大笑，戴维便将它命名为"笑气"。在做过更加严密的实验以后，戴维把关于"笑气"的研究成果写进了《化学和哲学研究》一书中。在这本书里，戴维介绍了笑气的作用：少量吸入能减轻病人外科手术的痛苦。书籍出版后，反响强烈，外科医生们纷纷将"笑气"当作麻醉药来使用。

　　"笑气"能减轻病人手术的痛苦，也在一定程度上促进了人们对麻醉的研究，然而这并不意味着它是有益无害的——滥用"笑气"，不仅会使人上瘾，还可能让人全身瘫痪。

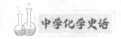 

# 第二节 偶然发现的几种元素

## 一、碘的发现——小花猫有功劳

19世纪初，法国的拿破仑发动了一场大战，战火烧遍了整个欧洲。

战争需要大量的黑火药。用于制造这种火药的硫黄和炭粉并不稀罕，但硝酸钾来之不易。于是，化学家、火药商们便研究起硝酸钾的制取来，以便生产更多的黑火药。研究结果表明，海边漂浮起来的海藻，晒干烧成灰后，用水浸泡便可提取出硝酸钾。

法国的火药商兼化学家库尔特瓦也参加了制取硝酸钾的行列，而且用同样的原料得到的硝酸钾总比别人多。但他并没有为此而沾沾自喜，经过一段思索，他渐渐地把注意力转向浸泡海藻灰后倒掉的废水上，心想："说不定这废水里还有宝贝呢！"

一天，库尔特瓦在家中简陋的实验室里做实验。一只淘气的小花猫在一旁跳来蹦去。忽然，有两只瓶子被小花猫碰倒了，瓶子里分别装着的海藻灰溶液和浓硫酸流了一地。库尔特瓦正要"处置"心爱的小花猫，却被眼前的奇异现象吸引住了，流了一地的混合液体冒出一种有难闻气味但十分美丽的紫色蒸气，蒸气冷凝后并不形成液体，却变成紫黑色的带有金属光泽的晶体。

没想到小花猫竟干出这么一番"事业"，库尔特瓦根据这一奇特现象，在自己的小实验室里又做了许多实验，他对这种新物质进行了几个月的潜心研究，之后又邀请两位同乡化学家德索尔姆（C.B.Desormes）和克雷门（N.Clement）继续进行深入研究，直到大约两年以后，即1813年11月29日，德索尔姆和克雷门才向法国研究院递交报告，宣布新元素碘的发现。与此同时，著名科学家汉弗莱·戴维爵士（Humphrey Davery）和盖·吕萨克已经分别在进行有关碘的研

图12-11 碘单质

究。盖·吕萨克受克雷门之邀，进一步测定了这种新物质的性质，并依据它能产生紫色蒸气的现象而将其命名为碘（来自希腊文ioeides，意为"紫色"）。

虽然，当时英法之间的战争尚未结束（1815年结束），但两国科学家之间的交流与合作却非常融洽。1813年10月，英国化学家戴维还被允许携带妻子和助手法拉第前往巴黎访问。在巴黎逗留的两个月时间里，戴维参观了克雷门的实验室，亲眼见到了克雷门正在研究的碘，并亲自进行实验，证实了碘实际上是一种元素（不能分解的物质），在许多方面与氯相似。这一结论，在1813年12月法国研究院主办的刊物上以戴维书信的方式予以发表，同时，克雷门和盖·吕萨克也宣布了具有同样结论的研究成果。这些研究成果虽然是在发现碘两年之后才宣布的，但却终于证实了碘作为一种新的非金属元素的许多性质：它是一种外观很像铁屑的亮黑色晶体物质，在大约75℃时直接升华变成一种紫色蒸气，化学活泼性介于氯与硫之间，能与磷、氯、氢和大多数金属反应生成化合物，而这些化合物又可通过化学反应重新分解出这种紫色蒸气，由此证明碘在化合物中是与其他元素结合了，而不是消失了，它与氢形成的气态化合物碘化氢显酸性，其水溶液为一种强酸，类似于氯与氢形成的盐酸。虽然碘与氧、氮或碳不能直接化合，但在蒸气状态却能与氨反应形成一种含氮的二元化合物，它也能与碱金属反应形成盐。

碘在人体中除了主要浓聚于甲状腺之外，还分布于其他的组织和系统中，如血液、胎盘、乳房和唾液腺中，激素和有机含碘化合物的分解均可产生碘，其中某些是通过肾脏进行排泄的。随着医学科学的进步及对药物和疾病疗法的不断研究，含碘制剂和药物得到了成功的发展和应用。如以碘伏而为人知晓的一组特殊消毒剂被用作牛奶房、医院、食品加工厂等地点的杀菌剂，又如以射线穿不透而众人皆知的另一大类含碘有机物被用作为放射医学中的诊断剂。

## 二、碲和硒的发现——"地球"和"月亮"

元素碲的拉丁文原意是"地球"，元素硒的拉丁文原意是"月亮"，这两种元素真有点像孪生姊妹，它们的发现也颇为有趣。

金曾经是科学家眼中的"神圣元素"，它高傲而冷漠地拒绝所有元素的接近，无论是各种酸碱，令人窒息的氯气，还是侵蚀万物的臭氧，都破不开金的"防御网"。令科学家们大跌眼镜的是，有一种被扔在角落里的非金属元素，不仅和金性质相近，还突破了金的"防御网"，与金化合！它就是今天的故事的主角之一——碲元素。

图12-12 碲

中世纪时期的罗马尼亚，有一座号称"欧洲文化之都"的古老都市，名叫锡比乌。在锡比乌的北边有一座不知名的矿山，工人们挖掘出了一种没有见过的白色矿石，并且上交给了当时的监督赖兴施泰因。

这种矿石表面大部分是银白色，间或带有一些黄色，当地人称之为"可疑金"。赖兴施泰因起初认为这是一种硫化铋，但经过分析，他发现这种矿石与硫化铋的性质相差甚远。"可疑金"被点燃后，有浅蓝色的火焰。很快熄灭的它被加热熔化后，散发出一股臭萝卜的味道，让人感觉头昏恶心；跟硫酸反应生成红色溶液，溶于水后得到黑色沉淀。而铋元素会一直显现金属银白，更没有那么离谱的臭味。"难道这是一种新的元素？"赖兴施泰因因为缺少必要的实验器具，只能向当时的瑞典知名化学家伯格曼求助，邮寄了自己的实验笔记，并附带了一些矿石样品。可惜的是，由于样品太少，伯格曼也只能判定这种矿石中的元素，确实不是铋。

转眼来到15年后，德国化学家克拉普罗特偶然得到了两块"可疑金"，但他并没有太过重视，将它们扔到了实验室的角落，那里堆满了各种实验物料。

有一天，克拉普罗特在办公室翻阅化学书籍时，读到了关于"可疑金"的相关论文。他赶紧把矿石翻了出来，并重新开始了实验。他用王水溶解白色矿石，往滤液中加入氢氧化钠，得到白色沉淀。他再将白色沉淀烘干并与油混合，在烧瓶中加热，烧瓶内壁逐渐地出现一些银白色的金属颗粒。克拉普罗特将它命名为"tellurium"，来自拉丁文tellus，意为"地球"，翻译成中文是"碲"。

克拉普罗特在发现碲元素之后，又花了很长时间才真正弄清了碲元素的性质。在地壳中碲元素极其稀少，只有含量较高的地方才能产生化合物。它和硒元素有一点很相像，都有一定毒性，人如果吸入碲粉，会产生眩晕恶心感，甚至患上口臭等病症。

在工业应用上，碲元素也经历了很长时间的研究，才正式走上历史舞台。碲元素是金属合金的标准"强化剂"。在合金里加入极少的碲后，合金的机械强度和加工性能将被大大提高。它主要被用作高速钢催化剂、石油化工催化剂及化工制品等，并在半导体材料、航空航天等方面有着不凡的作用。

碲的化合物在现代化工业建设中也发挥着巨大的作用。把碲和铅按一定比例熔化制成的碲化铅，可用作红外线探索器的制造材料；碲燃烧生成的二氧化碲，可作防腐剂用，或用来测定各种疫苗中的细菌。

有一项神奇的发明也有碲元素的身影——发电玻璃。所谓"发电玻璃"乃是外行说法，正确名称应该是"碲化镉薄膜太阳能电池"，简称CdTe电池，它是一种以p型碲化镉和n型硫化镉的异质结为基础的薄膜太阳能电池。玻璃只是一个透光的衬底材料，不是技术性关键材料。这种太阳能电池组件由七层结构所组成。

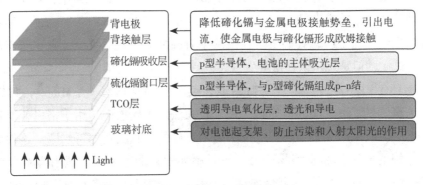

图12-13　碲化镉薄膜太阳能电池

由于碲化镉发电玻璃具有极强的建材属性，所以它可以用于多种场合，该产品即便在弱光条件下也可通过光电转化产生电能，是一种绿色可回收可发电的多功能建筑材料，可替代砖头、幕墙等建材。幸亏克拉普罗特记起来在角落吃灰的几块碲矿石，碲元素才能在多个领域开花结果。

硒也是化学家们很早就遇到过的一种元素。由于它"躲藏"在硫和碲里，一直未被发现。

直到1817年，瑞典王国两位化学家贝采利乌斯和加恩（J.G.Gahn，1745—1818）从制取硫酸产生的红色污泥中发现了它。1816年，瑞典最大的化工厂——格里普斯霍尔摩（Gripsholm）化工厂因商业环境不佳、经营管理不善宣告破产。幸运的是，工厂很快被拍卖，被一些商人及加恩、埃格茨（H.P.Eggertz，1781—1867）和贝采利乌斯获得经营权。当时贝采利乌斯对经商不感兴趣，加恩对他承诺自己多承担些义务，他才同意加入。这样，三位杰出化学家就和这家化工厂联系在了一起。（Trofast，2016）

工厂主要是利用距离斯德哥尔摩西北约160千米的法隆镇（Fahlun）产的硫铁矿生产硫酸。该厂的前任业主曾经发现，唯有用法隆镇的硫铁矿作硫源时会

图12-14　硫铁矿

产生红色污泥，并以为这污泥是砷化物，后来就没再用这个镇的硫铁矿。但加恩和埃格茨都来自法隆镇，认为该镇的硫铁矿有趣而重要。于是，加恩和贝采利乌斯决定分析其成分和成因。他们焙烧了200kg的硫铁矿，获得了大约3g可用于化学分析的沉积物，分析结果表明有碲存在。但是，贝采利乌斯对这一结果表示怀疑，因为在法隆镇的矿物中从来没有发现过碲。他在1817年9月22日返回了斯德哥尔摩。第二天，他给朋友韦特米斯特（H.G.T.Wachtmeister，1782—1871）写信说："在格里普斯霍尔摩化工厂，我们发现在硫酸中有碲酸盐，数量很少，它来源于法隆镇的硫铁矿，但是您从未在法隆发现过碲。"

1818年2月6日，贝采利乌斯给他在英国的朋友马塞（A.Macet，1770—1822）写信做了更全面的描述，"关于我在法隆镇硫铁矿（用于格里普斯霍尔摩化工厂硫酸生产）中发现碲的想法是不正确的。我在斯德哥尔摩对这件事进行了仔细的研究，加恩和我认为它不是碲元素，而是一种极具有趣性能的新元素……""这种物质具有金属性，与硫非常相似，会使人说它是一种新的硫。如果把它放置在一个大的容器中升华，它将沉积成朱砂红色的花状，但是不氧化，当逐渐冷却时，在一段时间内保持一定程度的流体，可以用手随意揉捏，抽成细丝……当将这种新物质放进火焰中时，它燃烧形成天蓝色火焰，并产生很强烈的萝卜气味……因为这种新物质的性质与碲相似，所以我称它为'selenium'"。由于"selenium"一词来自希腊语"月亮"，所以人们又称硒为"月亮元素"。中文硒是其音译，元素符号为Se。

硒和硒的化合物是优质的光电和半导体材料，对光很敏感，光照可以迅速提高硒的导电性，光照前后其电导率相差可达1000多倍。因此，硒被广泛用于光电管、激光管、整流器、无线电传真、电视技术，以及复印机、打印机中硒鼓的材料。硒铋锑碲合金是重要的温差电材料，被用于发电和制冷，广泛用在宇宙动力系统、航标、高空天气记录仪表、军用雷达冷却器和潜艇的空调装置中。在玻璃、陶瓷、搪瓷和染料工业上，硒也有广泛的用途。把少量硒加到玻璃熔料中，可以脱去玻璃由杂质和铁产生的绿色；加入过量硒可使玻璃显红色，因此，硒又被大量用于生产红色信号灯和装饰用的红色玻璃，用于制造建筑物和车辆的黑色玻璃，以降低光强度和传热速度。

总之，硒在电子、颜料、玻璃、橡胶、塑料、冶金、农业、医学以及其他高科技领域的应用越来越引起人们的关注，用途越来越广泛。

## 三、"太阳元素"的发现——光谱的应用

现在问大家，光辉灿烂的太阳是什么组成的？有的同学也许会脱口而出，圆满地做出回答。但在过去，这可一直是个谜。

太阳离地球有1.5亿公里之遥，它的表面温度又有约5500℃之高，人根本就无法接近它。既然这样，又怎么去探讨太阳的组成呢？不过，照射到地球上的阳光倒是太阳发来的一种"密码"，给我们带来了太阳的信息。关键是怎样识译这些"密码"，弄清太阳的信息。

1859年德国化学家本生和物理学家基尔霍夫创制了分光镜，给太阳光"密码"的识译带来了希望。他们发现，不同的元素在高温下会发出不同颜色的光；光通过分光镜就分解了，并在镜后的屏幕上形成特定的彩色线条。例如，钠蒸气总是形成两条紧靠在一起的黄色线条。反过来说，只要通过分光镜看到了这两条黄色线条，就证明发光的物质中一定含有钠元素。用这种方法，人们终于知道太阳大气中有60多种元素，且其中最多的是氢元素。

氦在可观察到的宇宙是第二多的元素，但在地球上却相对稀少。事实上，氦真的太稀少了，所以直到1868年才被发现，这都要归功于两位科学家的努力，他们一位在英国，另一位在法国。

1859年，基尔霍夫认识到可用太阳和其他星球所辐射出的光谱来推断它们的化学成分。基尔霍夫使用此方法，发现了铯和铷两种元素。天文学家对日珥——如火焰般绚丽的气流（现在已知是稠密气体的热云）的研究尤其感兴趣。科学家相信观察日珥最好的时间是在日食期间。

1868年，詹森远至印度贡土尔（Guntur）观察日食，他专心观察日珥后得到结论，日珥主要由氢加热到极高的温度而形成。然而，在同年8月18日，当他从分光镜观察太阳光谱时，他注意到应该显示出钠的黄光波长实际上并不吻合钠的波长。事实上，它不符合当时已知的任何元素的波长。他认为那个光线够亮，所以甚至没有日食的帮忙也应该看得见，只要找出一个能过滤掉其他所有波长而留下那可见光的波长的方法即可。

图12-15　詹森

图12-16 洛克耶

1868年10月20日，英国天文学家洛克耶（J.N.Lockyer）亦成功地在大白天观察到日珥。他详尽记录所观察到的现象论文和詹森的论文同一天送抵法国科学院，因此两人同享发现氦的功劳。一开始这是一个令人存疑的荣誉，许多同行怀疑它是一个新的元素，嘲笑他们的结论，有些人则认为氦仅存在于太阳。1882年，意大利物理学家帕尔米耶里（L.Palmieri）在分析维苏威火山的熔岩时，注意到他的数据中也有相同黄光的谱线，这是地球中有氦的最早记录。又过了12年，苏格兰化学家拉姆齐（W.Ramsay）才进一步提出氦元素的实验证据。

1895年，拉姆齐着手研究一大块铀矿（钇铀矿），他使用硫酸来处理，希望借由硫酸分开矿石的氮和氧，能分离出氩。然而，他注意到样品中含有不寻常的成分。拉姆齐寄样品给洛克耶作确认，根据洛克耶的说法，出现在分光镜的就是一道"壮观的黄光"，其光谱和观察太阳色球所摄取的新元素的光谱相符合。

之后，拉姆齐做了许多测试，确认此谱线的确是新元素，而不是氢的新形式。他的研究后来刊登在同年的《伦敦皇家学会会刊》，而瑞典化学家克雷弗（Per Teodor Cleve）和朗格勒特（Abraham Langlet）也成功地从钇铀矿分离出此气体。洛克耶仿照"太阳"的希腊文"helios"将此新元素取名为"helium"（氦）。

既然讲了氦的起源与稀有，就不能脱离它的化学性质。咱们就从它"生人勿近"的性子开始说起。氦很轻，氦气是除氢气以外最轻的气体，以至于它在空气中会不断上飘，最后从大气层中逃逸，离开地球。在这一点上，氦气和氢气的性格不同，结果也就不同。为了能留在地球上，氢气是手段灵活，不惜代价，而氦气的态度就很"佛系"。

作为惰性气体的"带头大哥"，氦又很懒。它不爱与其他元素化合，所以经常以单个原子的形式存在，没有其他元素的帮忙就会飘离地球。当然，作为稀有气体的"大哥"，氦也逃不了被强行"做媒"的"命运"。2017年2月6日，中国南开大学的王慧田、周向锋团队及其合作者在《自然·化学》上发表了有关在高压条件下合成氦钠化合物——$Na_2He$的论文，结束了氦元素无稳定化合物的历史，标志着我国在稀有气体化学领域走到了最前沿。

　　说起氦"高冷"的性子，其实说是"低冷"更为合适。氦的沸点是所有人类已知物质中最低的，所以常常被用来制造超低温环境。依靠氦的帮助，甚至开创了一门低温的研究——"低温物理学"。依靠液氦提供的超导环境，其最大用途是支持医学成像产业，特别是磁共振成像MRI，以及化学生物材料方面的高端分析。

　　氦元素曾经也是家喻户晓的"黄金元素"，因为氦气的价格曾经可以与黄金相提并论。氦气无毒、无辐射、惰性强，可以做保护气和检验分析。氦气常用于镁、锆、铝、钛等金属焊接的保护气；氦气还应用于真空检漏，是氦质谱检漏仪的重要组件。

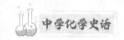

# 第三节 几种金属单质的发现趣话

## 一、草木灰中发现钾——电解创出的奇迹

1807年的一天，戴维和他的堂兄埃德蒙得一大早就来到了皇家学院的实验室，开始实施他们策划已久的实验方案。

原来戴维对电池的电解作用产生了极大的兴趣。当时有很多物质被认为是不可分解的，可戴维想："不管物质中元素的天然电力（亲合力）有多么强，总不能没有个限度。我们人造仪器的力量似乎是能够无限增大的，电解一定能把物质中的元素分开。"他从电能将水分解成氢和氧中受到了启发，决心用电来分解各种物质以发现新元素。他首先选择了常见的草木灰。为此，他和埃德蒙得把当时皇家学院所有的电池统统集中起来，这"电池大军"包括24个大电池、100个中等电池和150个小电池。站在这"电池大军"旁，戴维信心十足："我一定要把草木灰分个一清二楚！"

戴维和埃德蒙得将草木灰配成饱和溶液，然后将那庞大电池组的两根导线插入溶液。顿时，溶液中气泡大作，他们高兴极了，连忙将两根导线旁跑出的气体分别收集起来检验。结果使他们十分扫兴，跑出来的气体是氢气和氧气。也就是说，被分解的只是溶液中的水，草木灰原封未动！

"水攻"不成，改为"火攻"。他们将草木灰放在一只白金勺里，用酒精灯将它熔化，然后把电池的一根导线接在白金勺上，另一根导线插入熔融的草木灰中。

"快看，埃德蒙得，它出来了！"戴维大叫起来。

"什么出来了？"埃德蒙得赶紧凑了过来。

"你看，这火！这淡紫色的火！"戴维兴奋地说。

看到白金勺里与草木灰接触的导线旁出现的闪烁着紫光的小火舌，埃德蒙得也高兴万分。可不一会，他又"凉"了下来，说："怎么收集产生这种火苗的东西呢？"

这一问，戴维也犯了愁。看来是有新元素产生了，但它极易燃烧，在这么高的温度下，一分解出来就着火了。

"水攻"不行，"火攻"也不行！原来计划拿着发现的新元素去参加皇家学院一年一度的贝开尔报告会，现在只有40天了，几十种方案又都不见效，怎么办呢？

又焦虑地苦思了十几天的戴维，突生一计：把草木灰稍稍打湿，使它刚刚能导电，这样既没有溶液，也没有高温，不就行了吗？

真是车到山前必有路，戴维赶忙叫来了埃德蒙得。他们用一铂制的小盘盛了些草木灰，在空气中放置片刻，因吸湿，草木灰的表面变得潮乎乎的。这时，他们用导线将铂制小盘与电池的负极相连，将一根与电池正极相连的铂丝插到草木灰中。

他们紧张地观察着。忽听"啪"的一声，铂丝周围的草木灰逐渐熔融，并且越来越猛烈。它终究经不起这数百个电池电流的"锥击"，开始分解了：负极铂盘周围有强光产生，出现了带金属光泽的、酷似水银的颗粒。有的颗粒刚一形成，就立即燃烧起来，发出美丽光亮的紫色火焰；有的颗粒侥幸保存下来，却很快失去光泽，蒙上了一层白膜。

看到这里，戴维猛地离开实验台，如醉如狂地跳起舞来，嘴里念叨着："好极了！成功了！"他疯疯癫癫地转了五六分钟，带倒了三脚架，打落了烧杯、试管，碰翻了墨水瓶，才勉强镇静下来。埃德蒙得也乐得在一旁鼓掌助兴。

戴维真的成功了：他发现了一种新的金属。

开报告会的日子到了，戴维拿着盛有自己辛苦制得的、泡在煤油里的新金属的瓶子，来到皇家学院的报告厅。在讲台上，他从瓶里取出一小块金属，擦干后用小刀轻轻地划下小小的一块，扔进一个盛满水的玻璃缸里。只见那块金属带着咝咝咝的响声，伴着紫色的火焰，在水面上着了魔似的乱窜，且体积越来越小，慢慢地消失在水里……这一切把台下的人都惊呆了。这真是一种神奇的金属！一种新元素——钾被发现了。

## 二、记忆Ni-Ti合金——神奇的金属

20世纪60年代，美国的一座海军研究所正在研制一种新式装备。

试验需要一些镍钛合金丝，一位研究人员便去仓库领取。可他领回来的合金丝都是弯弯曲曲的，使用起来很不方便。于是，研究人员把这些合金丝一根

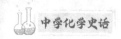

一根地拉直，然后安装在试验装置上。

试验开始了，装置的温度不断上升。突然，被拉直的镍钛合金丝全部恢复原来弯弯曲曲的形状，而且一丝不差。这使研究人员大为惊奇，决心探究一下这一奇异现象。多次试验的结果证明，被拉直或做成其他形状的镍钛合金丝，只要遇到一定的温度，便立即恢复到原来那弯弯曲曲的样子。也就是说，镍钛合金丝能"记住"自己原来的模样。后来，他们又发现，很多合金都有这种奇特的本领。

这可是个了不起的发现！科学家们将这种现象叫作"形状记忆效应"，将具有"形状记忆效应"的合金叫作"形状记忆合金"。

形状记忆合金（SMA）是指具有一定初始形状，经低温塑形后能够在热、光、电的刺激下恢复初始形状的一种新型金属功能材料。镍钛形状记忆合金（Ni-TiSMA）是新型功能材料的"后起之秀"，形状记忆效应是它独树一帜的特性，它还具备超弹性、较好的耐腐蚀性和生物相容性。

顾名思义，镍钛合金是由镍和钛组成的二元合金，镍原子和钛原子的个数比近似相等。利用温差改变镍钛记忆合金的形状，促使其对外做功，可以产生不竭动力。汽车上多种调节器的新型热敏元件，就是依靠形状记忆合金制成的弹簧来实现温控器的开启和闭合；应力诱发的超弹性，使得它被用于制作建筑物的自复位装置、恒弹力结构和均载连接等场合；镍钛记忆合金耐腐蚀和生物相容性的特点，让它成为医用生物材料的首选，常用于制作各类功能型支架、复制人体组织和骨骼等。

合金为什么具有形状记忆效应呢？这还得从晶体结构上说起。形状记忆效应的产生，是由于存在两种不同的晶体结构相。具有形状记忆效应的合金大多数发生热弹性马氏体相变。马氏体相变后合金留下较大的塑性变形空间。当合金被加热到最终温度以上时，低温的马氏体转变为高温的奥氏体，自动回复到初始状态。这实际上是由热诱发的一个相变过程。需要注意的是，奥氏体状态是去除载荷时的状态，呈立方体结构；而马氏体是加载时的状态，呈六边形结构。马氏体相变是无扩散的共格切变型相变，由母相转变为马氏体的过程中，原子没有扩散，因而仅仅是晶体结构发生了变化，无成分的改变。

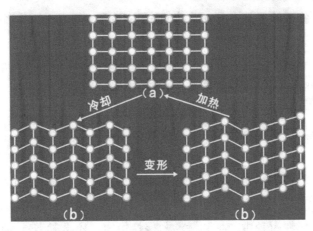

图12-17 奥氏体（a）和马氏体（b）的互相转变

### 1. 镍钛合金记忆效应的应用

　　为了充分利用镍钛合金因形变而对外做的功，人们发明了使用镍钛合金制作的发动机。不同于一般发动机，镍钛合金制作的发动机摆脱了烧油，或燃气，或用电力作为能源的束缚，仅依靠镍钛合金U形带在热水和冷水中的伸缩来驱使轮子转动，实现热能向机械能的转变。我们知道，科学家为了人类的生存和发展，一直在寻找清洁的新型能源。镍钛合金的出现，为我们寻求新能源指明了一个崭新的方向，实现了人们对输出能量大于输入能量的追求。换句话说，镍钛合金蕴藏的，不仅是一种形状记忆的效应，更是一种固态能源转换系统。横截面积1cm²的镍钛合金棒，由于温度的变化，能发出8.5t的力。

图12-18 镍钛诺发动机

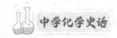

### 2. 镍钛合金超弹性的应用

超弹性是指试验样品在外加载荷的作用下能够产生远远大于常规材料弹性极限的应变量，在外加载荷卸载后试样的变形可以自动恢复。镍钛合金的弹性极限远远大于普通材料，并且不再遵守胡克定律，在一定形变范围内应力不随应变的增大而增大，而是呈现非线性关系。镍钛合金通过冶炼、热加工、冷加工及适当时效热处理加工

图12-19　镍钛合金矫正弓丝

即可获得超弹性，利用超弹性可以制作小巧玲珑、高自动化、性能可靠的元器件。如在医学上应用颇多的超弹性自膨胀型支架、矫正弓丝等。这样的弓丝在临床上表现为形变过程中产生的矫治力保持恒定，不会随着牙齿向矫治方向的移动而逐渐丧失。

### 3. 镍钛合金抗腐蚀的应用

抗腐蚀也是镍钛记忆合金的强项。镍钛记忆合金表面氧化后形成一层$TiO_2$氧化膜，可以增加合金表面层的稳定性，起到物理和化学屏障的作用。由于镍、钛的化学惰性，镍钛合金易形成厚度为2～20nm致密的氧化层，在植入过程中，该氧化层生长并吸收矿物质（例如磷酸钙）和生物体液的其他成分，从而导致表面重塑，使其具有良好的耐腐蚀性。

利用这些性能，镍钛合金制成的食管、气管、封堵器、腔静脉滤器等微创医疗器械，在植入人体的时候，不会引起机体的排斥反应。新型镍钛记忆合金温控输尿管支架已被生产且用于医疗手术中。它是一种螺旋式支架，遇热膨胀、遇冷变软。进行支架植入手术后，镍钛记忆合金支架在65℃热水的情况下成功膨胀，锚定于狭窄处，输尿管再度恢复通畅，为患者带来福音。由于镍钛形状记忆合金的刚度和硬度均与人体的骨组织十分接近，因此被认为是最理想的生物内固定植入材料。它在治疗肋骨骨折、关节疾病和手外科疾病中起到了重要作用，常用来制作固定断骨的销子和接骨板，且具有良好的生物相容性。

镍钛合金作为综合性能较好的形状记忆与超弹性材料，长期成为形状记忆合金研究中的重中之重。从传统的丝材、板材到新颖结构的薄壁管、薄膜，从传统的微米晶到纳

图12-20　镍钛合金制成的食道支架

米晶和非晶态，镍钛形状记忆合金与时俱进，走在发展的前沿。同时，大量结构新颖的镍钛合金应运而生，例如镍钛合金薄膜薄带、镍钛合金毛细管、块状纳米晶镍钛合金等。未来，利用数字化三维重建技术或其他新型的技术手段对镍钛合金进行精致细腻的加工是其发展的方向。

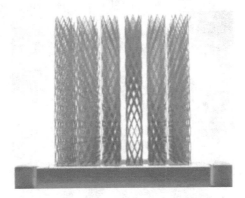

图12-21　铂力特3D打印的镍钛合金血管支架

## 三、彩虹元素——铬

人类文明的近现代史就是一部不断通过科技进步从而推动人类文明滚滚向前的历史，而科技水平的提高，又促进人类不断拓展认知边界，完成一块又一块新的认知拼图。我们对铬元素的认识，恰如其分地诠释了科技才是第一生产力。

### 1. 铬（Cr）的发现史

1798年，人类第一次揭开铬的面纱，沃奎琳发现了以铬酸铅形式存在的铬元素（Cr），而铬真正引起人们大量关注，则用了接近100年。

19世纪末，因为染色剂中含有大量六价铬（$Cr^{6+}$），苏格兰印染行业的许多工人饱受着鼻癌的困扰，六价铬则被认为是罪魁祸首。20世纪30年代，德国又发现了六价铬能够导致肺癌，接下来的时间，人们谈铬色变，仿佛铬元素等待的，只能是不断被"妖魔化"的命运，人类对于它的全面认知，还得"让子弹飞一会儿"。

图12-22　铬元素

1954年，科学家发现铬会增强老鼠肝脏将乙酸合成胆固醇和脂肪酸的速

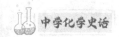

率。1959年，美国科学家Schwarz和Mertz发现，三价铬可以增强老鼠对葡萄糖的耐受。Jeejebhoy在1977年宣布，给一名妇女注射三价铬，缓解了其葡萄糖不耐受的症状。接着到来的20世纪90年代，人们发现其实牛、羊、马、猪和家禽都需要铬。难道铬是被人类冤枉了上百年吗？这其实不能完全责怪人类，因为铬元素实在是太容易"变身"了！从+2价到+6价，不同价的铬性格差异很大，套用一句流行语——总有惊喜等着你！

**2. 铬的主要存在形式**

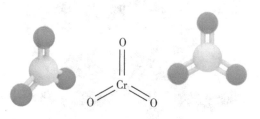

图12-23　CrO₃的结构

铬最常见的形态主要是+2、+3和+6三种，$Cr^{2+}$具有很强的还原性，与空气接触就能直接被氧化成$Cr^{3+}$。$Cr^{6+}$则是铬中第二稳定形态，具有很强的氧化特性，尤其在酸性介质中非常容易伪装成$CrO_4^{2-}$或$Cr_2O_7^{2-}$的离子基团形式，由于其良好的溶解性，非常容易通过细胞的生物膜，从而与细胞内的蛋白质和核酸发生反应，生成更加稳定的$Cr^{3+}$，细胞就被伤害，这也就是为什么$Cr^{6+}$具有致癌性的缘由。

大家应该也看出来了，不论是"不堪大用"的$Cr^{2+}$，还是"作恶多端"的$Cr^{6+}$，最终都会被"改造"成$Cr^{3+}$，也就是机体内存在的形式（机体必需元素$Cr^{3+}$）。为何$Cr^{3+}$会成为人和动物机体最终的宠儿呢？这就跟它温和的"脾气"有很大关联了。

**3. 三价铬（$Cr^{3+}$）的主要生物学功能**

$Cr^{3+}$通过细胞膜的难度较大（Mertz，1992），化学稳定性强（不容易发生氧化或者还原反应），无机形式的$Cr^{3+}$甚至难以被机体吸收，例如人体摄入$10\mu g$时的吸收率仅为2%，摄入量高于$40\mu g$后则降至约0.5%（Anderson，1985）。

当然，最重要的还是$Cr^{3+}$独特的生理学

图12-24　铬医学检测

功能。$Cr^{3+}$作为葡萄糖耐量因子（GTF）的重要组成部分，能够促进胰岛素与细胞的胰岛素受体结合，进而提高胰岛素的生物学效价，并通过胰岛素调节机体对葡萄糖、脂质、蛋白质以及核酸代谢等生物功能。

（1）通过胰岛素调节葡萄糖代谢

当4个$Cr^{3+}$与1个胰岛素受体结合之后，胰岛素对葡萄糖的运输能力将增强8倍，促进机体对葡萄糖的吸收和利用，从而达到快速降低血糖的功效。

（2）调节脂质代谢

大量的研究表明，$Cr^{3+}$是参与脂质代谢必不可少的元素，日粮中补充Cr可以帮助降低胆固醇和低密度脂肪酸含量，提高高密度脂蛋白的含量，胰岛素对葡萄糖的高效利用也将减少葡萄糖转化成脂肪的比例。Untea（2017）就报道，在日粮中补充有机铬可以提高肌肉沉积比例，减少脂肪沉积。

（3）增强蛋白质合成

$Cr^{3+}$通过胰岛素提高了机体对葡萄糖的利用后，Evans（1992）发现，老鼠骨骼肌细胞对氨基酸的吸收作用也随之增强，从而增加了骨骼肌的合成，提高了蛋白质在体内的沉积。

（4）调节核酸代谢

$Cr^{3+}$有着比其他金属离子更强的核酸结合能力，在调节动物核酸代谢中起着重要作用（Okada，1982）。$Cr^{3+}$可以与染色体结合，提高RNA的合成，从而促进基因表达（Okada，1989）。

（5）调节皮质醇

当动物处于应激时，血液中的皮质醇含量增加，皮质醇有增加血糖浓度、降低外周细胞利用血糖的功效，这与胰岛素的功能完全相反。血糖浓度增加后，不可避免地会影响胰岛素水平，作为胰岛素协同因子的$Cr^{3+}$耗用随之增加。Pechova（2002）研究表明，日粮中补充有机铬有助于降低血液皮质醇浓度。

## 四、汞的前世今生

汞是地壳中相当稀少的一种元素。因为汞的化学性质，它不易与地壳主量元素成矿，所以考虑到汞在普通岩石中的含量，汞矿中的汞是极为富集的。品位最高的汞矿有2.5%的质量是汞，即使品位最低的也有0.1%，是地壳中含量的12000倍。

汞罕见于金属单质，常见于朱砂、氯硫汞矿、硫汞锑矿和其他矿物，其中以朱砂最为常见。汞矿一般形成于非常新的造山带，这里高密度的岩石被推至

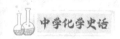 

地壳。汞矿常见于温泉和其他火山地区。

据西方化学史资料，曾在埃及古墓中发现一小管水银，据历史考证，该古墓可能修建于公元前16—前15世纪，这可能是迄今为止世界上利用汞矿的最早记录。我国开发利用汞矿的历史，至少可追溯至3000多年前。殷墟出土的甲骨文上涂有丹砂，表明中国在殷商时期就使用了天然的硫化汞。在古代中国，汞被认为可以延长生命、治疗骨折和保持健康，尽管人们现在已经知道汞会导致严重的健康损害。据《史记》记载，秦始皇的陵墓中以汞为水，流动在他统治的土地的模型中。秦始皇死于服用炼金术士配制的汞和玉石粉末的混合物，汞和玉粉导致了肝衰竭、汞中毒和脑损害，而它们本来是为了让秦始皇获得永生的。中国古代妇女还曾经采用口服少量汞的方式进行避孕。古希腊人曾将汞用于油膏中，古埃及人和古罗马人把它加入化妆品中，但有时这样的化妆品会导致脸部变形。在玛雅文明的大城市拉玛奈中，人们在一个中美洲球场里的记号下面发现了一池子的水银。

在公元前500年左右，汞已经用于制造与其他金属的合金了。18世纪和19世纪中汞被用来去掉做毡帽的动物皮上的毛，这让许多制帽工人遭受了脑损伤。在盘尼西林出现以前，水银也曾一度用于治疗梅毒。

炼金术士认为汞是形成其他所有金属的第一物质。他们认为不同的金属可由汞中包含的不同质量和含量的硫来生成。最纯的金属是金，而人们需要汞来实现不纯的金属（基础金属）到金的转变，这种转变也是很多炼金术士的目标。18世纪初，包括艾萨克·牛顿在内的许多著名科学家都相信水银可以被转化为黄金。

现代化学中，符号Hg来自人造的拉丁词hydrargyrum，其词根来自希腊语"Υδραργυρος"（hydrargyros），这个词的两个词根分别表示"水"（hydro）和"银"（argyros），因为汞与水一样是液体，又像银一样闪亮。在西方，人们用罗马神墨丘利来命名汞，墨丘利以他的速度和流动性著名。汞也与水星有关，天文学中水星的符号就是炼金术士给汞的符号"☿"；而英语中水星和汞的名称也相同。炼金术在梵文中叫"Rasavātam"，意思是"汞的方式"。汞是唯一一种炼金术士给的名字变成现在常用的名称的金属。自从2500年前西班牙的阿尔马登开采汞矿以来，它与意大利的阿米塔山和现在的斯洛文尼亚的伊德里亚一直是主要的汞矿来源，直到19世纪末发现了新的汞矿。

贵州汞矿的发现至少也有2000年的历史，是全国文字记载最早的确切省区之一。《续汉书·郡国志》中，有"牂牁郡谈指出丹"的记载。汉代以后，

《华阳国志·南中志》记述蜀建兴三年（225年），汉征服南中后，曾令"出其金银……丹……漆……给国军之用"，文中"丹"即指辰砂（最具代表性的汞矿物，又称丹砂、朱砂等），反映当时贵州汞矿已有发现与开采。

贵州铜仁万山汞矿曾为我国最重要的汞资源基地，其储量和产量均居全国之首、亚洲之冠、世界前茅。万山也因此被誉为"中国汞都"。万山，一个承载着皇族文化的地名，自诞生之日就意义非凡。相传在西周时（前1046—前771），从巴方来了一个梵氏女子，教土民在崖壁上用她带来的青铜工具沿着丹脉敲凿取丹，久敲久凿而成洞穴。梵氏将凿得的丹砂献给武王，武王服之，不仅治好了心悸的毛病，而且神清气爽，颜面红润，智慧超人，体力倍增，便敕封产丹之山为"大万寿山"，在元、明、清代简称大万山，民国时期开始称之为"万山"。

重50g以上的朱砂，均可称为"朱砂王"，据可靠统计，全世界现存的"朱砂王"仅有56颗，其中50颗产于万山。20世纪50年代，万山建设成为我国最大的融采矿、冶炼、科研于一体的汞工业基地，"贵州汞矿"几乎成了万山的代名词。万山汞矿开采的汞是中国出口的主要物资之一，为国家创收约15亿元，成为偿还苏联债务的主要物资，为国家在国际社会赢得了尊严，被周恩来总理深情地誉为"爱国汞"。

由于万山汞矿对我国建设的特殊贡献，1966年2月22日，国家批准设立了"万山特区"（已撤销），作为新中国第一个行政特区载入共和国史册，由此开启了万山汞矿的又一段征程。数十年的征程谱写了一段又一段辉煌的篇章，为我国社会主义建设做出了彪炳史册的特殊贡献。

## 五、"多面孔"的铝

铝为银白色轻金属，有延展性。商品常制成棒状、片状、箔状、粉状、带状和丝状。在潮湿空气中能形成一层防止金属腐蚀的氧化膜。铝粉和铝箔在空气中加热能猛烈燃烧，并发出炫目的白色火焰。铝易溶于稀硫酸、硝酸、盐酸、氢氧化钠和氢氧化钾溶液，不溶于水，相对密度2.70g/cm$^3$，熔点660℃，沸点2327℃。

铝是活泼金属，在干燥空气中铝的表面立即形成厚约50埃（1埃=0.1纳米）的致密氧化膜，使铝不会进一步氧化并能耐水；但铝的粉末与空气混合则极易燃烧；熔融的铝能与水猛烈反应；高温下能将许多金属氧化物还原为相应的金属；铝是两性的，即既溶于强碱，也能溶于稀酸。物以稀为贵，在100多年前，

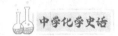

铝曾是一种稀有的贵重金属，被称为"银色的金子"，比黄金还珍贵。

图12-25　拿破仑三世

法国皇帝拿破仑三世（1808—1873），为显示自己的富有和尊贵，命令官员给自己制造一顶比黄金更名贵的王冠——铝王冠。他戴上铝王冠，神气十足地接受百官的朝拜，这曾是轰动一时的新闻。拿破仑三世在举行盛大宴会时，只有他使用一套铝质餐具，而他人只能用金制、银制餐具。

图12-26　铝制餐具

即使在化学界，铝也曾被看成最贵重的金属。英国皇家学会为了表彰门捷列夫对化学的杰出贡献，不惜重金制作了一只铝杯，赠送给门捷列夫。

图12-27　邮票：门捷列夫和铝制奖杯

　　为什么铝制品在当时是那样昂贵的"稀有金属"？地壳中最丰富的金属是铝，它占整个地壳总质量的7.45%，仅次于氧和硅，位居金属元素的第一位，是居第二位的铁含量的1.5倍，是铜的近4倍。脚下的泥土，随意抓一把，可能都含有许多铝的化合物。但由于铝的化学性质活泼，一般的还原剂很难将它还原，因而铝的冶炼比较困难。从发现铝元素到制得纯铝，经过了十几位科学家100多年的努力。

　　古代，人们曾用一种称为"明矾"（硫酸铝）的矿物作染色固定剂。俄罗斯第一次生产明矾的年代可追溯到8—9世纪。明矾用于染色业和用山羊皮鞣制皮革。中世纪，在欧洲有好几家生产明矾的作坊。16世纪，医生兼自然科学历史学家帕拉塞斯在铝的历史上写下了新的一页。他研究了许多物质和金属，其中也包括明矾，证实它们是"某种矾土盐"。这种矾土盐的一种成分是当时还不知道的一种金属氧化物——氧化铝。1754年，德国化学家马格拉夫（Marggraf.A.S.，1709—1782）终于能够分离"矾土"了，这正是帕拉塞斯提到过的那种物质。但是，直到1807年，英国的戴维才把隐藏在明矾中的金属分离出来，他用电解法发现了钾和钠，却没能够分解氧化铝。瑞典化学家贝采利乌斯进行了类似的实验，但是失败了。不过，科学家还是给这种含糊不清的金属取了一个名字。开始贝采利乌斯称它为"铝土"。后来，戴维又改称它为"铝"。这是一个奇怪的现象，在没提炼出纯铝时，铝就有了自己的名字。

　　1825年，丹麦科学家奥斯特发表文章说，他提炼出一块金属，颜色和光泽有点儿像锡。他是将氯气通过红热的木炭和铝土（氧化铝）的混合物，制得了氯化铝，然后让钾汞齐与氯化铝作用，得到了铝汞齐。他将铝汞齐中的汞在隔绝空气的情况下蒸掉，就得到了一种金属。现在看来，他所得到的是一种不纯的金属铝。因刊登文章的杂志不出名，奥斯特又忙于自己的电磁现象研究，这个实验就被忽视了。两年后，提炼铝的荣誉就归于德国年轻的化学家维勒。奥斯特与维勒是朋友，他把制备金属铝的实验过程和结果告诉维勒，并说打算不再继续做提炼铝的实验，而维勒却很感兴趣。他开始重复奥斯特的实验，发现钾汞齐与氯化铝反应以后，能形成一种灰色的熔渣。当将熔渣中所含的汞蒸去后，得到了一种与铁的颜色一样的金属块，把这种金属块加热时，它还能产生钾燃烧时那样的烟雾。

　　维勒从头做起，设计自己提炼铝的方法。他将热的碳酸钾与沸腾的明矾溶液作用，将所得到的氢氧化铝经过洗涤和干燥以后，与木炭粉、糖、油等混合，并调成糊状，然后放在密闭的坩埚中加热，得到了氧化铝和木炭的烧结物。将这种烧结物加热到红热的程度，通入干燥的氯气，就得到了无水氯化铝。然后将少量金属钾放在铂坩埚中，在它的上面覆盖一层过量的无水氯化铝，并用坩埚盖将反应物盖住。当坩埚加热后，很快就达到了白热的程度，等反应完成后，让坩埚冷却，把坩埚放入水中，就发现坩埚中的混合物并不与水发生反应，水溶液也不显碱性，可见坩埚中的反应物之一——金属钾已经完全作用完了。剩下的混合物是一种灰色粉末，它就是金属铝。1827年末，维勒发表文章介绍了自己提炼铝的方法。当时，他提炼出来的铝是颗粒状的，大小没超过一个针头。但他坚持把实验进行下去，终于提炼出了一块质地致密的铝块，这个实验用去了他18个年头。此外，他还用相同的方法制得了金属铍。为了纪念维勒这位最初分离出金属铝的化学家，美国威斯汀豪斯实验室曾经铸了一个铝制的维勒挂像。

时至今日，全球铝产量仅次于钢铁，铝及其合金已成为现代文明不可或缺的金属材料。由于铝的密度很小，且其合金的强度却足以代替钢铁，因此它被广泛用于航空工业。我国第一颗人造卫星东方红一号的外壳全部用铝及其合金制成，美国的阿波罗11号宇宙飞船所用金属材料中，铝及其合金占比高达75%。另外，在汽车、火车、船舶等制造工业上人们也大量使用铝及其合金。而在电器制造工业、电线电缆工业和无线电工业中，铝也有广泛的应用。

## 六、熟悉的陌生人——钙

钙，银白色的轻金属，质软，密度1.54g/cm³。化学性质活泼，能与水、酸反应，有氢气产生。与空气接触其表面会形成一层氧化物和氮化物薄膜，以防止继续受到腐蚀。加热时，几乎能还原所有的金属氧化物。

19世纪末的英国，心脏生理学家悉尼·林格正在实验室中忙碌着。这段时间，他正在研究蛙心的收缩功能，随着实验顺利进行，他撰写的相关论文得以在《生理学杂志》成功发表。欣喜之余，他发现在实验过程中自己犯了一个错误：配置盐溶液的过程中使用了自来水。

于是，他赶快用蒸馏水重新配置以改正错误，却发现心脏收缩力越来越弱。戏剧性变化使他意识到自来水中肯定存在着一种能维持心脏功能的特殊"东西"。经过排查，他最终确定了它的神秘身份。当他把这个"神奇"东西注入蒸馏水配置的溶液后，心脏又恢复了正常活动。

那么，林格发现的这个神奇"东西"会是什么呢？它为何会有如此特异的功能？

其实，林格发现的这个神奇"东西"就是钙离子。在此基础上，林格进一步展开工作，可以长时间维持心脏功能的生理溶液——大名鼎鼎的林格氏液就此诞生。钙离子如此神奇的功能的确惊艳了世人。那么，人们不禁会问，这个钙离子到底属于何方神圣呀？

钙，外文名calcium，是一种金属元素，原子序数为20，符号Ca，在元素周期表中位于第4周期、第IIA族。钙单质常温下为银白色固体，化学性质活泼，因此在自然界多以离子状态或化合物形式存在。据统计，地壳中钙含量为4.15%，占第五位。主要含钙矿物有石灰石$CaCO_3$、白云石$CaCO_3 \cdot MgCO_3$、石膏$CaSO_4 \cdot 2H_2O$、萤石$CaF_2$、磷灰石$Ca_5(PO_4)_3F$等。蛋壳、珍珠、珊瑚、一些动物的壳体和土壤中都含有钙，海水中氯化钙占0.15%。其被人们亲切称为"生命元素"。

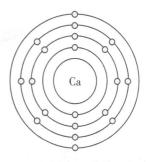

图12-28 钙原子结构示意图

说到这里，有人就问了，这个自然界的金属钙到底是怎么来的呀？

根据一项发表于《天体物理学杂志》的研究揭示，宇宙中一半的钙元素都源自富钙超新星爆发。美国西北大学的天文学家首次利用X射线成像对富钙超新星进行了研究。这枚超新星名为SN2019ehk，研究发现该天体内部致密，而外层有一层气体。超新星爆发时，内部物质与松散的外层物质碰撞，释放明亮的X射线，而这一过程产生的高温高压环境，促使化学反应生成钙元素。

图12-29 富钙超新星

当地球刚刚诞生时，它也可能经历了一次创新性的爆炸，导致大量的钙进入地球。钙元素的存在为地球上生命提供了新的能量。大量的钙元素不断地被地球上的新生命吸收，形成以钙元素为基本元素的生命形式，骨骼就是其中之一。

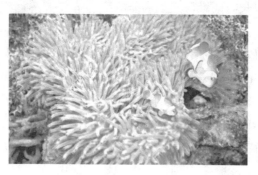

图12-30　海洋生物

权威考证，已知最早的$CaCO_3$骨骼是在埃迪卡拉纪晚期（现在之前的550—541Ma）岩石中发现的有问题的后生动物，分布于全球（206—209）。正如伍德（210）所言，这些化石主要局限于沿海碳酸盐环境。到随后的寒武纪时期，具有碳酸盐骨骼的动物已经在一系列大陆架和平台环境中多样化。

对人类而言，在很长时期里，化学家们将从含碳酸钙的石灰石焙烧获得的钙的氧化物当作是不可再分割的物质。在1789年拉瓦锡发表的元素表中钙的氧化物就赫然在列。但直到1808年英国科学家戴维出现，人类才第一次得到了金属钙。

1808年，在伦敦英国皇家研究所的实验室里，时任英国皇家学会秘书的汉弗里·戴维正在忙碌着，期望从面前的一堆"土"里找到新的希望。要知道这些"土"可不是一般的土，而是前辈化学家安托万·拉瓦锡提过的碱土。

戴维选择了碱土中的石灰石进行实验。刚开始他的进程很不理想，但经过多次试验后，他终于找到了正确分离石灰的方法。戴维从贝采利乌斯和瑞典皇家医生蓬丁共同电解生石灰和水银的混合物取得钙的实验中获得了启发：他先将湿石灰与氧化汞（水银的氧化物）按3∶1进行混合，加热到约300℃后得到熔化物；再电解此熔化物，得到未知元素和水银构成的化合物；加热此化合物，蒸发掉水银后得到一种白色的金属单质，他确定这是一种新元素。

"如何为这种新东西命名呢？"他想，石灰的拉丁文是calx，何不把它变成calc，再加上名词后缀"-iun"，成为一个新名词"Calcium"（意为"从石灰中得到的金属"）。很快，他把此词写入论文中，并将此元素的化学符号定为"Ca"。若干年后西学东渐，清末科学家翻译西方国家的化学元素周期表，将Ca译成"钙"，沿用至今。

到了1842年，瑞士医学家在动物饲料中加入碳酸钙，发现它可以治疗动物骨骼发育不良，这也是人类首次对动物进行的补钙实验，从此，人们开始意识到钙与生物体的生长有着非常密切的关系。此后的日子里，随着钙的功能逐渐被世人认识，全球掀起了一股钙的热潮。

金属钙作为一种银白色的轻金属，其主要原料石灰石广泛分布并存在于地壳中，其生产方法有两种：电解法生产（其纯度一般在98.5%以上，经进一步升华后，可达到99.5%以上的纯度）和铝热法（也叫皮浆法，其纯度一般在97%左右，进一步升华后，可在一定程度上提高纯度）生产。大量金属钙的出现，促使日常生活中与钙有关的应用越来越多。根据钙的物理性质和化学性质，钙的用途主要体现在以下这些方面。

（1）工业领域

用于与铝、铜、铅制合金，也用作制铍的还原剂、合金的脱氧剂、油脂脱氢等。用作油类的脱水剂、冶金的还原剂、铁和铁合金的脱硫与脱碳剂以及电子管中的吸气剂等。

（2）生物领域

钙用作高温热还原剂，从氧化物、卤化物制取金属铬、钍、铀、稀土元素、锆，以及磁性材料钐钴合金、吸氢材料镧镍合金和钛镍合金等；氟化钙用作光学玻璃、光导纤维、搪瓷的原料，用作助熔剂；过氧化钙是缓和的氧化剂，用作杀菌、防腐、漂白药剂，亦用于封闭胶泥的快干剂等等。

图12-31　化学试剂钙

（3）医学领域

人体是一个有机的生命体，在所有的生命活动过程中，需要有各种物质的参与，这些物质的种类和数量和地球表面的元素组成基本一致。这些元素除碳、氢、氧以有机物的形式存在外，其余的统称矿物质（无机盐）。能测定的人体内的无机盐有20余种，其中钙是人体内含量最多的一种无机盐。

人体中的钙元素主要以晶体的形式存在于骨骼和牙齿中。人们身体中的矿物质约占体重的5%，钙约占体重的2%。身体的钙大多分布在骨骼和牙齿中，约占总量的99%，其余1%分布在血液、细胞间液及软组织中。鉴于钙的重要性，人们赋予其"生命元素"之称。

日常生活中，如果钙摄入不足，人体就会出现生理性钙透支，造成血钙

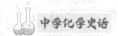

水平下降。当血钙水平下降到一定阈值时，就会促使甲状旁腺分泌甲状旁腺素（甲状旁腺素具有破骨作用，即将骨骼中的钙反抽调出来，借以维持血钙水平）。如果人体长期缺钙，会导致骨质疏松、骨质增生、儿童佝偻病、手足抽搐症以及高血压、肾结石、结肠癌、阿尔茨海默病等疾病。

此外，钙可以控制心率和血压，也参与肌肉的收缩活动。没有这种物质，我们的身体就不能自如活动。

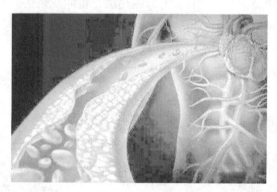

图12-32　心脏供血示意图

生活中含钙量较高的食物主要有：牛奶、乳制品、豆类、花生、小虾米皮、蛋黄等。此外还可多晒晒太阳、加强体育运动等。需要指出的是，钙的更新速度随着年龄的增长而减慢，幼儿每1~2年更新一次，成年人每10~12年更新一次，从35岁开始，骨中的钙含量以每年1%的速度下降，因此人们每天需要从膳食以外再摄取约400mg的钙。

# 第四节　材料的故事

## 一、古德伊尔与橡胶

橡胶，是大自然赠予人类的绝佳礼物，从绝缘手套到汽车轮胎，从胶鞋雨衣到田径跑道，橡胶的应用随处可见。虽然橡胶改变了世界，惠及我们每一个人，但是，人类初识橡胶的时候，并没看出它有多大的能耐，甚至对它失去过信心。多亏了一位勤勉的发明家，用毕生的努力改良橡胶，才挽救了几乎"流产"的橡胶工业。这位发明家就是有着"现代橡胶之父"美誉的查尔斯·古德伊尔。

图12-33　五花八门的橡胶制品

橡胶的故乡在南美洲，那儿生长着一种橡胶树，割破树皮会看到白色的胶乳一滴一滴流淌下来。当地的土著居民把这种胶乳叫作"树的眼泪"。他们将胶乳风干凝固，做成弹性十足的圆球，然后一边唱着歌，一边围成圆圈跳舞，把球传来传去。15世纪末，著名航海家哥伦布航行到达美洲时，看到当地人玩这种游戏。哥伦布感到很好奇，就将圆球带回了欧洲。哥伦布之后，越来越多的西方探险者抵达美洲，他们渐渐得知橡胶树的产地，土著人采集胶乳的方法，以及利用天然橡胶制作鞋子、水壶和其他坛坛罐罐的方法。

图12-34　"流泪"的橡胶树

经过几个世纪对于橡胶知识的探索、沉淀和推广，19世纪，欧洲终于出现了橡胶工业。1819年，英国人查尔斯·麦金托什发现用煤焦油能够溶解橡胶，于是便用橡胶制剂给布料涂层，做成了人类最早的橡胶雨衣。1826年，英国人托马斯·汉考克发现用一种机械方式反复挤压橡胶，能够降低其弹性，提高其塑性，他用这种方法做出了世界上最早的松紧带。一时间，人们被橡胶材料带来的惊喜冲昏了头脑，以至于还没有对橡胶性质研究透彻，就过早地对橡胶进行大规模的商业化应用。

无论麦金托什，还是汉考克，他们用新方法制作的橡胶制品本质上仍然使用的是天然橡胶。这些产品很快就暴露出问题——天冷会发硬开裂，天热会变软发臭，黏黏糊糊。由于技术问题难以解决，大量橡胶产品开始滞销，一度将要兴起的橡胶企业陆续倒闭，许多投资者和研究者纷纷对橡胶失去了兴趣。

在人们不再看好橡胶工业的时候，远在美国的古德伊尔也正因为事业陷入困境而发愁——他30岁出头，正值壮年，已经成为9个孩子的父亲，做了10多年的五金生意，但经营不善，公司破产。

1834年的夏天，古德伊尔已经断绝收入一年有余了，全靠典当家当来养活妻子和孩子。一天，古德伊尔无所事事地在街上闲逛，偶然看到商店橱窗中展示的橡胶充气救生圈，他想到，救生圈气门漏气也许是许多人溺水而死的重要原因。于是他想到这是一个商机，果断买下救生圈。通过数周的研究，古德伊尔设计出了一个防止漏气的气门。然而，当他找到代理商的时候，后者没有半分欣喜，而是无奈地把他带到储藏室。打开门的一瞬间，古

图12-35　古德伊尔

德伊尔闻到了一股刺鼻的橡胶恶臭。原来，储藏室里堆满了卖不出去的橡胶产品——鞋子、雨衣以及救生圈。由于夏天的高温，这些东西变臭变黏，成为无用的垃圾。

代理商告诉古德伊尔，橡胶行业已经过气，即将被淘汰，所以他设计的气门自然也就无用了。但古德伊尔却在此刻意识到，如果能够找到改善天然橡胶的方法，打破温度的限制，那么就可以变废为宝了。因此，古德伊尔决心要对天然橡胶进行改性，以期充分利用好这种有很大商业潜力的材料。从此，古德伊尔的生活便与橡胶牢牢黏在了一起。

古德伊尔没有学过有机化学，根本不懂得天然橡胶的化学成分是什么，

更不知道应该要添加什么物质、进行什么化学反应才能有效改良橡胶的性质。所以，当时他的实验方法就是不停地尝试，根据效果来判断。比如，他向橡胶中掺入过松节油、镁粉、石灰甚至火药。可是这些方法都只是简单地将物质混合，并没有发生化学反应，因此都不成功。同时，漫无目的的尝试还给他带来了更多的负债。没过多久，古德伊尔便因为欠下太多债务而被拘捕，他只好带着做实验用的擀面杖和各种添加剂搬进了监狱。

这个时候，古德伊尔已经迷上了橡胶，甚至在狱中，他还在想方设法继续自己的研究。好在古德伊尔的亲戚替他还清了债务，他才得以出狱。

虽然重获自由，但古德伊尔的处境并没有太多好转，他依然疯狂地尝试，不停地实验。然而已经没有人再愿意借钱给他了，人们还这样调侃他：如果你碰到一个人，帽子、围脖、外套、背心、鞋子全是橡胶做的，口袋里没有一分钱，那么这个人就是查尔斯·古德伊尔。

但努力总会有所回报，1938年7月，古德伊尔的尝试小有所成。他用硝酸溶液的蒸汽处理橡胶，可以改善橡胶性能，于是发明了一种"酸蒸汽处理橡胶工艺"，获得了专利。1939年，一次著名的"火炉事件"更是使他的研究发生了转折。一天，古德伊尔正和朋友聊天，他撕了一块富含硫黄的橡胶片，漫不经心地丢进火炉里，后来发现惧怕高温的橡胶在火炉中竟然没有软化黏糊，反而变得更坚韧、更有弹性。古德伊尔受到启发，便开始改用硫黄高温处理的方法来改良橡胶。

我们知道，橡胶被硫黄改性，是因为高温下两者发生了化学反应，硫原子和橡胶的有机聚合物形成了坚固的化学键和分子结构。但古德伊尔的时代，化学理论并不发达，他仍然只能用试错的方式一遍遍尝试。从修砌火炉、调控温度、掌握加热时间、确定硫黄和其他试剂的用量到机械运转、产物测试，这些事情花费了古德伊尔大量的时间和精力，而且，长期与有毒物质的接触也严重损害了古德伊尔的健康。

1843年，古德伊尔终于取得成功，他发明了一整套完备的程序来制作硫化橡胶，并在1844年再次获得专利。然而，发明研究和商业应用之间总是有一段距离的。古德伊尔的商业产品还没上市，他又再次破产入狱。更糟糕的是，这项技术虽然发明起来很难，但掌握起来很容易，因此许多没有专利权的人也争相模仿制作改良的硫化橡胶。橡胶工业一下子又火了，橡胶也终于成为一种有价值的工业原料。

## 二、电木的来历——一种塑料的由来

1904年，列奥·亨德里克·贝克兰（1863—1944）在参加一次科学研讨会时得知：德国著名化学家阿道夫·冯·拜尔有一个新的科研发现，甲醛和苯酚可以发生化学反应。贝克兰对此很感兴趣，回去后他立刻钻进实验室，将甲醛和苯酚混合起来进行研究实验。然而，令他失望的是，两者并没有像拜尔所说的那样发生剧烈的化学反应。是拜尔的结论有误，还是自己的试验过程有问题？贝克兰处于深深的困惑中。

图12-36　贝克兰

此时，他身边的不少朋友都劝他说："拜尔只是提出了一种化学反应'现象'，并没有进行应用性的研究，连这位'染料化学之父'、诺贝尔奖获得者都不愿进行下去的实验，一定是没有意义的，不如放弃吧。"化腐朽为神奇，是科学家独有的特质。贝克兰凭着丰富的知识和经验相信，这个实验的前途一定是光明的。他那种锲而不舍，撞了南墙也不回头的性格决定了他不会放弃，坚持进行试验。

经过多次实验，他得到一种黏稠的液体，但实验始终无法进入到应用阶段。一晃就是三年过去了，夜以继日地连续操劳，贝克兰的头发越来越少，收入也越来越少，连他相依为命的实验室也因无钱整修，变得破烂不堪，老鼠横行。

图12-37　电木轮

有一次，肆无忌惮的老鼠竟把他午餐的奶酪给吃掉了，让贝克兰整整饿了一下午。挨饿的贝克兰决心消灭这群可恶的老鼠，他从朋友那里借来一只猫，把它放到实验室。谁知这只猫平时吃惯了闲饭，长得又肥又大，是只懒猫，眼看着老鼠在实验室里"胡作非为"，它竟无动于衷。贝克兰被老鼠弄得坐立不安，哪里还有心思做实验，"不能再指望猫了，我一定要把这群老鼠收拾干净。"贝克兰终于下了决心。经过一番筹划，一天晚上，贝克兰在实验室的桌子上放了一架捕鼠机，捕鼠机里放着一块喷香喷香的、松软的奶酪。他想用这种方法引老鼠上钩，把它们一只只地消灭掉。

第二天清晨，贝克兰兴冲冲地向实验室走去。他边走边想象着老鼠在捕鼠机里痛苦挣扎的情景，脸上不觉露出了一丝得意的笑容。但当他打开房门时，脸色立即又沉了下来，原来捕鼠机里空空如也！"难道老鼠识破了我的计谋？不会的！那香喷喷的奶酪可是老鼠最喜欢的美肴呀，它们绝对不会放过它的！"贝克兰边想着，边走近捕鼠机。

"咦！奶酪怎么变成这个样子了呢？"贝克兰拿出捕鼠机里的奶酪一看，它已变得像石头一样坚硬，且散发一种刺激性气味，这种诱饵当然不会使老鼠上当了。他仔细地看了看捕鼠机周围，只见一只盛有乙醛的玻璃瓶子被打翻了，乙醛流了一桌子，当然也碰到了奶酪。

"这么大的瓶子，老鼠是碰不倒的。这究竟是谁干的呢？"贝克兰正要进一步分析"案情"，只听得"喵"的一声，猫从他脚边窜了过去。

"肯定是这个坏家伙干的！"贝克兰气得将拿在手里的硬邦邦的奶酪向猫扔去。

听到奶酪落地的响声，贝克兰眼前一亮：松软的奶酪遇到乙醛变得像石头一样，多有趣呀！他忽然欣喜万分，找到了新的研究方向，为何不把别的物质加入自己的实验中来呢？他的脸色顿时"由阴转晴"。从此，他便兴致勃勃地研究起醛类物质与其他常见物质的反应来。有一次，他在烧瓶里做甲醛跟石炭酸的实验。实验结束时，发现烧瓶里有一块黏稠的深棕色物质，用水洗不掉，用酒精也不行，十分棘手。他向烧瓶里加了些锯木粉，并加热看看这样做能否去掉它，没想到这块"令人讨厌"的物质发生了变化，变成了一种能塑制各种形状物体的材料，这使贝克兰十分高兴。

当然，贝克兰的这一发现在当时不可能引起人们的重视，因为那时在反应过程中所生成的黏稠的树脂状的物质一直被看作是合成物质的严重障碍。但30年后，情况不一样了，美国化学家贝克兰继续研究甲醛与石炭酸的反应时，制成世界上第一种得以广泛应用的塑料。

经过多次实验，贝克兰在原先的实验基础上添加了木屑混合均匀后，在高温高压下模压成型就生成了一种可以应用的新材料——酚醛塑料（电木）。它具有耐热、耐腐蚀、不可燃等特征，原料便宜，特别适用于新兴的电器产业中。

1910年，贝克兰在新泽西建厂生产电木，产品一推向市场就受到了电器生产厂商的青睐。当时，人们还把这项发明誉为

图12-38　未经加工的电木

20世纪的"炼金术"，断定它将会出现在现代文明的每一种电器设备里。电木是第一种投入工业生产的塑料品种，随后在此基础上，科研人员又研究出了很多塑料品种，人类历史上前所未有的塑料时代到来了。

1931年，贝克兰又研制出黑色电木配方，瑞典爱立信公司采用这种新型的电木技术推出了带转盘的黑色电木电话机，来代替过去的金属机身。

要知道，当时应用的绝缘材料是一种叫虫胶的树脂材料做成的。天然虫胶非常稀少，提炼450g左右的虫胶需要几万只紫胶虫，这远远无法满足电气化的需求。因此电木的诞生，为电气工业的发展做出了卓越贡献。

图12-39　电木茶盘

在电器化应用越来越广泛的今天，电木制成的东西随处可见，如电表、电闸、电灯、电器开关、电视机、电器仪表、万用表等都用电木做外壳。当然电木不仅仅用作电器材料，它广泛出现在我们的生活中，比如电木茶盘、橱柜板材、手柄等，这一切都要得益于贝克兰的伟大发明！

### 三、半导体锗的发现——电子微型化的开端

门捷列夫于1869年发表了一份名为《化学元素周期律》的研究报告，当中预测了数种未知元素的存在，其中一种填补了碳族中的硅及锡之间的空缺。由于它在周期素的位置，门捷列夫把它命名为拟硅（Ekasilicon，Es），并将其原子量定为72。

1885年夏季，在萨克森王国弗赖堡附近的一个矿场，发现了一种新的矿物。由于这种矿物的含银量高，所以被命名为Argyrodite（现称硫银锗矿）。化学家克莱门斯·温克勒分析了这种矿物，并于1886年成功从中分离出一种新的元素。他最初认为这种新元素是类锑，但很快就又确信它是类硅。在他发表成果之前，他原本打算用neptunium（镎）来为新元素命名，与也是通过理论预测并发现的海王星（Neptune）名字类似。但是"neptunium"这个名字当时已被另一元素占用（不过不是今天叫镎的元素，它到1940年才被发现），因此温克勒改用他的祖国——德国的拉丁语"germanium"来为元素命名。不过，直到1942年，人们才发现锗是优秀的半导体材料，可以用来代替真空管，锗这才有了工业规模的生产，成了半导体工业的重要原料。

锗在周期表上的位置，正好夹在金属与非金属之间。锗虽属于金属，却具有许多类似于非金属的性质，在化学上称为"半金属"。就其导电的本领而言，优于一般非金属，劣于一般金属，在物理学上称为"半导体"。

图12-40　金属锗

锗是浅灰色的金属。据X射线的研究证明，锗晶体里的原子排列与金刚石差不多。结构决定性能，所以锗与金刚石一样，硬而且脆。

锗在地壳中的含量为一百万之七，比之于氧、硅等常见元素当然是少，却比砷、铀、汞、碘、银、金等元素都多。然而，锗的分布却非常分散，几乎没有比较集中的锗矿，因此，被人们称之为"稀散金属"。现在已发现的锗矿有硫银锗矿（含锗5%～7%）、锗石（含锗10%），硫铜铁锗矿（含锗7%）。另外锗还常夹杂在许多铅矿、铜矿、铁矿、银矿中，就连普通的煤中，一般也含有十万分之一左右的锗，也就是说，1吨煤中含有10g左右锗。在普通的泥土、岩石和一些泉水中，也含有微量锗。

由于锗的分布非常分散，给提炼锗带来了很大的困难。不过，人们仔细

研究，却发现一个重要的秘密——在烟道灰中，竟然含有较多的锗。这是怎么回事呢？原来，煤里所含的微量锗，是以氧化锗或硫化锗的形式存在。煤燃烧时，这些锗化合物一受热便挥发了，进入烟道，却又受冷凝结于烟道灰中。据测定，烟道灰中的含锗量可达千分之一，有的甚至可达1%～2%，比煤中的锗量高100倍到1000倍。现在，我国在各工厂普遍推广烟道除尘技术，一方面可以变冒黑烟为冒白烟，净化空气，清洁环境；另一方面又可以从烟道灰中提取锗。我国每年产煤几亿吨，从中可提取几千吨锗。北京、上海以及在东北的不少工厂，现在都已从墨黑的烟道灰中提炼出银灰色的锗锭。另外，我国的一些铅锌矿、铜矿中也含锗，在提炼铅、锌、铜的同时，也可以从"杂质"中提取锗。

从煤灰或各种金属矿中提取的锗，一般是氧化锗或硫化锗。用碳、氢或镁进行还原，即可制得金属锗。不过，用作半导体材料的锗，必须非常纯净。一般的物质如果纯度达到99.9%，已算够纯的了，而用作半导体的锗的纯度，必须在99.999%以上。现在，用于制造收音机的半导体锗，纯度要达到8个"9"到9个"9"。最近，人们甚至制得纯度高达11个"9"的纯锗，其中杂质含量只有一千亿分之一。这样少的杂质，用一般的光谱分析还查不出来，要用催化蒸发发光谱分析或其他超纯分析方法，才能进行测定。在工业上，用区域熔融法来制取纯锗，可制得纯度达3个"9"的纯锗。近30年来，纯锗大量地用来制造晶体整流管（二极管）和晶体放大管（三极管）。这种锗晶体管很小，构造简单、耐震、耐撞，比电子管的寿命长、耗电量小、成本低。据统计，现在全世界年产的锗晶体管已超过5亿个。

锗与锡、铅在元素周期表中属同一族，后两种元素发现和利用均比锗早，而锗长时期以来没有被工业规模地开采并不是由于锗在地壳中的含量少，而是因为它是地壳中最分散的元素之一，含锗的矿石很少，锗被称为"稀散金属"。

直到20世纪30年代，由于冶炼工业的带动，锗和锗化合物的研究才有了进一步的发展。1942年，人们发现锗是优秀的半导体材料，可以用来代替真空管，这才形成了锗的工业化生产。锗在20世纪六七十年代曾经是一种典型的半导体材料，在当时的科技水平和应用环境下，享有国家战略物资的地位。随着技术进步，稀缺而昂贵的锗在半导体领域的基础应用大量被丰富而廉价的硅替代，但锗的电子迁移率和空穴迁移率比硅大，适用于超高速转换开关电路，因而在高频快速低噪声的领域，锗器件的性能远远优于硅器件。

　　进入21世纪以后，锗在红外领域的应用得到了极大的开拓和提升，红外光学用锗已经跃升为金属锗的第一市场。而近年来，随着绿色革命、新能源技术的开发和应用，锗在太阳能领域高转换率、抗辐射和长寿命的特殊优势日益显现，正在成为新能源的关键材料，受到世界各国的普遍重视。目前以锗为衬底的高效多节太阳能电池制造技术在国外已经成熟，在实验室里的光电转化效率达到40％以上，是硅太阳能电池的2～3倍，被广泛应用于人造卫星、航天飞机等空间航天器的太阳能电源和地面聚光太阳能发电系统。

　　此外，锗常用来制造热敏电阻、光敏电阻和半导体温度计，用于温度测量和设备的自动控制。锗在红外器件、γ辐射探测器方面，也有新的用途，如锗酸铋用于闪烁体辐射探测器。锗还同铌形成化合物，用作超导材料。作为一种高新技术材料，锗已被广泛应用于电子工业、光学工业、制药业及其他高新技术行业。

　　由于半导体锗的发现和应用，开辟了电子微型化的道路，是无线电技术发展中的一大进步。二氧化锗，用来制造某些折射率很强的玻璃。在医学上，由于锗能刺激红细胞的生成，所以锗的化合物可用来治疗贫血病与嗜睡症。

附 录

# 历届诺贝尔化学奖获奖简况

| 获奖年份 | 获奖者 | 国籍 | 杰出贡献 |
|---|---|---|---|
| 1901 | J.H. van't Hoff | 荷兰 | 溶剂中化学动力学定律和渗透压定律 |
| 1902 | H. E.Fischer | 德国 | 糖类和嘌呤化合物的合成 |
| 1903 | S. Arrhenius | 瑞典 | 电离理论 |
| 1904 | W.Ramsay | 英国 | 惰性气体的发现及其在元素周期表中位置的确定 |
| 1905 | A. von Baeyer | 德国 | 有机染料和氢化芳香化合物的研究 |
| 1906 | H. Moissan | 法国 | 单质氟的制备，高温反射电炉的发明 |
| 1907 | E. Buchner | 德国 | 发酵的生物化学研究 |
| 1908 | E.Rutherford | 英国 | 元素嬗变和放射性物质的化学研究 |
| 1909 | W.Ostwald | 德国 | 催化、化学平衡和反应动力学研究 |
| 1910 | O. Wallach | 德国 | 脂环族化合物的开创性研究 |
| 1911 | M. Curie | 波兰 | 放射性元素钋和镭的发现 |
| 1912 | V.Grignard | 法国 | 格氏试剂的发现 |
| | P.Sabatier | 法国 | 有机化合物的催化加氢 |
| 1913 | A. Werner | 瑞士 | 金属络合物的配位理论 |
| 1914 | T.Richards | 美国 | 精密测定了许多元素的原子量 |
| 1915 | R.Willstatter | 德国 | 叶绿素和植物色素的研究 |
| 1916 | 未颁奖 | | |
| 1917 | 未颁奖 | | |
| 1918 | F.Haber | 德国 | 合成氨技术的发明 |
| 1919 | 未颁奖 | | |

续 表

| 获奖年份 | 获奖者 | 国籍 | 杰出贡献 |
|---|---|---|---|
| 1920 | W. Nernst | 德国 | 热化学研究 |
| 1921 | F.Soddy | 英国 | 放射性化学物质的研究及同位素起源和性质的研究 |
| 1922 | F.W.Aston | 英国 | 质谱仪的发明,许多非放射性同位素及原子量的整数规则的发现 |
| 1923 | F.Pregl | 奥地利 | 有机微量分析方法的创立 |
| 1924 | 未颁奖 | | |
| 1925 | R Zsigmondy | 德国 | 胶体化学研究 |
| 1926 | T.Svedberg | 瑞典 | 发明超速离心机并用于高分散胶体物质研究 |
| 1927 | H. Wieland | 德国 | 胆酸的发现及其结构的测定 |
| 1928 | A. Windaus | 德国 | 甾醇结构的测定,维生素D2的合成 |
| 1929 | A. Harden | 英国 | 糖的发酵以及酶在发酵中的作用的研究 |
| | H. von Euler –Chelpin | 德国 | |
| 1930 | H.Fischer | 德国 | 血红素、叶绿素的结构研究,高铁血红素的合成 |
| 1931 | C.Bosch | 德国 | 化学高压法 |
| | F.Bergius | 德国 | |
| 1932 | I.Langmuir | 美国 | 表面化学研究 |
| 1933 | 未颁奖 | | |
| 1934 | H. C.Urey | 美国 | 重水和重氢同位素的发现 |
| 1935 | F.Joliot–Curie | 法国 | 新人工放射性元素的合成 |
| | I.Joliot–Curie | 法国 | |
| 1936 | P.Debye | 荷兰 | 提出了极性分子理论,确定了分子偶极矩的测定方法 |
| 1937 | W.N.Haworth | 英国 | 碳水化合物和维生素C研究 |
| | P.Karret | 瑞士 | 类胡萝卜素、核黄素、维生素A、维生素B2研究 |
| 1938 | R. Kuhn | 德国 | 维生素和类胡萝卜素研究 |
| 1939 | A. F.J. Butenandt | 德国 | 性激素研究 |
| | L.Ruricka | 瑞士 | 聚亚甲基多碳原子大环和多萜烯研究 |
| 1940 | 未颁奖 | | |
| 1941 | 未颁奖 | | |

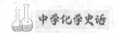 

续 表

| 获奖年份 | 获奖者 | 国籍 | 杰出贡献 |
|---|---|---|---|
| 1942 | 未颁奖 | | |
| 1943 | G.Hevesy | 匈牙利 | 利用同位素示踪研究化学反应 |
| 1944 | O.Hshn | 德国 | 重核裂变的发现 |
| 1945 | A.I. Virtanen | 芬兰 | 发明了饲料贮存保鲜方法，对农业化学和营养化学做出贡献 |
| 1946 | J.B.Sumner | 美国 | 发现酶的类结晶法 |
| | J.H.Northrop | 美国 | 分离得到纯的酶和病毒蛋白 |
| | W.M.Stanley | 美国 | |
| 1947 | R Robinson | 英国 | 生物碱等生物活性植物成分研究 |
| 1948 | A. W. K.Tiselius | 瑞典 | 电泳和吸附分析的研究，血清蛋白的发现 |
| 1949 | W.F.Giauque | 美国 | 化学热力学特别是超低温下物质性质的研究 |
| 1950 | O. Diels | 德国 | 发现了双烯合成反应，即狄尔斯-阿尔德反应 |
| | K.Alder | 德国 | |
| 1951 | E.M.McMillan | 美国 | 超铀元素的发现 |
| | G. Seaborg | 美国 | |
| 1952 | A. J.P.Martin | 英国 | 分配色谱分析法 |
| | R.L. M. Synge | 英国 | |
| 1953 | H. Staudinger | 德国 | 高分子化学方面的杰出贡献 |
| 1954 | L. Pauling | 美国 | 化学键本质和复杂物质结构的研究 |
| 1955 | V. du Vigneaud | 美国 | 生物化学中重要含硫化合物的研究，多肽激素的合成 |
| 1956 | C.N.Hinshelwood | 英国 | 化学反应机理和链式反应的研究 |
| | N.N.Semenov | 苏联 | |
| 1957 | A. Todd | 英国 | 核苷酸及核苷酸辅酶的研究 |
| 1958 | F.Sanger | 英国 | 蛋白质结构特别是胰岛素结构的测定 |
| 1959 | J. Heyrovsky | 捷克 | 极谱分析法的发明 |
| 1960 | W.F.Libby | 美国 | 14C测定地质年代方法的发明 |
| 1961 | M. Calvin | 美国 | 光合作用研究 |
| 1962 | M. F. Perutz | 英国 | 蛋白质结构研究 |
| | J.C. Kendrew | 英国 | |

| 获奖年份 | 获奖者 | 国籍 | 杰出贡献 |
|---|---|---|---|
| 1963 | K.Ziegler | 德国 | 齐格勒-纳塔催化剂的发明，定向有规高聚物的合成 |
| | G.Natta | 意大利 | |
| 1964 | D.C. Hodgkin | 英国 | 重要生物大分子的结构测定 |
| 1965 | R. B. Woodward | 美国 | 天然有机化合物的合成 |
| 1966 | R. S. Mulliken | 美国 | 分子轨道理论 |
| 1967 | M. Eigen | 德国 | 用弛豫法、闪光光解法研究快速化学反应 |
| | R. G. W. Norrish | 英国 | |
| | G. Porter | 英国 | |
| 1968 | L. Onsager | 美国 | 不可逆过程热力学研究 |
| 1969 | D. H.R. Barton | 英国 | 发展了构象分析概念及其在化学中的应用 |
| | O.Hassel | 挪威 | |
| 1970 | L. F. Leloir | 阿根廷 | 从糖的生物合成中发现了核糖苷酸的作用 |
| 1971 | G. Herzberg | 加拿大 | 分子光谱学和自由基电子结构 |
| 1972 | C.B. Anfinsen | 美国 | 核糖核酸酶的研究，特别是对其氢基酸序列与生物活性构象之间的联系的研究 |
| | S. Moore | 美国 | 对核糖核酸酶分子的活性中心的催化活性与其化学结构之间的关系的研究 |
| | W.H.Stein | 美国 | |
| 1973 | G.Wilkinson | 英国 | 二茂铁结构研究，发展了金属有机化学和配合物化学 |
| | E. O. Fischer | 德国 | |
| 1974 | P.J. Flory | 美国 | 高分子物理化学理论和实验研究 |
| 1975 | J.W.Comforth | 英国 | 酶催化反应的立体化学研究 |
| | V.Prelog | 瑞士 | 有机分子和反应的立体化学研究 |
| 1976 | W.N. Lipscomb | 美国 | 对硼烷结构的研究，发展了分子结构学说和有机硼化学 |
| 1977 | I. Prigogine | 比利时 | 研究非平衡热力学，特别是耗散结构理论 |
| 1978 | P.Mitchell | 英国 | 用化学渗透理论研究生物能的转换 |
| 1979 | H. C.Brown | 美国 | 发展了有机硼和有机磷试剂及其在有机合成中的应用 |
| | G.Wittig | 德国 | |
| 1980 | P.Berg | 美国 | DNA分裂和重组研究，DNA测序，开创了现代基因工程学 |
| | F.Sanger | 英国 | |
| | W.Gilbert | 美国 | |

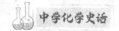

| 获奖年份 | 获奖者 | 国籍 | 杰出贡献 |
|---|---|---|---|
| 1981 | K.Fukui | 日本 | 提出了前线轨道理论 |
| | R. Hoffmann | 美国 | 提出了分子轨道对称守恒原理 |
| 1982 | A. Klug | 英国 | 发明了"象重组"技术，利用X射线衍射法测定了染色体的结构 |
| 1983 | H.Taube | 美国 | 金属配位化合物电子转移反应机理研究 |
| 1984 | R. B. Merrifield | 美国 | 多肽固相合成方法的发明 |
| 1985 | H. A.Hauptman | 美国 | 发明了X射线确定品体结构的直接计算方法 |
| | J.Karle | 美国 | |
| 1986 | Y. T.Lee（李远哲） | 美国 | 发展了交叉分子束技术、红外线化学发光方法，对微观反应动力学研究做出重要贡献 |
| | D. R. Herschbach | 美国 | |
| | J.Polanyi | 加拿大 | |
| 1987 | C. J.Pedersen | 美国 | 开创了主–客体化学、超分子化学、冠醚化学等新领域 |
| | D. J. Cram | 美国 | |
| | J–M. Lehn | 法国 | |
| 1988 | J.Deisenhofer | 德国 | 生物体中光能和电子转移研究，光合成反应中心研究 |
| | H. Michel | 德国 | |
| | R. Huber | 德国 | |
| 1989 | T.Cech | 美国 | 核酶的发现 |
| | S. Altman | 加拿大 | |
| 1990 | E. J. Corey | 美国 | 发展了有机合成特别是逆合成分析法 |
| 1991 | R. R. Ernst | 瑞士 | 二维核磁共振 |
| 1992 | R. A. Marcus | 美国 | 电子转移反应理论 |
| 1993 | M.Smith | 加拿大 | 发明了寡聚核苷酸定点诱变技术 |
| | K. B. Mullis | 美国 | 发明了多聚酶链式反应（PCR）技术 |
| 1994 | G.A. Olah | 美国 | 碳正离子化学 |
| 1995 | M. Molina | 美国 | 研究大气环境化学，提出了臭氧形成和分解的机理 |
| | F. Rowland | 美国 | |
| | P. Crutzen | 荷兰 | |
| 1996 | R. F. Curl | 美国 | 发现富勒烯 |
| | R. E. Smalley | 美国 | |
| | H.W.Kroto | 英国 | |

续 表

| 获奖年份 | 获奖者 | 国籍 | 杰出贡献 |
|---|---|---|---|
| 1997 | J.Skou | 丹麦 | 发现了维持细胞中钠离子和钾离子浓度平衡的酶,并阐明其作用机理 |
| | P.Boyer | 美国 | 发现了能量分子腺苷三磷酸（ATP）的形成过程 |
| | J.Walker | 英国 | |
| 1998 | W.Kohn | 美国 | 发展了电子密度泛函理论 |
| | J.A. Pople | 英国 | 发展了量子化学计算方法 |
| 1999 | A.H. Zewail | 埃及、美国双重国籍 | 飞秒技术研究超快化学反应过程和过渡态 |
| 2000 | A.J. Heeger | 美国 | 发现了导电聚合物 |
| | A. G. MacDiarmid | 美国 | |
| | H. Shirakawa | 日本 | |
| 2001 | R. Noyori | 日本 | 手性催化氢化反应研究 |
| | W.S.Knowles | 美国 | |
| | K. B. Sharpless | 美国 | |
| 2002 | J.B. Fenn | 美国 | 发明了生物大分子的软电离质谱分析法 |
| | K. Tanaka | 日本 | |
| | K. W ü thrich | 瑞士 | 以核电磁共振光谱法确定了溶剂的生物大分子三维结构 |
| 2003 | P.Agre | 美国 | 发现细胞膜水通道,以及对离子通道结构和机理研究做出的开创性贡献 |
| | R. MacKinnon | 美国 | |
| 2004 | A.Ciechanover | 以色列 | 发现了泛素调节的蛋白质降解 |
| | A.Hershko | 以色列 | |
| | I.Rose | 美国 | |
| 2005 | Y.Chauvin | 法国 | 烯烃复分解反应研究 |
| | R.H. Grubbs | 美国 | |
| | R. R. Schrock | 美国 | |
| 2006 | R.D. Kornberg | 美国 | 揭示了真核细胞转录的分子机制 |
| 2007 | G.Ertl | 德国 | 对固体表面化学方面的开创性研究 |

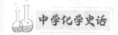

| 获奖年份 | 获奖者 | 国籍 | 杰出贡献 |
|---|---|---|---|
| 2008 | M.Chalfie | 美国 | 绿色荧光蛋白（GFP）的发现和发展 |
| | O. Shimomura | 日本 | |
| | R.Y.Tsien（钱永健） | 美国 | |
| 2009 | V.Ramakrishnan | 英国 | 核糖体的结构与功能 |
| | T.Steitz | 美国 | |
| | A. Yonath | 以色列 | |
| 2010 | R. F.Heck | 美国 | 有机合成中的钯催化交叉偶联反应 |
| | E. Negishi | 日本 | |
| | A. Suazuki | 日本 | |
| 2011 | D.Shechtman | 以色列 | 发现准晶体 |
| 2012 | R. J. Lefkowitz | 美国 | G蛋白偶联受体上的成就 |
| | B. K. Kobilka | 美国 | |
| 2013 | M. Karplus | 美国、奥地利双重国籍 | 为复杂化学系统创立了多尺度模型 |
| | M.Levitt | 美国、英国双重国籍 | |
| | A.Warshel | 美国、以色列双重国籍 | |
| 2014 | E Betzig | 美国 | 研制出超分辨率荧光显微镜 |
| | S. W.Hell | 德国 | |
| | W.E.Moerner | 美国 | |
| 2015 | T.Lindahl | 瑞典 | DNA修复的细胞机制研究 |
| | P.Modrich | 美国 | |
| | A.Sancar | 美国、土耳其双重国籍 | |

| 获奖年份 | 获奖者 | 国籍 | 杰出贡献 |
|---|---|---|---|
| 2016 | J–P.Sauvage | 法国 | 分子机器的设计和合成 |
| | J.F.Stoddart | 英国 | |
| | B.L.Feringa | 荷兰 | |
| 2017 | J.Dubochet | 瑞士 | 开发冷冻电子显微镜用于溶液中生物分子的高分辨率结构测定 |
| | J.Frank | 德国 | |
| | R.Henderson | 英国 | |
| 2018 | F. H. Arnold | 美国 | 酶的定向演化,以及用于多肽和抗体的噬菌体展示技术 |
| | G. P. Smith | 美国 | |
| | G. P. Winter | 英国 | |
| 2019 | J. B. Goodenough | 美国 | 在锂离子电池研发领域的贡献 |
| | S. Whittingham | 英国 | |
| | A. Yoshino | 日本 | |
| 2020 | E. Charpentier | 法国 | 开发了一种基因组编辑方法 |
| | J. Doudna | 美国 | |
| 2021 | D.W.C. MacMillan | 美国 | 为不对称有机催化的发展做出贡献 |
| | B. List | 德国 | |
| 2022 | M. Meldal | 丹麦 | 发展点击化学和生物正交化学 |
| | C. R. Bertozzi | 美国 | |
| | K. B. Sharpless | 美国 | |
| 2023 | Moungi G. Bawendi | 美国 | 发现和合成量子点 |
| | Louis E. Brus | 美国 | |
| | Alexei I. Ekimov | 俄罗斯 | |

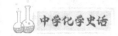 

# 九江市高中化学名师工作室简介

在九江市教育局的关怀和支持下，九江市高中化学工作室于2021年5月正式成立。由中小学正高级教师、江西省高中化学学科带头人、九江市第三中学教科研处主任曹荣星领衔主持。工作室成员：九江市化学教研员方晴，九江市同文中学教师邱庆圆，九江市第三中学教师殷蓓、曹甲、邹红爱，九江市外国语学校教师曾梅芳，瑞昌市第一中学教师柯干娟，湖口县第二中学教师王鸿冰，庐山中学教师张义波，都昌县任远中学教师高晓斌。工作室聘请了江西省中小学正高级教师、省特级教师、九江三中党委书记胡文能担任顾问，指导工作室的教研工作。

工作室秉承着"示范引领、务实创新、追求卓越"的宗旨，建立了名师工作室工作制度，其中包括例会制度、学习制度、研讨制度、培育示范引领制度、考勤及档案管理制度、考核制度；并明确了主持人岗位职责和学员岗位职责；同时还制定了工作室以及成员的三年发展规划。发展期间，工作室严格履行工作制度，以创新的精神、务实的态度、扎实的工作，促使工作室成员迅速成长，使本工作室已成为工作室成员所在校高中化学教研组教学与研究的重要基地，逐步成为九江市高中化学教学与研究的重要基地，为化学学科教科研搭

建起了新平台。

　　在两年的时间里，工作室成果卓有成效。全体成员合编《中学化学史话》2023年由西安出版社正式出版；主持人曹荣星入选江西省基础教育课题指导、评审专家库；入选九江市市级教师培训专家团队。工作室成员成长也非常快，其中曹甲、柯干娟、方晴、王鸿冰四位老师荣获九江市第七届"骨干教师"荣誉称号；张义波老师被评为2022年庐山市第一届中小学骨干教师；殷蓓老师成为江西省第四期名师培养计划成员，担任九江市三中化学教研组长；王鸿冰升任湖口二中副校长；方晴老师通过选拔考试，成为九江市化学教研员。

　　全体成员在教科研方面收获颇丰：工作室成员市级以上论文发表、获奖共26篇；在市级以上各类教学比赛获奖、参与命题等14次；在九江市区示范引领活动8次。

　　互助、交流、研讨，我们将继续努力共同发展，用心用情研究教育教学，全面落实新课程教学，不忘工作室成立初心，发挥名师工作室辐射、引领、示范作用，为九江教育教学研讨提供更大更广的平台。

参考文献

［1］玲珑.葛洪的医药学和化学成就［J］.谈古说今，2017（10）：52-53.

［2］丁宏武.晋唐以来葛洪研究史述略［J］.宁夏师范学院学报，2013，34（2）：87-92.

［3］玲珑.抱朴子［M］.上海：上海古籍出版社，1990.

［4］恩格斯.自然辩证法［M］.湖北：武汉大学出版社，2006.

［5］潘吉星.谈"化学"（chemistry）一词的起源［J］.情报学刊，2013（14）：67-70.

［6］何法信.对古代炼金术的再认识［J］.化学通报，1992（6）：56-60.

［7］张光霞.欧洲民族语言中的"炼金术"与"化学"［J］.化学教育，2013（5）：93-96.

［8］陈运生.化学发展简史［J］.西北大学学报，1981（3）：76-83.

［9］李加强，王娅玲，等.新课改中被遗忘的角落——化学发展史［J］.中学化学教学参考，2014（12）：48.

［10］元夕."丹王"——葛洪［J］.中国科技月报，1999（7）：61-63.

［11］袁朗.葛洪《抱朴子》接受研究［D］.上海：华东师范大学，2015.

［12］戴建平.六朝炼丹术及其化学成就［J］.科技与经济，2001（3）：34-40.

［13］容志毅.南北朝道教炼丹与化学研究［D］.济南：山东大学，2005.

［14］华玫，廖福龙.从现代造纸生产工艺看蔡伦发明造纸术［J］.造纸信息，2021（5）：68-69.

［15］陈婷婷.基于化学核心素养的项目式教学实践——造纸工艺中的化学［J］.化学教与学，2022（10）：22-26.

［16］刘山虎，李苗苗，张渝，等.造纸术中化学教学资源的开发和利用［J］.化学教与学：下半月，2022（9）：25-28.

［17］雯隽.活字印刷之父毕昇［J］.中国科技奖励，2009（12）：76-77.

［18］杨承印.火炸药的起源与演变［J］.化学教学，1995（8）：14–16.

［19］陈新根，姚景强，李立政.唐朝孙思邈与火药的问世［J］.学习月刊，2011（22）：53–54.

［20］王志宏.化学通识课程"人文化学"中的文化自信培养——中国陶瓷的魅力［J］.大学化学，2023，38（2）：140–146.

［21］许明武，冯慧怡.中国陶瓷典籍西译与陶瓷文化传播［J］.中国翻译，2022，43（3）：56–63.

［22］范文来.《齐民要术》中的中国古代酿酒技术［J］.酿酒，2020，47（6）：111–113.

［23］范文来.中国古代制曲技术［J］.酿酒，2020，47（5）：111–114.

［24］逸行.《本草纲目》中的中药化学［J］.前进论坛，2002（1）：34.

［25］臧秀进.湿法炼铜工艺研究［J］.科技创新导报，2009（36）：3–4.

［26］刘爽.浅谈湿法炼铜技术的发展［J］.科技信息（科学教研），2007（19）：292.

［27］张虎勤.古代文明的精华——炼铜技术［J］.中学化学教学参考，1999（12）：51–52.

［28］徐建中，马海云.化学简史［M］.北京：科学出版社，2023.

［29］郭保章.20世纪化学史［M］.南昌：江西教育出版社，1998.

［30］侯纯明.化学史话［M］.北京：中国石化出版社，2022.

［31］李可锋，汪磊.化学传奇［M］.太原：山西教育出版社，2015.

［32］刘瑞，郑长龙，白玉琴.燃烧问题——波义耳与燃素学说［J］.化学教育，2009，30（10）：76–78.

［33］刘立.对"波义耳把化学确立为科学"的再认识——兼论波义耳与17世纪的化学［J］.自然辩证法通讯，2001（4）：65–72，96.

［34］盛根玉.拉瓦锡的化学革命［J］.化学教学，2011（3）：60–63.

［35］丁永霞.化学元素概念的演变启示［J］.中学化学教学参考，2012（6）：49–51.

［36］李梅.从拉瓦锡的科学贡献中汲取力量［J］.中学化学教学参考，2019（4）：72–73.

［37］郭保章.关于质量守恒定律的历史［J］.化学教育，1990（5）：25，54–58，62.

［38］盛根玉.把化学确立为科学的波义耳［J］.化学教学，2010（11）：54–57.

［39］冯晓华，王金凤，高策.波义耳元素定义事件始末［J］.自然辩证法通
　　　讯，2018，40（10）：7-16.

［40］曾敬民，赵匡华.近代化学元素学说的莫立——纪念拉瓦锡《化学纲要》
　　　出版二百周年［J］.化学通报，1989（7）：51，62-65.

［41］肖显静.波义耳将"微粒说"与"实验"相结合的自然哲学分析［J］.山
　　　东科技大学学报（社会科学版），2020，22（6）：1-12.

［42］白羽，车君彦，王彦博，等.多次散射等过程对卢瑟福散射实验的影响
　　　［J］.物理实验，2022，42（9）：1-7.

［43］陈功东.鲍林的化学键理论的思想起源［J］.化学通报，2019，82
　　　（6）：515，566-575.

［44］刘晓瑞.简述玻尔理论的发展过程［J］.科技风，2017（18）：268.

［45］李瑞祥，邵红能.近代化学的奠基人——道尔顿［J］.今日中学生，2017
　　　（16）：25-26.

［46］朱亚红.史上最美的物理实验——卢瑟福的α粒子散射实验［J］.物理之
　　　友，2015，31（8）：48.

［47］盛根玉.化学键本质的探索者鲍林［J］.化学教学，2011（11）：57-60.

［48］毛宏伟.卢瑟福与原子核式结构模型［J］.物理教师，2011，32（8）：
　　　49-50.

［49］盛根玉.科学原子论的创立者——道尔顿［J］.化学教学，2010（10）：
　　　53-57.

［50］萧如珀，杨信男.1927年2月：海森堡的测不准原理［J］.现代物理知
　　　识，2010，22（1）：66-67.

［51］江玉安.原子理论的发展——纪念道尔顿原子理论发表200周年［J］.化
　　　学教学，2009（1）：55-57.

［52］吴恩祥.浅谈玻尔理论三条假设的提出［J］.时代教育（教育教学版），
　　　2008（Z1）：128.

［53］彭光含，杨学恒，刘济春，等.一种高精度多功能双用原子力显微镜技术
　　　及应用［J］.仪器仪表学报，2008（1）：179-184.

［54］毛林生.物理学史通俗演义第54回——汤姆孙打破旧原子卢瑟福建立新结
　　　构［J］.农村青少年科学探究，2007（10）：20-21.

［55］韦文生.玻尔理论与量子力学处理氢原子之比较［J］.广西梧州师范高等
　　　专科学校学报，1999（3）：76-79.

[56] 季淑莉.汤姆孙对玻尔建立原子模型的影响［J］.陕西师范大学学报（自然科学版），1999（2）：104–106.

[57] 李创社，宋建平，李实，等.原子力显微镜和扫描隧道显微镜兼容系统的研制［J］.西安交通大学学报，1999（5）：12–14，39.

[58] 董德沛.瑞典化学家贝采利乌斯的生平及其贡献［J］.化学教育，1987（2）：61–63.

[59] 刘学铭，房兆龄，孙志国.电化学的由来和发展［J］.高师函授，1985（5）：38–41.

[60] 叶雯，杜正国.发现气体定律的几个科学家［J］.物理教学，1984（4）：37–41.

[61] 郭保章.漫谈阿佛加德罗的分子学说［J］.化学教育，1989（6）：41，57–60.

[62] 杨承印.化学键理论的发展概况［J］.化学教学，1997（7）：11–13.

[63] 王楠.从伏打电池到锂离子电池——电化学储能技术的发展［J］.张江科技评论，2022（4）：72–74.

[64] 单媛媛.“蛙腿论战”化学史及其教学价值的探析［J］.化学史与化学史教育，2021（7）：108–110.

[65] 吴文中.品味化学电源发展史［J］.化学教学，2016（12）：87–88.

[66] 胡庆莲.酸碱理论的发展［J］.山西广播电视大学学报，2006，11（4）：41–42.

[67] 王吉华.燃料电池技术发展及应用现状综述（上）［J］.现代车用动力，2018（5）：7–12.

[68] Hoffman D C，Ghiorso A. Seaborg G T，Seaborg G T. The Transuranium People: The Inside Story［D］.London：Imperial College Press，2000.

[69] 李欣，樊敏.“钾元素发现史”在课堂教学中的应用［J］.中学化学教学参考，2021（2）：40–43.

[70] 袁振东，武丹.碘元素概念发展史及其教育价值［J］.化学教育（中英文），2020，41（23）：109–113.

[71] 林水啸，林默君.不平“钒”的金属元素［J］.化学教育（中英文），2020，41（7）：1–7.

[72] 颜静，耿旺昌，闫毅.“硼”然心动——硼单质及其化合物［J］.化学教育（中英文），2020，41（6）：1–4.

［73］盛根玉.门捷列夫发现元素周期律的历史考察［J］.化学教学，2011
（5）：65–69.

［74］赵丽.一只猫与碘的发现［J］.初中生世界，2004（27）：18.

［75］张文根.元素发现史上的两次奇迹及科学方法研究［J］.中学化学教学参考，1998（4）：48–49.

［76］王琛，徐宝灵.元素发现史上的两则趣闻［J］.中学化学教学参考，1997
（11）：48–49.

［77］赵明辉.猫咪闯祸发现碘［J］.发明与革新，1994（1）：31.

［78］汪汝洋.艰苦的攀登——氟元素的发现［J］.含氟材料，1988（3）：54–55.

［79］吕振春.铋及其复合物的研究进展［J］.广州化学，2021，46（3）：29–36.

［80］陈琴.凯库勒发现苯环结构的故事［J］.科学启蒙，2007（12）：12–13.

［81］刘夏.蛇形戒指与化学家的不解之缘［J］.考试（高考理科版），2012
（1）：67–69.

［82］盛根玉.有机化学之父——李比希［J］.化学教学，2011（6）：55–56.

［83］曹顺生，胡杰.电子理论在有机化学教学中的灵活应用［J］.江西化工，
2008（3）：141–142.

［84］余天桃，王云.化学键概念的发展与认识三阶段论［J］.化学世界，2010
（5）：318–319.

［85］曾广植.理论有机化学的发展及应用［J］.化学进展，1997（5）：31–41.

［86］王翔.有机化学发展史概述［J］.黔东南民族师范高等专科学校学报，
2003（21）：28–29.

［87］孔健.有机化学命名小史［J］.化学教学，2007（5）：58–59.

［88］刘文清，刘刚.有机化学中超共轭效应理论的发展［J］.哈尔滨师范大学
自然科学学报，1987（3）：58–70.

［89］宋小平.有机化学中的价键法理论［J］.阜阳师范学院学报，1996
（1）：32–36.

［90］房志雄.阿司匹林的百年传奇与疑云［J］.首都食品与医药，2016
（9）：56–57.

［91］谢铁林.阿司匹林的"前世、今生和未来"——"有机合成"教学设计
［J］.中学化学教学参考，2015（12）：18–21.

［92］陈荣达，张莹.含氯消毒剂次氯酸钠发展史［J］.化学教育，2021
（5）：25–28.

［93］Baldwin, Robert T .History of the chlorine industry［J］. Journal ofchemical education, 1927, 4（3）: 313.

［94］王海军.氯水的漂白作用原理探究［J］.化学教育（中英文）, 2018, 39（19）: 66-69.

［95］颜静, 顾军渭, 联旺昌, 等.从诺贝尔奖看高分子百年［J］.化学教育, 2021（42）: 107-113.

［96］矢沢科学事务所.诺贝尔奖中的科学: 化学奖卷［M］.郑涛, 宋天, 译.北京: 科学出版社, 2011.

［97］徐文豪, 唐云, 赵东元. "聚沙成塔" 硅元素及其化合物［J］.化学教育, 2020, 41（2）: 1-8.

［98］科顿, 威尔金森.高等无机化学［M］.北京师范大学, 兰州大学, 吉林大学, 等译.北京: 人民教育出版社, 1980: 422-424.

［99］杨旭东. "锱铢必较" 与氩元素的发现［J］.化学教学, 2008（8）: 11-12.

［100］尹玉霞, 王鲁宁, 郝树斌, 等.医用镍钛记忆合金在微创介入领域的应用［J］.中国医疗设备, 2019, 34（6）: 153-156.

［101］王本力.镍钛形状记忆合金的研究及其应用进展［J］.新材料业, 2021（4）: 28-31.

［102］佚名.於祖相发现15种铂族矿物的故事［J］.西部资源, 2013（1）: 68-69.

［103］郭启华, 谷学新, 邹洪.铂族金属化学和生命科学［J］.化学教育, 2002（9）: 3-5.

［104］张勤山, 田滔, 何利, 等.青海省首个钒矿床的发现及意义［J］.地质通报, 2020, 39（Z1）: 330-337.

［105］丁建华, 刘建楠.不同 "钒" 响［J］.地球, 2022（2）: 54-58.

［106］赵云彪, 方贵聪, 王登红.人类 "铋" 需——走近稀有金属铋［J］.自然资源科普与文化, 2021（1）: 14-16.

［107］侯前进.铝的发现与应用［J］.课程教育研究, 2014（33）: 212-213.

［108］Tan Shawn J, Zhang Lei, Zhu Di, et al. Plasmonic Color Palettes for Photorealistic Printing with Aluminum Nanostructures［J］. Nano Lett., 2014, 14（7）: 4023-4029.

［109］郑子言, 张来英, 朱亚先. "钨" 与伦比［J］.大学化学, 2022, 37（9）: 43-49.

［110］裘伟廷.中国唐朝马和首先发现氧气？［J］.书屋，2022（8）：10-12.

［111］耿旺昌，冯娟，颜静，等."钙"世英雄［J］.化学教育（中英文），2021，42（8）：1-4.

［112］彭晓敏，高愈希.自然界中的硒及其生物学校应［J］.化学教育（中英文），2019，40（17）：1-8.

［113］蒋志武，袁振东.从天文学假说到化学实证：氦元素的发现及其概念的发展［J］.化学教育（中英文），2023，44（13）：124-128.

［114］木公.危险而又迷人的"笑气"［J］.初中生，2021（25）：58-61.